ちくま新書

憲法政治

清水真人
Shimizu Masato

1627

憲法政治——「護憲か改憲か」を超えて【目次】

第三章 象徴天皇と「アベ政治」 2015～2016

序　「憲法を巡る政治」の一〇年

†「三分の二の政治」の難しさ

日本国憲法は二〇二二年五月三日で施行から七五年を迎える。本書は直近の一〇年の憲法を巡る日本政治の潮流を、新聞記者の現場取材から描き出すドキュメントである。

「憲法に基づいて政治を進める原理」を立憲主義という。その憲法は国民の権利を守り、国家権力の恣意的な行使を制限する統治構造を備えなければならない、とされる。最新の憲法学からは、立憲主義の核心として、法によって権力を制限すると同時に「むしろ、根底から権力を創り出す、権力を構成する」（東大教授の宍戸常寿）視点も説かれている。

このように憲法は「政治の法」であり、民主政治のプロセスを規律し、形づくる法である。半面、その民主政治のプロセスを通じて憲法が改正されることもありうる。憲法と政治には、一筋縄ではいかない相互作用のダイナミズムが働いていると考えられる。こうした「憲法を巡る政治」、あるいは「憲法を取り扱う政治」を本書は「憲法政治」と呼ぶ。

憲法政治の最も重大な局面は、その憲法改正論議だろう。九六条によれば、改憲は衆参各院の総議員の三分の二以上の賛成で国会が発議し、国民投票の過半数の賛成で承認される。改憲原案の審査・議決権限を備えた衆参両院の憲法審査会が始動したのは二〇一一年一〇月。リアリティが生まれた改憲に、本気で挑む構えを見せた最初の首相が、再登板した安倍晋三だった。一二年一二月から憲政史上最長の連続七年八カ月の在任期間は、「憲法改正政局」とも言うべき独特の緊張感をはらんだ日本政治の未体験ゾーンとなった。

だが、「安倍一強」と呼ばれた強い政権基盤でも改憲は実現できなかった。その後の二つの政権でも暗中模索が続く。それはなぜだろうか。通常の政党政治、議会政治が「過半数の政治」だとすれば、憲法政治には「三分の二の政治」の難しさがある。本書は安倍流改憲の失敗の本質を検証し、憲法政治のあるべき流儀を探究することを目的とする。

日本国憲法が連合国軍総司令部（ＧＨＱ）による「押しつけ憲法」だから、とか、制定から七五年がたっても一度も改正されたことがないから、などの理由で「改憲ありき」との立場を本書はとらない。戦後日本の平和をもたらしたのは戦争放棄をうたった九条があったから、などの認識によって「護憲こそ命」だといった立論もしない。長く続いてきた「護憲か改憲か」という二項対立を超えて、憲法論議の新たな地平を拓きたい。

†安倍流改憲の失敗の本質

憲法の何をどう改正するのか。なぜ改憲が必要なのか。安倍流改憲は何より目まぐるしくターゲットを変え、焦点が定まらなかった。始まりは改憲手続きを定めた九六条改正の提案。その後は緊急事態条項に関心が移るかと思えば、結局は「本丸」の九条改正に回帰して自衛隊明記を提唱した。移り気を裏返すと、どれも緊急性や必然性に乏しかった。「押しつけ憲法」論に立ち、現憲法に否定的な姿勢ものぞかせる安倍や自民党は改憲こそ「党是」だと当然視し、自己目的化しがちだ。だが、憲法の条文は、統治機構を中心に、国際的に見て簡潔で「規律密度が低い」といわれる。解釈変更や立法で大改革も可能な柔軟構造だ。「改憲ありき」の提案では、国政上の優先課題となる重みは備わらない。

首相の安倍が改憲に言及するたび、そのこと自体に与野党から批判が出て紛糾した。なぜか。九六条により、改憲原案の発議は国会にしかできない。これを「国会の専権事項」と自負するあまり、与野党を超えて内閣と行政府を改憲論議から排除する慣行が定着してきたからだ。「日本最大のシンクタンク」霞が関に改憲を担当する官庁は存在しない。

日頃は官僚機構に頼る自民党も、改憲論議に限っては「官僚排除」を当然視し、政治家が自ら条文案を書こうとしがちだ。この「政治家主導」も改憲論議の貧困を招いてきた。

そんな「究極の議員立法」としての改憲発議を国会でどう進めるのか。二〇一六年夏から三年間、衆参各院で三分の二以上を占める「改憲勢力」が最大野党を除外した形で出現した。だが、「強い首相」安倍も国会の現場からは遠く、有効な手を打てなかった。

通常立法なら、野党の「審議拒否」と与党の「強行採決」の応酬で内閣支持率が下落しても、国会限りで成立させられる。だが、改憲は国会の発議プロセスを「数の力」で押し通して一般有権者の不信を招けば、肝心の国民投票で結果がどう転ぶか読みきれない。ならば、政権担当意欲を持つ最大野党の賛成を前提とするなど、超党派の幅広い合意形成を重視するのか。そんな改憲原案の審議ルールも確立されていない。衆院選、参院選、自民党総裁選のどれかが毎年、巡ってくる常在戦場の政治カレンダー。与野党は選挙が近づけば対立軸を強く意識する。改憲でじっくり向き合う機運は容易に生まれてこない。

多数決と合意形成の狭間にどう軸足を置くべきか。国会は解を見いだしあぐねている。

これらの様々な要因が折り重なり、改憲論議は「安倍一強」でも「一ミリも進まなかった」のである。安倍流固有の失敗の意味も重いとはいえ、それだけでは読み解けない。

国会と内閣のあり方、言い換えると、国会の信任によって内閣が成り立つことを基本とする議院内閣制の統治構造とも深く絡み合っている。日本国憲法が枠づけているのだが、それを通じて改憲もされるこの統治構造そのものこそ、「本丸」ではないだろうか。

†「平成デモクラシー」の権力再編

この議院内閣制は平成期に抜本的な改革が進められ、「平成デモクラシー」と呼ぶべき変貌を遂げてきた。最も重要なのは、衆院選を各選挙区で一人しか当選できない小選挙区中心に変革した政治改革だ。大接戦でも勝てば一議席だが、負けた側の得票は死票になる戦いだ。「勝者総取り」とも言われ、大きな勢力にまとまって臨まないと不利になる。

自民党の一党優位だった昭和の政治を、二大勢力が一対一で対決する選挙から、有権者が政権と首相を選ぶ形に組み直す狙いだった。政権交代が可能で緊張感のある政治への移行を目指した。その二大勢力が憲法や外交・安全保障、財政・社会保障といった国家統治の根幹を巡っては「共通の土俵」に立ち、与野党が入れ替え可能なことも大前提になる。

昭和の政治とは様変わりした。昔の衆院選は定数三～五の中選挙区制。自民党は各選挙区で複数を当選させ、政権を独占した。同じ選挙区で保守票を食い合う議員同士は不仲で、必ず別の派閥に身を置く。農林、建設、郵政など集票基盤を住み分けて「族議員」となる。総裁選で熾烈な派閥抗争を繰り広げ、生まれた総裁＝首相の権力も派閥に制約された。最大野党の社会党には過半数の候補者を立てる力量も、野党連合政権構想もなかった。

自民党の「族議員」は縦割りの官僚組織と結託。内閣が国会に提出する予算や法案を、与党として事前審査・承認する過程で権力を振るった。これは憲法上の建前は議院内閣制でも、主役であるはずの国会や内閣が空洞化しがちな「与党・官僚内閣制」といえた。

定数一の小選挙区制になると、議員にとって派閥の後ろ盾より、自民党の公認と政党交付金の配分が死活問題になった。総裁・執行部への権力集中と派閥の衰退が進んだ。自民党に対抗する大勢力を目指して野党再編の動きも繰り返し起き、〇九年に民主党への政権交代に至った。政治改革は「権力のガバナンス」を派閥抗争による自民党総裁選から、有権者が衆院選で政権枠組みや首相候補を選ぶ「政権選択選挙」に移そうとしたのだ。

平成には首相のリーダーシップを強化する「橋本行革」も取り組まれた。首相が予算編成の基本方針を統括するため、経済財政諮問会議を創設。「自民党をぶっ壊す」と叫んで衆院解散権や諮問会議などで首相の権力を見せつけたのが小泉純一郎だ。さらに再登板後の安倍は内閣人事局を法制化し、各府省の幹部官僚の人事権を実質的に首相官邸に移した。国家安全保障会議も新設し、外交・安保政策も束ねるなど官邸を飛躍的に強くした。

「平成デモクラシー」は、憲法に書かれざる「与党・官僚内閣制」という昭和の「密教」を、議院内閣制という「顕教」に一元化する権力の立憲的再編を試みたところに本質がある。衆院選での政権選択を駆動力に、国会の多数派から選ばれた首相が、民主的正統性を背景として政権公約を内閣主導で推進する。「政治主導」は与党主導から「首相主導」へと読み替えられ、行政各部の官僚機構も民意を背にした「首相主導」に統制されていく。

この首相主導は期間限定だ。次の衆院選で責任を問われ、改めて政権選択の審判を受ける緊張感の下で権力は行使されなければならない。与野党にフェアでフラットな競争の土俵での衆院選が、統治権力の「推進力」の源泉となる半面、最大の「統制力」も担う。

地盤沈下する官僚組織に代わり、多数派を背にした「政治主導」と向き合い、少数派の権利保護のセーフティネットを担うと目されたのが「積極司法」だ。市民が加わる裁判員裁判など、国民的すそ野を広げる司法制度改革が並行して推進された。国から地方へ権限や財源を移し、両者の関係を対等に組み直そうとする地方分権改革も進められた。

幅広い一連の統治構造改革は通常立法で進められ、規律密度の低い憲法典は改正されていない。ただ、改憲に劣らぬ巨大なインパクトをもたらした「実質的意味の憲法改正」や「この国のかたち」の変革、あるいは明治憲法体制の形成期や戦後占領期の改革に匹敵する「第三の憲法体制を作り出した」との評価を受けている（待鳥聡史『政治改革再考』）。政権交代はこの一〇年起きていないが、小選挙区制を変えない限り政権選択ゲームは続く。

†「改革の不足」と令和の改憲論

令和に引き継がれた「平成デモクラシー」は民主政治のプロセスの質を向上させたのか。17ページの図は統治構造改革を考える基本的な視点を、政策シンクタンクのＰＨＰ総研が整理したものだ。政治学、憲法学の知見を結集した同総研の提言「統治機構改革1.5＆2.0」

では、まずせめぎあう「二つの正しさ」の均衡点をどう探るかがカギだと説く。

一つ目は国民が選んだ民主的な「正統性」（legitimacy）だ。これを担うのが、国会や、その信任を存立の基盤とする内閣だ。二つ目は専門性や合理性に基づき、社会として適切な選択がなされる「正当性」（rightness）だ。これを受け持つのは内閣を支える行政府の官僚組織や司法部門、それに中央銀行や個人情報保護機関のような独立機関も含まれる。「legitimacy と rightness の相克があってこそ、質の高い政治判断が可能となる」という。

もう一つの軸として、統治権力は適切な「推進力＝アクセル」と「統制力＝ブレーキ」を併せ持つ必要がある。現代では社会や個人が抱える様々な問題の解決に国家の活動が求められることも多いので「権力は縛られる（統制力）以前に、行使されること（推進力）が必要」（京都大教授の曽我部真裕）でもあるのだが、ここにもバランスが求められる。

「平成デモクラシー」は衆院選で勝った多数派の正統性から、首相主導のトップダウンという「推進力」を創出した。ただ、二度と政権交代させまいとした安倍の「小刻み解散」や非自民勢力の混迷で、政権選択選挙の「統制力」はかすみがちだ。二一年一〇月、衆院の任期満了寸前に就任した首相の岸田文雄はそれでも解散した。投票日までを戦後最短の一七日間とした超スピード選挙で投票率は過去最低水準に低迷。与野党にフェアな競争の土俵を整えるうえで「首相の専権事項」とされる解散権はどこまで必要なのだろうか。

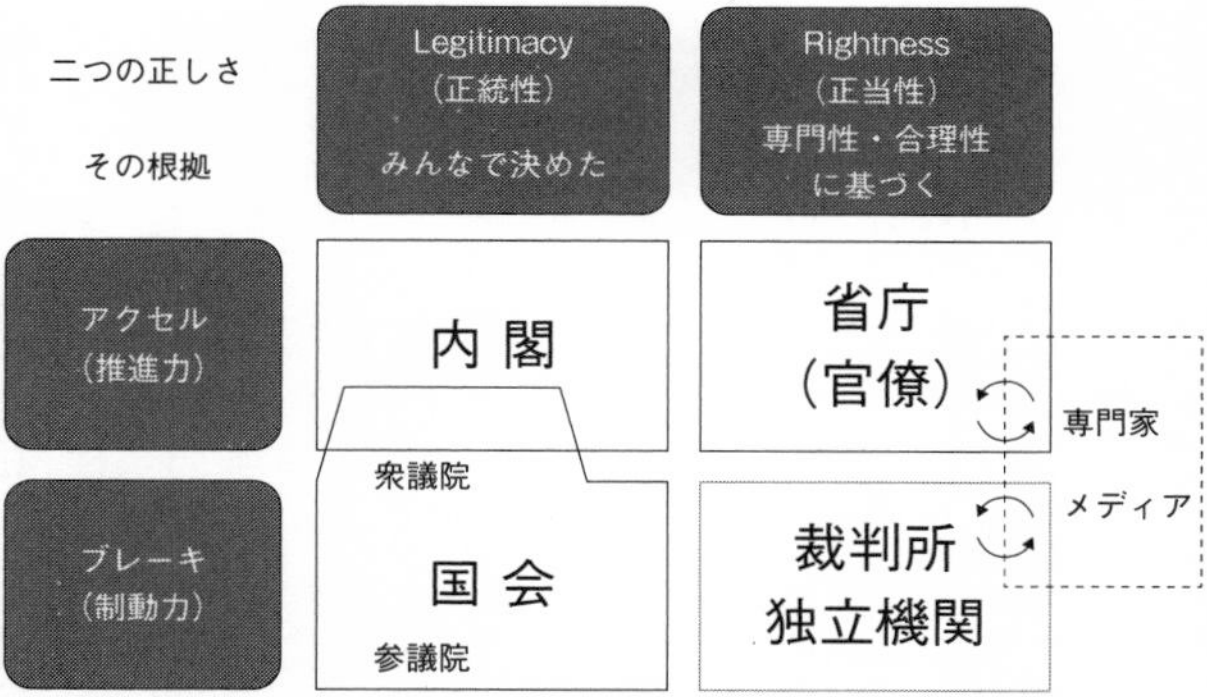

出所：曽我部真裕京都大教授の講演資料を元に統治機構改革研究会での討議を踏まえ PHP 総研作成

統治機構設計の着眼点：Legitimacy と Rightness、アクセルとブレーキ

衆院多数派と内閣の融合で国会の「推進力」も強化された。半面、少数派の権能である臨時国会の召集要求（憲法五三条）は何度も無視された。国政調査権（行政監視機能）も併せ、衆院少数派や参院による「統制力」は一考を要する。一方で衆院と参院で多数派が異なる「ねじれ国会」になると、強すぎる参院が内閣の存立も左右しかねない。解散権の制約を考えるにも、衆参の機能分担をどうするか、二院制を俯瞰する視点が不可欠だ。

幹部人事を首相官邸に握られた官僚機構。与党事前審査制にも政策決定手続きとしてなお厳然と縛られ、近年は野党合同ヒアリングにも追われて疲弊が深まる。これら昭和の「密教」を引きずる政と官の無原則な融合の慣行が、国会空洞化の裏側には横たわる。

新型コロナウイルス感染症対策では、与党や官僚に対して「強い首相」と、分権改革後の「強い知事」の連携・調整の不備も露呈した。政治リーダーたちは社会的な同調圧力も込みで国民に自主的な行動規制を「要請」するばかり。国会でロックダウン（都市封鎖）的な緊急事態法制の議論は深まらず、司法が人権制約の救済に動く機運も乏しい。法的根拠があいまいな行政裁量頼みが際立って「ゆるふわ立憲主義」（曽我部）と評される。

この姿は「平成デモクラシー」が目指した権力の再編成が道半ばで、国会、内閣・行政府、司法を横断して、さらに国と地方を縦断して統治構造の「改革の不足」が広がる「不都合な真実」を示す。デジタル改革は個人も国家も変容させる。選挙の民意を駆動力とする「平成デモクラシー」の全体像を検証し、法の支配など立憲主義の視点を強めて「改革の不足」に踏み込む。そんな令和の統治構造改革2.0の中で憲法改正も問い直すべきだ。

憲法改正は通常政治の「地上戦」と隔絶したそれだけの「空中戦」ではなく、地続きの作業であるはずだ。本書はその手掛かりとして、憲法政治のあるべき流儀を考察したうえで、終章では筆者なりの「憲法改正論議の三原則」も提起させていただく。

本書には、日本経済新聞電子版に筆者が連載中のコラム「政治アカデメイア」を下敷きにして、大幅に加筆修正したり、再構成したりして記述している箇所がある。原則として文中の敬称は略させていただき、肩書は記述当時のものとさせていただいた。

第一章

改憲が自己目的化する力学

2012~2013

自民党の憲法改正推進本部であいさつする安倍晋三首相
（2013年2月15日撮影　写真©時事）

第一章関連年表

2011年	10月21日　衆参両院で憲法審査会が初会合
2012年	2月13日　地域政党「大阪維新の会」が「維新八策」の原案で憲法96条の改正を提唱 4月27日　野党の自民党が憲法改正草案を党議決定 8月10日　消費税増税などの社会保障・税一体改革法案が成立 9月26日　自民党総裁選で安倍晋三氏が勝利し、5年ぶりに総裁に返り咲く 11月14日　野田佳彦首相が安倍総裁との党首討論で衆院解散を宣言 12月16日　衆院選で自民党が480議席中294議席を獲得し、公明党を併せて3分の2を超え、連立政権復活へ 12月17日　自民党の安倍晋三総裁が憲法96条改正に意欲を表明 12月26日　第2次安倍晋三内閣が発足
2013年	2月7日　安倍首相が首相官邸に「安全保障の法的基盤の再構築に関する懇談会」（安保法制懇）を復活 4月9日　安倍首相と橋下徹大阪市長（日本維新の会共同代表）が憲法96条の先行改正で一致 5月23日　憲法96条の改正に反対する憲法学者、政治学者らが「96条の会」を結成 7月21日　参院選で自民、公明の連立与党が過半数。3分の2には届かず 8月8日　安倍首相が内閣法制局長官に小松一郎駐フランス大使を任命 9月4日　最高裁が、結婚していない男女間に生まれた婚外子（非嫡出子）の相続分を、法律婚の子（嫡出子）の半分とする民法の規定を違憲と決定 12月4日　首相官邸の国家安全保障会議（ＮＳＣ）が発足会合 12月6日　特定秘密保護法が成立

1　「裏口入学」九六条改正論

†再登板した安倍の「奇手」

「国民投票法という憲法を変えていくための橋をつくったのだから、いよいよ国民が皆でその橋を渡ること（になるの）は九六条の関係だろうと思う。次の目標として、（九六条の憲法）改正条項の改正をおこなっていく」

二〇一二年一二月一七日の自民党本部。前日からの衆院選投開票で、自民党は四八〇議席中二九四議席を獲得して圧勝し、民主党からの政権奪還を決めた。勝利の記者会見に臨んだ総裁の安倍晋三は、冒頭発言では経済再生や外交・安全保障に力点を置いた。憲法改正への取り組みを問われると、改正手続きを定めた九六条の先行改正を目標に掲げた。九六条一項は国会が憲法改正原案を発議し、国民投票で可否を決する手続きをこう定める。

「この憲法の改正は、各議院の総議員の三分の二以上の賛成で、国会が、これを発議し、国民に提案してその承認を経なければならない。この承認には、特別の国民投票又は国会の定める選挙の際行はれる投票において、その過半数の賛成を必要とする。」

自民党は一二年四月に党議決定した憲法改正草案で、国会発議の要件を「各議院の総議員の三分の二以上の賛成」から「両議院のそれぞれの総議員の過半数の賛成」へと緩和する条文を示していた。平和主義を定めた九条などより、まず九六条の改正を急ぐ安倍。その理由を「国民の六割や七割が（憲法を）変えたいと思っていても、たった三分の一を超える国会議員が反対すれば、国民は指一本触れる事もできず、（国民投票で）議論することすらできない。これはあまりにもハードルが高すぎる。これを解消したい」と訴えた。

政権を奪還した安倍は、この衆院選でも緊密な選挙協力を組んだ公明党との連立政権の復活を決めていた。ただ、改憲のパートナーとして名指ししたのは、大阪市長の橋下徹が前東京都知事の石原慎太郎とタッグを組んで国政に打って出た「日本維新の会」や、自民党を離党したが、安倍とは親しい渡辺喜美《よしみ》が代表を務めていた「みんなの党」だった。

「今の段階では、衆院では（改憲発議も）可能だが、参院ではほど遠い。次の参院選で我々が達成できるかわからない。さらに三年後の参院選が必要かも知れない。しかし、それに向けて、努力を進めていきたい。その点は日本維新の会、みんなの党とも基本的には一致できると思っている」

衆院選で維新は五四議席を獲得。三一議席の公明党を大きく上回り、五七議席と大惨敗した第二党の民主党に迫った。自民と維新だけで改憲発議に必要な三分の二に達した。ただ、参院では自公に維新、みんなを加えてもちょうど半数で、三分の二には遠かった。

安倍は退陣後の二一年五月三日、BSフジ「プライムニュース」でこう振り返っている。「たった三議席が大きな差だった。橋下さんが衆院選に出ていれば、間違いなく日本維新の会が野党第一党だった。国会はもっと建設的な議論になったはずだ。憲法改正でも、維新は憲法審査会を拒否はせず、その中で議論しようとなる。大きく違った」

第二次安倍晋三内閣は、一九四七年五月三日に施行された日本国憲法の改正を具体的な政治日程に乗せようとする初めての政権になる——。安倍はこの勝利会見でそう宣言したのである。だが、そんな「本気」の新政権が最優先する改憲の具体案は、長年にわたって論争の的になってきた九条などでなく、改正手続き規定である九六条の改正だった。なぜ正攻法で横綱相撲を取らないのか。安倍が繰り出した「奇手」には、戸惑いも広がった。

†憲法審査会と「中山ルール」

九六条先行改正論は急に出てきたわけではなく、ここに至るまでに長い伏流があった。国会に憲法論議の場を設けようとする機運が本格的に生まれたのは、一九九七年五月三日の日本国憲法施行五〇周年の頃からだ。共産、社民両党を除く超党派の議員で結成した憲法調査委員会設置推進議員連盟（会長＝自民党・元外相の中山太郎）は当初、常任委員会としての設置を目指した。ただ、国会法で「議案を審査する」権限を持つ常任委員会ができれば、憲法改正原案の提出や審議に直結するのではないか、との警戒感も強かった。

このため、九九年二月、自民、民主、公明、自由、改革クラブの五党で「議案提出権を持たない調査会を設置する」ことで合意した。七月に衆参両院に「日本国憲法について広範かつ総合的に調査を行うため」に「憲法調査会」を置く国会法改正が成立する。両院の議院運営委員会理事会で「憲法調査会は議案提出権がないことを確認する」旨の申し合わせをしたうえ、二〇〇〇年一月二〇日に衆院、参院それぞれの憲法調査会が発足した。

国会は国権の最高機関で、九六条で憲法改正の発議権を独占的に持つ。施行から五〇年を超えた日本国憲法を議論の俎上に載せる初めての動きだった。権限は「調査」に限られ、議案提出権は持たない前提なので、護憲の党派も警戒しつつ参加した。政権担当を目指し、最大野党として力をつけていた民主党は憲法調査会にも積極的に参画。鹿野道彦、中野寛《かん》成《せい》、仙谷由人《せんごくよしと》、枝野幸男が歴代の会長代理に指名され、会長の中山太郎を補佐していく。

この憲法調査会で、中山は与野党の信頼関係を築き、改憲に反対する党派も議論に参加させるために「少数者の意見をこそ、じっくり聞かなければならない」との議事運営の基本原則を打ち出した。政界引退後の一一年一一月一七日、後継機関となった衆院憲法審査会に参考人として招致され、その「中山ルール」の輪郭を次のように陳述している。

憲法調査会は議員同士の自由討議を主体とし、他の委員会のように発言時間を各党派の議席数に応じて比例配分する方式はやめた。少数党派にもまとまった主張を述べ、批判には反論する時間を確保するため「どの党派でも、何回でも発言してもよい」とした。護憲派で元衆院議長の土井たか子でさえこの方式を「機会均等」だと呼んで評価したという。

中山は、衆院副議長も務めた中野寛成の言葉を引く形で「憲法論議では、与党は度量を見せ、野党は良識を示すべきだ」と強調した。当時をよく知る国会関係者は、「与党の度量」とは自由討議の「機会均等」方式をいう一方、「野党の良識」は「憲法論議に政局を絡めない」で粛々と審議を進める姿勢を指し、両者のバーターが成立した、と説く。

この「中山ルール」は改憲原案の提出権を持つ今の衆院憲法審査会にも引き継がれた。始動して最初の実質審議が、中山を招いてのこの参考人質疑だったことがその証左だ。

衆院憲法調査会は五年間の活動を経て、〇五年四月一五日に六八三ページに上る報告書を議長に提出した。ここでは各項目について全体の三分の二を超えた場合のみ「多数」意見として記述するルールを採用。憲法問題を専門に取り扱う常設機関の設置や憲法改正手続法（国民投票法）の早急な整備、さらに「憲法調査会の基本的な枠組みを維持しつつ、これに憲法改正手続法の起草及び審査権限を付与する」などが多数意見として明記された。

〇五年九月、衆院は憲法調査特別委員会を設置。〇六年五月に自民、公明両党と民主党がそれぞれ国民投票法案を提出した。共通項は少なくなかったが、同年九月に第一次安倍晋三内閣が発足すると、ぎくしゃくし始める。自公両党が歩み寄りを示すため、自らの案と民主案を併合して一案とする修正案を出し、〇七年五月にこの併合修正案が成立する。

憲法改正の国会発議に向け、提出された改正原案を審査する権限を持つ衆参両院の「憲法審査会」が〇七年八月に設置され、発議後の国民投票に至る諸手続きも法制化された。ただ、憲法審査会は三年間は「調査」に専念すると規定され、公職選挙法の選挙権年齢の一八歳への引き下げと連動して投票権年齢を一八歳とする法整備、公務員の政治的行為の制限を巡る法整備、国民投票の改憲以外の案件への拡大の検討、といった「三つの宿題」も残された。改憲原案審査権の凍結が解除されたのは民主党政権下の一〇年五月だ。

衆参両院で審査会規程が議決された後、一一年一〇月に衆参とも会長や幹事を互選し、憲法審査会が始動した。強力な政治的意思に基づき、憲法改正原案を国会に提出し、審議して発議や国民投票といった九六条に従う手続きを動かすことが、初めて現実味を帯びたのだ。安倍の再登板に先立ち、改憲を政治日程に乗せうる制度的環境がほぼ整っていた。

†橋下維新と自民改憲草案

憲法改正論議をリアルに進める国会の「土俵」となる憲法審査会の始動をにらみ、改憲の具体案を提起する動きが与野党を超えて広がり始める。浮上したのが九六条改正だった。

二〇一一年六月七日、国会議事堂に隣接する東京・永田町の憲政記念館。超党派の「憲法九六条改正を目指す議員連盟」が二〇〇人を超す入会者を擁して設立総会を開いた。民主党は前環境相の小沢鋭仁《さきひと》、自民党は安倍とも親しい保守派議員の古屋圭司《けいじ》が代表に就いた。公明党、たちあがれ日本、みんなの党、国民新党、無所属からも参加者が集まった。

続いたのは国政政党への脱皮を視野に入れた地域政党「大阪維新の会」だ。一二年二月一三日、衆院選公約に向け、国政の抜本改革を掲げた「維新八策」の原案を集約。「大阪都」構想や道州制、首相公選制、参院廃止などの統治機構改革と並んで「憲法改正要件（九六条）を三分の二から二分の一に緩和する」憲法改正を打ち出した。

維新の代表で大阪市長の橋下徹は憲法について「国家権力が国民の人権を侵害しないように枠をはめるもの」としたうえで、「（日本国憲法は）硬性憲法にしても（九六条は）度が過ぎる。時代の状況に応じて変えられないのはおかしい」と改正要件の緩和を主張した。

橋下・維新に最も素早く反応した自民党の政治家こそ、安倍晋三である。二六日には「維新八策」を「憲法九六条の国民投票に付するための条件を変えるなど、評価している。より良い協力関係が構築できればいい」と高く評価し、連携に前向きな姿勢を記者団に示した。安倍は五月一二日の産経新聞のインタビューでも「憲法改正の機も熟してきた。中でも改憲手続きを規定する九六条の改正は次期衆院選で正面に掲げるべきだ」と訴えた。

この頃の安倍は〇七年に第一次内閣を体調不良で投げ出して退陣した政治的深手から立ち直りきっておらず、復権の確証があったわけでもない。それどころか、この前後に面会した橋下や大阪府知事の松井一郎（維新幹事長）から、自民党でくすぶっているくらいなら、維新が国政政党を旗揚げする際の党首に就いてほしいと誘いを受けていたほどだ。両者が意気投合し、親交を深めていく触媒の一つとなったのが、憲法九六条の改正論だった。

野党の自民党は総裁の谷垣禎一の下、憲法改正推進本部長の保利耕輔らが中心となって、四月二七日に全面改憲案となる憲法改正草案を党議決定した。九条一項の戦争放棄条項は基本的に維持しつつ、二項の戦力不保持と交戦権否認の条項は削除。新たな二項で「前項の規定は、自衛権の発動を妨げるものではない」と個別的か集団的かを問わず「自衛権の発動」を認めた。さらに新設条文の「九条の二」で「首相を最高指揮官とする国防軍を保持する」と自衛隊を「国防軍」として位置づけた。

加えて天皇の元首化、国旗国歌の尊重義務、外部からの武力攻撃などに際して内閣に権限を集中する緊急事態条項などを盛り込んだ。日本国憲法の核心ともいえる「すべて国民は、個人として尊重される」と個人の尊厳を定めた一三条から「全て国民は、人として尊重される」と「個人」という表現を削除するなど、論争的な条文がずらりと並んだ。

政権から離れた野党という自由な立場で、他党からの同調の得やすさや実現可能性などは二の次にして伸び伸びと議論した結果である。九条は別としても、一三条をはじめとして復古調とも見える改憲案は、小泉純一郎内閣下で結党五〇年の〇五年一〇月二八日に党議決定した新憲法草案では抑制されていた保守派の率直な「本音」を満載していた。

この中で九六条の憲法改正条項の国会発議の要件も、衆参各院の総議員の「三分の二以上」の賛成から「過半数」の賛成へと緩和された。これは必ずしも保守色の発露、ではない。〇五年の新憲法草案でも「過半数」への引き下げを明記していた。この新憲法起草委員会の事務局次長で、実務を担った舛添要一は「時代に合わせて、様々な改正提案がなされることは、国民が自分たちの憲法について真剣に考える機会を増やすことになる」から「緩和した方がよい」と考えていた、という（舛添『憲法改正のオモテとウラ』）。

†脱・押しつけへ「何でもいい」

二〇〇〇年五月一一日、若手議員の安倍晋三が衆院憲法調査会で日本国憲法観を端的に明かした場面がある。「押しつけ憲法」説と、それと決別するための自主憲法の制定論だ。「公布されたのが昭和二一年、終戦の次の年だから、まさに全く占領下にある。これは誰が考えたって、大きな強制の中でこの憲法の制定が行われたのは本当に常識なんだろう」

こう切り出した安倍は占領下で「ほとんどアメリカのニューディーラーと言われる人たちの手によってできた憲法を私たちが最高法として抱いている」ことが「日本人にとって、心理に大きな、精神に悪い影響を及ぼしているんだろう」と「押しつけ憲法」を存続させてきた精神的な不健全性を指摘。「今度こそ根本的に私たちは私たちの手で新しい憲法をつくっていくことが、私は極めて重要なんだろうと思う」と自主憲法制定論を展開した。

ただ、現憲法を無効とする立場にでも立たない限り、白地からの自主憲法の制定などありえない。次善の策は現憲法の全面改正となるが、現在の国会法六八条の三では「憲法改正原案の発議に当たつては、内容において関連する事項ごとに区分して行う」と定める。この「区分」は必ずしも条文の一条一条ごととまでは限らないものの、全面改正案を一括して国会発議し、賛成か反対かを国民投票で問うような手法は難しい、と考えられている。

もし全面改正を目指そうとすれば、「国会発議→国民投票」という改憲手続きを何度も繰り返さなければならない。政権奪還当時に自民党憲法改正推進本部の本部長代行を務めていた船田元。安倍の九六条先行改正論に「変えるべき条項を一回で全て改正するのは不可能で、改正手続きを何度か繰り返す必要がある。そのためにあらかじめ改憲のハードルを下げておく必要があるので、九六条先行改正論にも合理性はある」と理解を示していた。

周辺関係者によると、安倍自身は一二年一二月の衆院選の最中に「改憲できるなら、何でもいい」と本音を漏らす場面もあったという。全面改正を志向して何度も改憲を繰り返すことを想定する立場からは、国民に早く「改憲慣れ」してもらいたいとの発想が出てきがちだ。この前のめりで先を急ぐ視点からは、最初の改憲はできるだけ国民的合意が得やすい条項が望ましく、極論すると「できるものなら何でもいい」となる。イデオロギー色の薄い改憲手続きの見直しに限れば、合意形成しやすいのではないかと考えるわけだ。「押しつけ憲法」脱却を志向する現憲法の全面改正論が改憲そのものを自己目的化させ、「できるなら何でもいい」との本音が改憲手続きを見直す九六条先行改正論に行き着いた。

†改憲が遠い特異な構造

日本国憲法が長年、改正されなかったのはなぜか。東西冷戦下で九条などを巡って保守・革新両陣営が鋭く対立した事情や、九六条の改正手続きの要件が厳しすぎるから、と考えられがちだ。だが、比較政治を専門とする東大教授のケネス・盛・マッケルウェインは「議会における「三分の二」は国際基準に照らして決して高いハードルではない」と説いた(『中央公論』一七年五月号「日本国憲法の特異な構造が改憲を必要としてこなかった」)。

なぜなら、議会での改正手続きを定めた三九四の歴史的憲法のうち、改正に三分の二の賛成を要するものが七八%にも上ったからだ。敗戦後にやはり連合国の占領下で憲法(基本法）が制定されたドイツ。連邦議会での改正手続きに「三分の二」要件があるが、約六〇回も改憲してきた。国民投票は要件にないが、比例代表がベースの選挙制度で多数派の形成が難しい事情も考えると「改憲のハードルは日本よりも実質的に高い」という。

マッケルウェインは「世界の憲法と比べると、日本国憲法は圧倒的に短い」と明かす。英訳の単語数で比較すると、世界最長はインドの一四万六四〇〇ワードだった。次点がブラジルで六万五〇〇〇、三位がオーストリアで四万一〇〇〇と続き、世界平均は二万一〇〇〇。日本国憲法は四九九八ワードしかなく、これより短いのはアイスランド、モナコ、ヨルダンなど数えるほどしかなかった。世界有数の簡潔な憲法典という特徴があるのだ。

もう一つの特徴として「（簡潔）でありながら、国民の権利についてなど「人権」の記述の比率が高く、また、国会、内閣、司法など「統治機構」に関する記述では、具体的に定めているトピックが極めて少ない」とも分析した。この日本国憲法が有する構造的な特質から「諸外国に比べ、憲法改正の必要が生じにくかったといえるだろう」と論じる。制定当時の世界標準からすれば人権規定はかなり手厚く、統治構造を変えようと思えば、法改正をすれば事足りたわけだから、「改憲にまで手を付ける必要がなかった」と見る。

実際、平成期に選挙制度改革を柱とする政治改革、内閣機能を強化した橋本行革、裁判員裁判などを導入した司法制度改革、国と地方の権限・財源関係を組み直した地方分権改革と大がかりな統治構造改革が連続して推進された。どれも法改正で進み、政権交代可能な政治と首相主導体制を車の両輪とする「平成デモクラシー」を生んだ。改憲に訴えずとも大変革が可能だったのは、特異な憲法構造のなせる技でもあったというわけだ。

ただ、マッケルウェインは「日本国憲法を不磨の大典のように掲げ、改正しないことが望ましいとする意見には与しない」とも述べた。あらゆる権力は憲法の規定に従って統治しなくてはならないという立憲主義の原則に照らすと、国会議員を縛るべき選挙のルールを法律任せ、議員任せにする点などは問題であり、改憲も選択肢として「もう少し統治機構について明示し、権力者による恣意的な制度運営などを抑制する」よう提言している。

†公明が待った、世論も逆風

首相に再登板した安倍晋三は一三年四月九日に日銀総裁に黒田東彦を就任させ、異次元の金融緩和で円安株高を演出するアベノミクスを本格化させる。この日は大阪市長の橋下徹（日本維新の会共同代表）と会い、憲法九六条の先行改正で意気投合。七月の参院選では、自民、公明の連立与党で多数を確保して衆参両院で政権基盤を安定させるだけでなく、維新やみんなの党と改憲に必要な三分の二以上の勢力を築くことも狙っていた。

「まず（改憲の発議要件の）三分の二を変える。いよいよ可能性も出てきた。橋下氏も言っている。発信力が強いから、若い人にも届いている。選挙を通じて九六条を変える意味について議論が起こり、それを可能にする多数を得られればさらに議論は高まるだろう」

安倍は四月一九日の日本記者クラブでの会見で、参院選での九六条先行改正の争点化にこう意欲を示した。待ったをかけたのは、自民党が選挙協力でその集票力を頼る連立与党の公明党だった。同党代表の山口那津男は一一日の党中央幹事会で「連立政権でやることは約束しているが、憲法改正は連立合意の枠外の話だ」と安倍提案には一線を画した。

五月九日の衆院憲法審査会。公明党幹事長代行の斉藤鉄夫は九六条先行改正を否定した。「まず九六条の改正要件を緩和する先行改正論には慎重であるべきだ。憲法の内容をどう改正したいのか中身の議論の前に、先行して改憲手続きだけを改正するのは、国民からは、どこを、なぜ、どう変えるのか不透明だ。手続きは改正の内容とともに議論すべきだ」

公明党は「なぜ改憲するのか」「どこを変えるのか」を問うた。環境権やプライバシー権などを書き加える「加憲」を唱える立場から、安倍流の改憲の自己目的化を突いた。

世論調査でも安倍に追い風は吹かなかった。朝日新聞の五月二日朝刊では九六条改正に賛成三八％、反対五四％。毎日新聞の三日朝刊では賛成四二％、反対四六％。読売新聞の一三日朝刊では賛成三五％、反対五一％だった。一三日には橋下が「従軍慰安婦制度は必要」との記者団への発言を切り取られて「炎上」し、維新の勢いが失速していく。安倍は五月一四日の参院予算委員会で、九六条先行改正への逆風を認めざるを得なかった。

「国民投票になればこれは必ず成立するとは限らないわけで、事実、九六条（改正）についても反対の方の意見の方がいま多いのも事実だ。たとえいま三分の二でこれを国民投票に付したところでこれは否決されるわけであり、これこそまさに私は民主主義なんだろうと思うし、つまりその中において私たちも国民の意思を尊重するべきだろうと」

スティーブン・スピルバーグが監督し、一三年春に公開された映画『リンカーン』。米大統領エイブラハム・リンカーンが奴隷制を廃止するための憲法修正第一三条を下院で僅差の可決に持ち込む執念の多数派工作を描く作品だ。米憲法の修正には上下両院の三分の二以上の賛成による発議と四分の三以上の州の承認が要る。反対派をいかに寝返らせるか。落選が決まった議員に再就職を世話する。迷う者は自宅に夜討ちして説得。南北戦争が早く終わると奴隷解放の機運がしぼむと見て、死傷者が増えても和平交渉を停滞させる——。「私は大統領だ！」と叫ぶリンカーンは目的のために手段を選ばぬリアリストとして活写されていた。安倍は逆風を突いてでも改憲論議の前進を急ぐのか。アベノミクスによる経済再生を優先し、じっくり構えるのか。五月一一日に『リンカーン』を鑑賞した直後、安倍は記者団に「指導者は常に難しい判断をしなければならない」とだけ漏らした。

†安倍と憲法学の断絶

一三年三月二九日の参院予算委員会。著名な憲法学者を巡り、民主党の小西洋之が首相の安倍晋三とこんなやりとりを交わした。小西も小西なら、安倍も安倍の問答である。
小西「安倍総理、いま述べられた芦部信喜さんという憲法学者、ご存じですか」
安倍「私は存じ上げておりません」
小西「では、高橋和之さん、あるいは佐藤幸治さんという憲法学者はご存じですか」
安倍「申し訳ありません、私はあまり、憲法学の権威ではございませんので、学生であったこともございませんので、存じ上げておりません」
小西「憲法学を勉強もされない方が憲法改正を唱えるというのは、私には信じられないことなんですけれども。今私が聞いた三人は、憲法を学ぶ学生だったら誰でも知っている日本の戦後の憲法の通説的な学者です」
安倍は「クイズのような質問に生産性はない」と鼻白んだ。東大教授だった芦部信喜（一九二三〜九九）の著書『憲法』（岩波書店）は九三年の刊行以来、憲法学の通説を把握するのに必読の定番的教科書とされる。芦部門下で東大名誉教授の高橋和之（一九四三〜）が直近の第七版まで補訂を重ねるロングセラーだ。京都大名誉教授の佐藤幸治（一九三七～）には「芦部憲法」の前に広く読まれた概説書がある。九〇年代の橋本行革、司法制度改革の基本設計にも関わった。この三人を知らぬ安倍と憲法学の断絶は深かった。

安倍流の九六条先行改正論に、その憲法学者から立場を問わず批判が集中したのである。まず突出したのは、かつて「改憲派の自民党ブレイン」を自任したが、一二年改憲草案から距離を置いた慶応大教授の小林節だ。四月以降、毎日新聞、朝日新聞などに登場して「絶対ダメだよ。邪道。憲法の何たるかをまるで分かっちゃいない」「正面から入れないから、裏口入学をさせてというようなもの」と酷評した。なぜ九六条改正に反対か。「憲法は権力者を縛り、国の土台だ。権力者が軽視できないよう、わざと改正しにくくしてある。権力者がハードルを下げるのは憲法の本質の否定だ」と立憲主義の要諦を説いた。

次に目を引いたのは、アカデミズムの奥深くに位置し、マスメディアへの露出を控えてきた東大教授の石川健治だ。五月三日の朝日新聞に「九六条改正を九六条によって根拠付けるのは論理的に不可能だ」と断じる論考「九六条改正という「革命」」を寄稿した。

石川はサッカーのプレーヤーにオフサイドのルールを変更する資格がないことにたとえて「憲法改正権者に、改正手続きを争う資格を与える規定を、憲法の中に見いだすことはできない」と指摘。「憲法改正条項を改正することは、憲法改正条項に先行する存在を打ち倒す行為である。打ち倒されるのは、憲法の根本をなす上位の規範であるか、それとも憲法制定者としての国民そのものかは、意見がわかれる。だが、いずれにせよ、立憲国家としての日本の根幹に対する、反逆であり「革命」にほかならない」とまで言い切った。

†参院選後の微妙な勢力図

二人の言説のインパクトは、五月一三日の毎日新聞に表れた。特別編集委員の山田孝男がコラム「風知草」で小林の自社記事に加え、ライバル紙・朝日の石川の論考にも言及する異例の筆致で「安倍人気に乗って一気に進むかと見えた九六条改正の流れにブレーキがかかった」と論評したのだ。石川の恩師に当たる東大名誉教授の樋口陽一が代表に就き、憲法学者、政治学者らでつくる「九六条の会」が五月二三日に発足。小林も参加した。護憲派も改憲派も憲法学者が呉越同舟で猛反対したのが、九六条改正論争の特徴だった。

憲法学者たちの異例の行動。石川によると、樋口の師で東北大教授だった清宮四郎（一八九八～一九八九）は「憲法学者は助平根性を出してはならない」とマスメディアなどに出て時事評論的な発言をしたり、徒党を組んで政治的主張をしたりすべきでない、と厳しく戒めた、と語り伝えられているという。門下生に受け継がれてきたその教えを九六条改正論への危機感から樋口が破り、石川も続いた。もう一つ、清宮は「いざ、という時が来れば、立ち上がらねばならない」との言葉も残したとされ、その時が来たというわけだ。

六月一四日、東京・紀尾井町の上智大学での「九六条の会」シンポジウム。九条で個別的自衛権の行使は合憲だとする東大教授の長谷部恭男も、九六条改正には強く反対した。「憲法に埋め込まれるべきは中長期的に見て国民の利益を守る社会の大原則だ。この憲法を変える提案は、立場の違いを超えて幅広い合意が得られる内容であって初めて国会発議が許される。だから三分の二以上の賛成を求めている。過半数で発議できるなら、自民党草案のように、その時々の多数派の党派性の強い改憲案になりかねない」

自民党は参院選の公約で一二年改憲草案の内容を一〇項目にわたって紹介し、九六条の発議要件の「衆参それぞれの過半数」への緩和も明記したが、先行改正には触れなかった。公示前日の七月三日、東京・内幸町の日本記者クラブでの党首討論会。安倍は「これは初めてですよ、憲法改正がリアリティを持って議論されたのは。その意味では、第一の目的は達成できた」と自負して見せたが、九六条先行改正を争点化する構えはとらなかった。

二一日投開票の結果、自民党は大勝し、公明党も併せて連立与党で参院の過半数を回復した。維新、みんなも一定の議席増を見せたものの、自民党と併せた三党でも三分の二には遠く届かず、公明党を加えて四党でギリギリで三分の二に届く微妙な勢力図になった。「三分の二の多数派を構成できるものは何かも含め、政治は結果、現実だから。それも踏まえて考えていきたい。いずれにしても、腰を落ち着けてじっくりと進めていきたい」

安倍は二二日の勝利会見で、九六条先行改正に必ずしもこだわらず、改憲には「じっくり」取り組むと力説した。旗は降ろさないが、いったん転進しようとしていたのである。

2 内閣法制局も「首相支配」

†憲法解釈に人事で風穴

二〇一三年七月の参院選を機に、首相の安倍晋三は憲法九六条の先行改正論を脇に置き、再登板から照準を定めていた「本丸」の攻略に軸足を移す。「本丸」とは、歴代内閣が「憲法上許されない」との解釈を堅持してきた集団的自衛権の行使の容認への転換だ。

八月八日。安倍は内閣の憲法解釈を司る内閣法制局長官に駐フランス大使の小松一郎(元外務省国際法局長)を任命。長官を退任する山本庸幸《つねゆき》を最高裁判事に充てる、と閣議決定した。最高裁判事の竹内行夫《ゆきお》(元外務事務次官)が七月一九日に定年退官した機会を捉えた人事だが、山本の処遇は「栄転」の体裁を取りながら、実態は「左遷」ともいえた。

安倍は〇六～〇七年の第一次内閣でも憲法解釈の変更を狙い、首相官邸に「安全保障の法的基盤の再構築に関する懇談会」(安保法制懇、座長＝国際海洋法裁判所判事の柳井俊二)

を設置して議論を重ねた。参謀役は外務事務次官の谷内正太郎で、実務を担ったのが国際法局長の小松だ。ただ、内閣法制局は解釈変更への反対を崩さず、安倍は一年で退陣してしまう。その壁に、今度は内閣が持つ長官の人事権の行使で風穴を開けようとしたのだ。

再登板した安倍は、一三年二月に安保法制懇をほぼ同じ顔触れで復活させ、谷内を内閣官房参与に登用して外交・安保のブレーンとした。一二月からは新設の内閣官房国家安全保障局長に据える。小松の法制局長官へのサプライズ起用はこれらとセットだった。

憲法八一条によれば、法令などが「憲法に適合するかしないかを決定する権限」は最終的に最高裁にある。ただ、戦後司法はこの違憲立法審査権の行使に慎重な姿勢を取ってきた。衆院の解散や日米安保条約を巡っては、国家統治の根幹に関わる高度の政治性を理由に司法審査の対象から外す「統治行為」論も持ち出した。行政機関の内閣法制局が「法の番人」とも呼ばれる重みを増してきたのは、この「消極司法」と表裏の関係にもある。

設置法によると、内閣法制局は法制的な面から内閣を直接補佐する機関として置かれ、閣議にかかる法案や条約案を審査したり、修正したりする。様々な法律問題で首相らに意見を具申する機能も備える。重要な立法の大半は内閣提出法案で、違憲の立法は避けねばならない。政府が責任をもって国政を遂行するうえでも、合理的で一貫性のある憲法解釈が不可欠だ。そこで各府省から法制局へ法律に詳しい官僚を出向させ、堅固な「霞が関法学」を築いてきた。憲法は集団的自衛権の行使を禁じている、とする見解も、五五年体制と呼ばれた自民党長期政権下で、歴代内閣が法制局に頼りながら積み上げてきた論理だ。

法制局長官の任命権は内閣にある。国家公務員法の身分保障や政治的行為の制限を受けない特別職で、組閣のたびに辞表を提出する政治任用スタッフ扱い。半面、従来の長官は総務（旧自治）、法務、財務、経済産業の四省出身者に限られ、憲法解釈を担当する第一部長から法制次長を経て内部昇格する慣行だった。法曹資格などの要件は課されない。

官房長官の菅義偉は八月八日の記者会見で、「小松法制局長官」は「国際法をはじめとする豊富な知識と経験があり適任だ」と説明した。官邸を訪れ、安倍から辞令交付を受けた小松は憲法解釈の変更について記者団に「内閣全体で考えることだ」と述べた。

小松は国際法の専門家だが、憲法解釈のスペシャリストではなく、法制局勤務の経験もない。法制局職員への訓示で「法制局の審査を受けたことはあるが、審査する側になるのは初めてだ。皆で盛り立てて欲しい」と協力を求めた。著書『実践国際法』では、自国と密接な関係にある他の国への攻撃に反撃する集団的自衛権を「刑法でいえば「他者のための正当防衛」に当たる」とし、「法制度としては、常識的なもの」と記述していた。

この日、新旧長官は公用車に同乗して関係者に挨拶回りをした。山本は「憲法と国際法、どちらが優先すると思いますか」と問うた。雄弁だった小松が「国際法だ」と答えるかと思いきや、黙って考え込んでいたという（朝日新聞政治部取材班『安倍政権の裏の顔』）。

内閣は首相を先頭に政権党議員が行政に乗り込む「政」の顔と、縦割りの各府省を統合する「官」の顔を併せ持つ。首相官邸はその両者が入り混じり、独特の権力の磁場を形作る。法制局長官もこの政と官のインターフェースに立ち、首相を補佐する「内閣官僚」の一人だが、長年の慣行を破る安倍流のトップダウン人事で、政・官・学に激震が走った。

†民主党と安倍の通奏低音

「現行憲法で約半世紀維持されてきた解釈を変えるのは、なかなか難しいと考えている」「集団的自衛権（の行使容認）を実現するには憲法改正をした方が適切だろうと思う」

八月二〇日。内閣法制局長官を退任し、最高裁判事に転じた山本庸幸（旧通産省出身）が就任の記者会見に臨み、集団的自衛権を巡る歴代内閣の憲法解釈の変更について「難しい」との見解を表明した。違憲立法審査権を行使しうる最高裁判事が、判決や決定で司法判断を下す以外で憲法に関わる政治的課題に言及するのは、極めて異例と言えた。トップダウンで長官の人事権を行使した首相の安倍晋三への、精いっぱいの反撃を思わせた。

憲法学界にも反発が広がっていた。八月二六日、民間シンクタンク「構想日本」が開いた憲法改正を巡るフォーラム。法制局の自律性の慣行を破った安倍による小松の法制局長官登用に、憲法学者で学習院大教授の青井未帆はこのように強く疑問を呈した。「統治の安定を確保するため、内閣の中にも（法令解釈で）一定の自律的秩序を持つ組織がないといけない――。こんな考え方で法制局はきちんと動いてきた。その人事に政治が手を突っ込むとは、戦後の（統治の）仕組み自体が変わろうとしている」

内部昇格の人事慣行を逸脱したとはいえ、そもそも法制局長官の任命権は内閣にある。国会議員こそ充てられないが、時の政権の意思を示す政治的任用に法的な制約はかけられていない。「自律的秩序」と言っても、法曹資格などの専門性の要件が課されるわけでもない。慣行を守れ、と権力者に自制を求める以上の制度的手立ては見当たらなかった。

憲法の解釈変更を目指すため、内閣法制局へのコントロールを強めたい、という安倍の個人的な動機。それとは別に、これは国会の多数派から選ばれた時の首相・内閣が、行政組織や官僚制への民主的統制を強める「平成デモクラシー」の潮流の表れともいえた。

「政治主導」を掲げた民主党政権も内閣法制局の統制へ新機軸を採り入れていた。最初の鳩山由紀夫内閣で、幹事長の小沢一郎は議員同士の国会論戦を重んじ、一〇年の通常国会から法制局長官の答弁を禁止した。後述するように、小沢は一九九一年の湾岸戦争以来、法制局の憲法解釈を批判してきた。当初は官房長官の平野博文に「法令解釈担当相」を兼務させ、弁護士の枝野幸男が行政刷新相で途中入閣すると、この担当相を引き継いだ。

当時の官邸幹部は「政権交代から四カ月後に法制局長官を代えたが、事務方の人事案をそのまま承認した」と明かす。鳩山内閣は発足と同時に内閣官僚のうち、やはり特別職の官房副長官（事務担当）や内閣情報官らは政治任用で入れ替え、官房副長官補らも順次代えた。法制局長官への人事介入は控えつつ、答弁禁止で「格下げ」にしたわけだ。枝野は一〇年二月一九日の記者会見で、法制局に内閣の法令解釈の決定権はないと断じた。「内閣法制局は、内閣や首相等に上申や意見を述べることがその所掌事務だ。内閣の法令解釈を決定する機関ではない。担当相が任命されたことからも、改めて、まずは私のところがその決定権、判断権を持ち、最終的には閣議で決定するものである」

「脱小沢」路線に転じた菅直人内閣でも弁護士の仙谷由人が官房長官に就き、法令解釈担当相を掛け持ちした。仙谷は組閣名簿発表の会見で「憲法解釈は、政治性を帯びざるを得ない。その時点、その時点で内閣が責任を持った憲法解釈論を国民、あるいは国会に提示するのが最も妥当な道であると考えている」と「憲法解釈の政治性」を力説した。

一一年一月に官房長官が仙谷から枝野に代わると、枝野が再び法令解釈担当相も兼ねた。続く野田佳彦内閣では、やはり弁護士で法相の平岡秀夫が当初、この担当相になる。だが、間もなく枝野が経済産業相として途中入閣すると、三たび法令解釈も請け負った。

閣議案件の官僚レベルでの事前調整の完了を確認する場だった事務次官等会議を廃止す

るなど「政治主導」にこだわり、初期には「官僚排除」にまで至った民主党政権。法制局長官の格下げにもその勢いが及んでいた。だが、政と官の協調の再建に動いた野田は一二年の通常国会に入ると、法制局長官を政府特別補佐人に戻し、国会答弁の復活を認めた。

政治的には不倶戴天とも見えた民主党と安倍。しかし、衆院選で勝って政権を奪取し、民主的正統性を背にした宰相が官を押し込もうとする力学は共通だった。政権交代は政治主導で行政に非連続をつくり出す好機ともなるのも確かだ。その波が内閣法制局と憲法解釈にまで及んできたのである。首相主導の法制局統制は与野党を超えた通奏低音だった。

†遅々とした「積極司法」

内閣法制局長官の政治任用人事をもたらしたのは、衆院選による二度の政権交代と政官関係の流動化だ。その底流に「平成デモクラシー」があった。小選挙区中心の衆院選で「政権交代可能な政治」を志向。有権者による政権選択を勝ち取った政党が押し立てる首相が強力なリーダーシップを発揮し、内閣主導でマニフェスト（政権公約）を迅速に実行する。「政治主導」はかつての与党主導から、首相主導や内閣主導に読み替えられた。

首相再登板後、二〇一三年七月の参院選勝利で衆参ねじれ国会を解消した安倍晋三も首相主導と行政府の官僚組織への民主的統制の強化を目指した。各府省の幹部官僚人事を実質的に首相官邸に一元化する「内閣人事局」創設などの公務員制度改革を推進。官邸が外交・安全保障政策を束ねる「国家安全保障会議」（日本版ＮＳＣ）の新設にも動く。

小松法制局長官人事に先立つ夏の霞が関各府省の幹部人事。安倍と官房長官の菅義偉は内閣人事局構想を先取りする形で、官邸主導を連発した。外務次官は一年も在任しない異例の短期間で河相周夫から外務審議官の斎木昭隆へ交代。厚生労働次官には「女性活躍」の象徴として社会・援護局長の村木厚子を抜てきした。国土交通省のキャリア官僚が長く占めてきた海上保安庁長官に、初めて現場出身の佐藤雄二を据えて士気向上を狙った。

安倍はその勢いを駆り、憲法解釈の変更を目指して、内閣法制局とて一行政組織に過ぎない、と人事権を通じた「支配」を狙った。これも「政治主導」による官の統制強化の試みなのか。それとも統治機構の安定を支えてきた微妙な力の均衡の破壊なのか。「序」で触れたように、権力を巡っては民主的正統性（legitimacy）の論理に対し、合理性・専門性（rightness）への目配りも欠かせない。「平成デモクラシー」にはそれも内在していた。

衆院選での民意を背にする「政」が、「官」への統制を強める流れの中で、「政治主導」に対峙すべきバランサーと想定されたのは「積極司法」だ。平成期に政治改革、橋本行革を受けて設置された司法制度改革審議会。二〇〇一年の最終意見書は、一連の統治構造改革を「肥大化した行政システムを改め、政治部門（国会、内閣）の統治能力の質（戦略性、総合性、機動性）の向上を目指そうとするもの」と位置づけた。その「最後の要」を自ら任じて「立法・行政に対する司法のチェック機能の充実・強化の必要」を掲げていた。

審議会の会長は憲法学者で京都大教授の佐藤幸治。多数派を背景とする「政治主導」が「官」を抑える時代に、最高裁の違憲立法審査権が少数派の権利のセーフティネットを担う想定だった。法曹人口の増員、国民が参加する裁判員裁判や検察審査会の権限強化など司法の国民的すそ野を広げる改革を進めたのは、政治に対峙する基盤作りでもあった。

違憲立法の回避を至上命令に、内閣の憲法解釈を専門的見地から一手に担ってきた法制局の人事にも政治任用色がのぞき始めた。ならば、司法も謙抑的な「統治行為」論に安住せず、違憲立法審査権をより積極的に行使して「政治主導」と正面から向き合わないと、統治権力のアクセルとブレーキの均衡が成り立たない。司法制度改革には、統治構造のバランスを再編成するそんなダイナミズムも構想段階から組み込まれてきたはずだった。

折しも最高裁は九月四日、結婚していない男女間に生まれた婚外子（非嫡出子）の相続分を、法律婚の子（嫡出子）の半分とする民法の規定に、判例を変更して違憲との決定を下した。一一月二〇日には、一二年一二月の衆院選の一票の格差（最大二・四三倍）は違憲状態だったと判示した。二〇〇〇年代に入り、違憲判決を出し始めた最高裁の変化は、司法制度改革が大きな契機になったとの見方がある。一方で、それは憲法改正による独立の「憲法裁判所」創設の動きを警戒したためではないか、と組織防衛的な動機を指摘する専門家もいる。いずれにせよ、「政治主導」に対峙する「積極司法」と呼ぶには、あまりにも遅々とした動きではある。司法制度になお「改革の不足」は否定できない。

†九条と個別的・集団的自衛権

憲法九条は次のように戦争放棄、戦力の不保持、交戦権の否認を定めている。

一項「日本国民は、正義と秩序を基調とする国際平和を誠実に希求し、国権の発動たる戦争と、武力による威嚇又は武力の行使は、国際紛争を解決する手段としては、永久にこれを放棄する。」
二項「前項の目的を達するため、陸海空軍その他の戦力は、これを保持しない。国の交戦権は、これを認めない。」

九条一項と似た規定は、一九二八年のパリ不戦条約で既に現れていた。「国際紛争解決のための戦争」や「国家の政策の手段としての戦争」が禁止され、条約加盟国は国際紛争の平和的解決を義務づけられた。第二次世界大戦を経て、四五年一〇月に発効した国連憲章は、二条で国際関係での武力による威嚇や武力の行使を原則としてすべて禁止した。ただ、国連憲章は安全保障理事会が平和の破壊や侵略行為の存在などを決定した場合、平和・安全の維持・回復のため軍事行動や経済制裁などを取りうる、と「集団安全保障」も定める。五一条では加盟国への武力攻撃が発生した場合、安保理が必要な措置を取るまでの間、加盟国の「個別的又は集団的自衛の固有の権利を害するものではない」とする。

一般に国際法では、不戦条約や国連憲章で否定されたのは侵略目的の戦争のみで、国家固有の自衛権に基づく戦争や制裁のための戦争は放棄の対象外だとされる。四七年五月施行の日本国憲法もこの潮流から生まれたように見えるが、元内閣法制局長官の阪田雅裕は、戦力も交戦権も否定した九条二項は「過去の条約や諸外国の憲法に例を見ない規定」だと指摘。二項の特殊性を前提として、一項の戦争放棄も「不戦条約等の場合とは異なると解さざるを得ない」と侵略戦争のみの放棄とは解釈しない（阪田編著『政府の憲法解釈』）。

阪田によれば、第二次安倍晋三内閣より前の歴代内閣が定着させてきた九条解釈の根幹は二点だ。第一に「自衛のための必要最小限度の実力組織」である自衛隊は、九条二項が保持を禁じる「戦力」に当たらず、同項に違反する存在ではないという点。第二に自衛隊には、日本への武力攻撃が発生した場合、それを排除するための必要最小限度の実力行使、すなわち個別的自衛権を行使する場合を除いて武力の行使が許されないとする点だ。

最高裁は五九年一二月の砂川事件大法廷判決で、九条によって「わが国が主権国として持つ固有の自衛権は何ら否定されたものではなく、わが憲法の平和主義は決して無防備、無抵抗を定めたものではない」と言明。「わが国が、自国の平和と安全を維持しその存立を全うするために必要な自衛の措置をとりうることは、国家固有の権能の行使として当然のことといわなければならない」と国家固有の権利としての自衛権は否定されないとの判断を司法府として初めて示した。個別的自衛権と集団的自衛権を区別して書いていない。

集団的自衛権論議は六〇年の日米安保条約改定に絡んで活発化する。歴代内閣の見解は自衛隊の海外派兵の禁止という文脈から、次第に集団的自衛権一般の禁止へと進んでいく。

七二年一〇月一四日、内閣法制局が参院決算委員会に提出した資料「集団的自衛権と憲法との関係」。ここでは、憲法前文が国民の平和的生存権を確認し、一三条が生命、自由、幸福追求に対する国民の権利の最大の尊重を求めることから「わが国がみずからの存立を全うし国民が平和のうちに生存することまでも放棄していないことは明らか」だと強調する。同時に「自国の平和と安全を維持しその存立を全うするために必要な自衛の措置をとることを禁じているとはとうてい解されない」と憲法は自衛権を否定していない、と説く。

ただ、七二年見解は「だからといって、平和主義をその基本原則とする憲法が、右にいう自衛のための措置を無制限に認めているとは解されない」と三つの要件を提示する。

「①あくまで外国の武力攻撃によって国民の生命、自由及び幸福追求の権利が根底からくつがえされるという急迫、不正の事態に対処し、②国民のこれらの権利を守るための止むを得ない措置としてはじめて容認されるものであるから、③その措置は、右の事態を排除するためとられるべき必要最小限度の範囲にとどまるべきものである」(丸数字は筆者)

内閣法制局の読み方では、③の「必要最小限度」は第三要件というより、①②をまとめたもの、つまり、①と②によって決まる武力行使の「程度」に関する要件だ、と解する。

これによって、憲法の下で武力行使が許されるのは「わが国に対する急迫、不正の侵害に対処する場合に限られる」と指摘。「他国に加えられた武力攻撃を阻止することをその内容とするいわゆる集団的自衛権の行使は、憲法上許されない」と結論づけている。

八一年五月二九日に閣議決定した内閣の答弁書では「憲法第九条の下において許容されている自衛権の行使は、我が国を防衛するため必要最小限度の範囲にとどまるべきものであると解しており、集団的自衛権を行使することは、その範囲を超えるものであって、憲法上許されない」と集団的自衛権は自衛の「必要最小限度」を超えると端的に述べた。

†「武力行使と一体化」の論理

東西冷戦が終結して間もない一九九〇年八月。日本が原油輸入を頼る中東で、イラクがクウェートに侵攻した。国連安全保障理事会は「国際の平和と安全を回復するために必要なあらゆる手段」を認める決議を採択し、事実上は米国が指揮を執る多国籍軍が編成された。外務事務次官の栗山尚一は「中ソを含む安保理の常任理事国が拒否権を行使することなく一致して行動した結果、（国連）憲章が想定した平和回復のための集団安全保障体制が見事に機能した希有なケース」と受け止めた（栗山『戦後日本外交――軌跡と課題』）。

海部俊樹内閣は自衛隊を「国連平和協力隊」に併任したうえで、多国籍軍の輸送、医療などの後方支援のために海外派遣しようと構想し、国連平和協力法案を国会に提出した。

内閣法制局は国連の集団安全保障措置でも「憲法九条で禁じられている武力の行使や武力による威嚇に当たる行為は、我が国として行うことが許されない」との憲法解釈に立ち、武力行使を目的とした多国籍軍への「参加」は否定した。「参加」に至らない「協力」は「多国籍軍の武力行使と一体となるようなものは憲法上許されないが、一体とならないようなものは許される」と「武力行使と一体化」しない形での後方支援に限って容認した。

外務省で条約局長を経験し、国際法に精通した栗山は「法制局の「一体化」論には強く反対した」と明かしている。日米安保条約では、在日米軍基地からの戦闘作戦行動は日本政府との事前協議に服するとされる。戦闘作戦行動と日本政府の許諾は文字通り「一体化」しており、法制局の論法では「安保条約そのものが違憲」になってしまうと反論した。

外務省と法制局の憲法九条解釈を巡る論争と確執はこの当時から続いてきたものだ。

この時は野党が法案に猛反対したうえ、政府・自民党も自衛隊の初の海外派遣を巡って迷走し、廃案に終わる。多国籍軍がイラクをクウェートから撃退した湾岸戦争停戦後の九一年四月、海部は自衛隊法に基づき、海上自衛隊の機雷掃海部隊をペルシャ湾へ派遣した。この間、国会答弁で野党の矢面に立ち、国際貢献と憲法九条の狭間で進退窮まる思いに苛まれ続けた外相がほかならぬ中山太郎だ。「この経験が、私に自らの議員人生の後半を憲法改正に捧げることを決意させた」という（中山『実録　憲法改正国民投票への道』）。

この時期、自民党幹事長を務めた小沢一郎は、武力行使を伴う国連の集団安全保障への自衛隊の参加を違憲とする法制局の解釈に異議を唱えた。九三年の著書『日本改造計画』で、安全保障面で国連を通じて積極的に国際貢献する「普通の国」への脱皮を提唱する。「自衛隊を国連待機軍として国連に提供し、その平和活動に参加することは、憲法前文の理念、第九条の解釈上可能であるだけでなく、むしろ、それを実践することになる」

小沢はこう訴え、集団安全保障への参加は「第九条が禁じている国権の発動、つまり日本独自の判断による海外での武力行使とは形式上も実態上も明らかに異なる」と説いた。

その後の自民党政権は朝鮮半島有事や中国の軍事的な台頭を意識して日米同盟の強化に傾く。国連の集団安全保障への参加・協力の是非から、日米の安全保障協力の強化と集団的自衛権の行使を認めない憲法解釈の矛盾の調整へと政治的争点が移行していくのだ。

まず橋本龍太郎内閣は九七年に日米防衛協力の指針（ガイドライン）を改定した。次の小渕恵三内閣下の九九年、日本の平和と安全に重大な影響を及ぼしかねない南北朝鮮や台湾の有事を念頭に、日米の安全保障協力を抜本的に強化する周辺事態法を成立させた。

同法では、日米安保条約の目的の達成のために行動する米軍への物資の輸送や補給などの後方支援に自衛隊を当たらせることにした。ただ、自衛隊の活動範囲は日本領域や戦闘行為がなされていない周辺公海上とその上空の「後方地域」に限定された。集団的自衛権の行使を認めない憲法解釈から、米軍への弾薬を含む武器の提供や、戦闘作戦行動のために発進待機中の航空機への給油・整備も「武力行使と一体化」しないように除外された。

小泉純一郎内閣は二〇〇一年、米同時テロ後のアフガニスタン戦争を契機に、海上自衛隊がインド洋で多国籍軍への給油活動を実施するためのテロ対策特別措置法を整備した。〇三年には米英主導のイラク戦争後の復興支援に陸上自衛隊を派遣する目的でまたもイラク特別措置法を制定したが、いずれも憲法違反の武力行使に至らないよう、活動の範囲は戦闘が行われておらず、行われる見込みもないという「非戦闘地域」に限定されていた。

†憲法学の影薄い官邸会議

首相の安倍晋三が集団的自衛権の行使を容認する憲法解釈の変更に向け、地ならし役と頼んだのは、二〇一三年二月七日に復活させた首相官邸の「安全保障の法的基盤の再構築に関する懇談会」（安保法制懇、座長＝国際海洋法裁判所長の柳井俊二）だった。

「集団的自衛権の行使は一般的に可能であり、こういう場合はこれを差し控えなければならない、と原則と例外を変えるような方向を議論の中にとらえておくべきではないか」「日米同盟を強化し、日米の共同行動、協力を進めなければならない。その内容を充実させ、高めていくためには、集団的自衛権の問題はぜひ解決しておかなければならない」

このように初会合では、集団的自衛権の行使を容認すべきだとの意見一色となった。

それもそのはずだ。安倍が第一次内閣で発足させた安保法制懇は、首相が福田康夫に代わった後の〇八年六月二四日、憲法九条は「個別的自衛権はもとより、集団的自衛権の行使や国連の集団安全保障への参加を禁ずるものではないと読むのが素直な文理解釈であろう」との見解を押し出す報告書を提出していた。柳井、新たに座長代理に就いた国際大学学長の北岡伸一、元駐タイ大使の岡崎久彦、ＪＲ東海名誉会長の葛西敬之ら一三人の構成員は一三年も全員、再任され、新たに加わったのは慶大教授の細谷雄一だけだった。

元官房副長官の古川貞二郎は、外務官僚の小松一郎を内閣法制局長官に据えた安倍流を「長官を代えたからと言って、論理もなしに憲法解釈が変わるなど国家の自殺行為だ」と疑問視した。同時に「重要なのは説得力のあるプロセスを創ることだ。有識者会議の議論を受けて内閣が方針を示し、法制局が今までの政府見解と論理的に整合性のとれる解釈の工夫をできるかどうかだ」と見た。危惧を隠せなかったのが、安保法制懇の顔ぶれだ。「首相官邸はなぜ本格派の憲法学者をもっと入れないのだろうか。結論ありきの有識者会議ではダメなのだ。反対意見も含めて、正々堂々と議論することが不可欠だ」

安保法制懇には北岡、細谷のほか大阪大教授の坂元一哉、京都大教授の中西寛ら国際政治の研究者がずらりと並んだ。国際法から上智大名誉教授の村瀬信也も加わったが、憲法学者は「改憲派」を自任し、比較憲法学に詳しい駒澤大名誉教授の西修だけ。自衛権は国際法上の概念だが、争点となっていたのは憲法解釈だ。それなのに、憲法学者の存在感はおよそ乏しかった。第一次安倍内閣以来の「結論ありき」だった側面も否定しきれない。

憲法解釈が焦点になった官邸の有識者会議。政治史を遡ると、中曽根康弘内閣下で激論を交わした「閣僚の靖国神社参拝問題に関する懇談会」（靖国懇、座長＝日本赤十字社社長の林敬三）がある。一九八五年八月九日の報告書で、首相らの靖国公式参拝を巡り、津市の地鎮祭訴訟最高裁判決を引いて「（憲法二〇条の）政教分離原則に抵触しない何らかの方式による公式参拝の途があり得る」と強調。「（政府は）公式参拝を実施する方途を検討すべき」だと結論づけた。中曽根は一五日に戦後一度だけの首相の公式参拝に踏み切った。

当時の内閣法制局で靖国懇の実務を担当していた阪田雅裕は、公式参拝を巡って一五人の委員が「賛成八に対し反対七」とほぼ二分していた、とその紛糾ぶりを証言している。

学習院大教授の芦部信喜、東北大教授の小嶋和司、上智大教授の佐藤功、亜細亜大教授の田上穣治と憲法学者が四人いた。近年、存在が確認された一部の議事録によると、芦部と佐藤は公式参拝の違憲性を説いて反対した。芦部よりひと世代下で、東大で同じ時期に憲法学の講座を持った樋口陽一は、靖国懇に加わった芦部の心中を「自分の主張が通るという甘い想定は持っていなかったと思います。ただ、まっとうな発言を記録に残して後世に伝えようとしたのでしょう」と推し量る（渡辺秀樹『芦部信喜――平和への憲法学』）。

靖国懇とてしょせんは「結論ありき」だった面も否めないが、政教分離の原則に基づく芦部らの「異論」は報告書に明記され、九七年に愛媛県知事による靖国神社への公金支出を最高裁が違憲と判断した際の「礎石」ともなった、とされる。憲法学を通説的見解でリードしたかつての芦部のような本格派の憲法学者を、安倍が安保法制懇に参加させていたら、議論はどう展開していただろうか。古川貞二郎が求めた憲法解釈の変更という重大な政治過程に欠かせない「説得力のあるプロセス」は遠のいていった。

第二章
集団的自衛権と憲法九条
2013~2015

安全保障関連法案について記者会見する早稲田大学の長谷部恭男教授(左)と
慶応大学の小林節名誉教授(2015年6月15日撮影　写真©時事)

第二章関連年表

2014年	2月10日　安倍晋三首相が衆院予算委員会で集団的自衛権の行使の「限定的な」容認を示唆 4月18日　憲法学者、政治学者らによる「立憲デモクラシーの会」が発足 5月15日　安倍首相が記者会見で、集団的自衛権の「限定容認」の研究を表明。「芦田修正論」は否定 5月16日　小松一郎内閣法制局長官が退任し、横畠裕介法制次長が長官に昇格 5月20日　自民、公明両党が「安全保障整備に関する与党協議会」を開始 5月30日　安倍内閣が内閣官房に「内閣人事局」を新設 6月9日　安倍首相が参院決算委員会でシーレーンの機雷掃海は「限定容認」でも可能と表明 6月13日　投票権年齢を18歳以上とする憲法改正国民投票法が国会で成立 7月1日　安倍内閣が集団的自衛権の限定容認を柱とする武力行使の新3要件など、「安全保障法制の整備について」を閣議決定 9月3日　第2次安倍改造内閣が発足、過去最多タイの5人の女性閣僚 11月18日　安倍首相が消費税10%の実施延期と衆院解散を表明 12月14日　衆院選で自公与党が3分の2を超す大勝。第3次安倍内閣が24日に発足
2015年	2月4日　安倍首相と自民党の船田元憲法改正推進本部長が「16年参院選後の改憲発議を目指す」で一致 5月15日　安倍内閣が安保関連法案11本を衆院に提出 6月4日　衆院憲法審査会で長谷部恭男早稲田大教授ら憲法学者3人が安保関連法案を「違憲」と表明 7月15日　与党が衆院平和安全法制特別委員会で安保関連法案を「強行」可決 8月14日　安倍内閣が戦後70年談話を閣議決定 9月19日　参院本会議で与党と3つの小会派の賛成多数により安保関連法案が成立 10月7日　安倍自民党総裁の無投票再選を受け、第3次安倍改造内閣が発足

1 「解釈改憲」への隘路

†安保法制懇と「芦田修正」論

首相の安倍晋三が集団的自衛権の行使を認める憲法解釈の変更に向け、理論武装を託した「安全保障の法的基盤の再構築に関する懇談会」（安保法制懇）。座長代理として主導した国際大学学長の北岡伸一は「積極的平和主義」を旗印とする国家安全保障戦略を安倍に具申した政治学者だ。外務官僚の小松一郎が内閣法制局長官に決まった二〇一三年八月、全国紙のインタビューに相次いで応じた。八月一〇日の朝日新聞朝刊ではこう力説した。

「日本が行使することを許される必要最小限度の自衛力に、集団的自衛権は最初から入ると思っている。それが必要な状況がさらに強まっているというのが基本的な認識だ。（中略）法理的な禁止を全面的に解除するということだ」

集団的自衛権の全面容認という安保法制懇の主張は、〇八年の最初の報告書でもとっていた。一四年五月に取りまとめる二度目の報告書でも基本的に維持される。これは日本国憲法を制定した一九四六年の帝国議会で衆院帝国憲法改正小委員会委員長を務め、後に首相になった芦田均の提案により、戦争放棄などをうたった九条の第二項に挿入された「前項の目的を達するため」という語句（「芦田修正」）に着目した考え方が下敷きにある。

「芦田修正」論では、九条一項で放棄した「国際紛争を解決する手段として」の戦争や武力行使は、国際法の伝統に従い侵略目的のものに限られる、と解する。つまり、個別的・集団的を問わず自衛権の行使や国連の集団安全保障措置への参加は禁止されていない。二項が定める「戦力」の不保持も「前項の目的を達するため」だから、個別的・集団的を問わず自衛のため、国際貢献のためといった実力の保持は禁じられていない、と考える。

「集団的自衛権に関する政府解釈はスタートから誤っている。憲法が放棄しているのは「国際紛争を解決する手段」としての戦争や武力の行使であり、自衛権は放棄していない。自衛権を放棄していないならば、その中に個別的自衛権も集団的自衛権も当然入る」

「集団的自衛権行使容認の問題は、憲法解釈の問題ですらなく、単なる政策の問題である。これまで数次の自衛権に関する政策変更が行われてきたが、それと同じような形で政策的に決定すればいいことだ」

公開された安保法制懇の議事要旨には、このように、「芦田修正」論をベースにして、集団的自衛権の全面解禁を当然視する意見が繰り返し出てくる。国連の集団安全保障措置への参加を巡っても、同様の憲法九条解釈に立って踏み込んだ主張がこう展開された。

「国連加盟国の義務である集団安全保障への参加の問題について、少なくとも駆けつけ警護、国連の施設要員その他の防護、任務達成のための武器使用、後方支援は可能にすべきだ。国連安保理の決議または承認の下における多国籍軍への参加も可能にすべきだ」

「集団安全保障については、はっきりとこれまでの理解を変えて、国際的な警察活動の一環であり、そのための武力行使であるということにしないと、首相の掲げる積極的平和主義を実現し、きちんとした国際的な活動を行っていくのは難しい」

†安倍の本音「限定容認」

実は首相の安倍晋三は集団的自衛権の全面的な行使容認は目指していなかった。それを察したのが、自民党副総裁の高村正彦だ。安倍は一二年九月の総裁選で決選投票まで争った石破茂を幹事長として処遇せざるをえなかったが、反りが合わずに警戒。自分と同じ山口県選出の高村と、同じ派閥で気心知れた幹事長代行の細田博之をお目付け役に置いた。

弁護士で外相や防衛相も歴任した高村。安倍人事で内閣法制局長官に就いた小松一郎が挨拶に来ると「わが国の存立を全うし、国民を守るためという限定付きの容認でもいいか」と首相官邸の腹積もりを瀬踏みした。小松は「ええ、憲法がありますから」とうなずいた。小松も法制次長の横畠裕介（法務省出身）との間で「限定容認」で着地点を探っていた。高村は野党時代の自民党憲法改正推進本部で、安倍と「限定容認」を巡ってこんなやり取りを交わしていたと後に振り返った（高村『振り子を真ん中に――私の履歴書』）。

高村「最高裁は（米軍の日本駐留を巡る一九五九年の砂川判決で）国の存立を全うするための自衛の措置は認められるという一般法理を明らかにした。従来の政府見解はこの判決の一般法理を引き継いでいる。ただし、当時の安全保障環境に当てはめて「個別的自衛権は必要だが、集団的自衛権は必要ないので、できない」ということで通してきた。安保環境が変わって、集団的自衛権が必要になれば、その限りにおいて集団的自衛権の行使が容認される。ただし、集団的自衛権の行使を丸ごと認めるには憲法改正が必要である」

安倍「高村さんの理論は分かりやすいですね。根っこから集団的自衛権を認める場合は憲法改正だが、必要最小限度ならば解釈変更でできるということですね」

「憲法の解釈変更→改憲」の二段階論を説く高村に、安倍はこう膝を打った。だから高村は「安倍氏は政治的配慮で急に限定容認論を採ったのではない。二、三年前から賛同していた」と受け止めていた。安倍は小泉純一郎内閣で党幹事長を務めていた〇四年一月二六日の衆院予算委員会で、集団的自衛権の限定容認を目指すようなこんな質問もしていた。「（一九八一年の政府見解で自衛権の行使は）「わが国を防衛するため必要最小限度の範囲にとどまるべきものである」とあるが、これは数量的な概念を示しているわけで、絶対にだめだと言っているわけではない。とすると、論理的にはこの範囲の中に入る集団的自衛権の行使というものが考えられるかどうか」

この時は法制局長官の秋山收が、集団的自衛権は「我が国に対する武力行使が発生したことを満たしていない」と安倍の立論をかわした。高村と同じく早い段階から安倍の限定容認論を探り当てた側近議員がいた。首相補佐官（国家安全保障担当）の礒崎陽輔だ。元総務官僚で、一二年の自民党改憲草案作りでも中核的役割を担った人材だ。

「歴代内閣の憲法解釈を間違っていた、と言うつもりはない。「必要最小限度の範囲」の限定は変えないが、集団的自衛権の一部はその範囲を超えないという議論をしたい」

安倍とこう限定容認論を話し合った礒崎。加えて進言したのは「武力行使を伴う国連の集団安全保障措置への参加に、憲法解釈の変更で道を開くのは難しい」という点だった。

礒崎は「例えば、自衛隊が国連決議に基づく多国籍軍に参加し、米英軍とイラクを空爆するなどは解釈では無理だ。そこは改憲が必須で、自民党改憲草案でも国際社会の平和と安全を守るための国際協調行動への参加をわざわざ明記したほどだ」と力説した。安倍は国連平和維持活動（ＰＫＯ）への自衛隊の参加拡大に向け「「武力行使との一体化」の概念だけは手を着け、他国部隊・要員への駆けつけ警護ができるようにしてほしい」と指示した。礒崎は集団安全保障への参加にこだわる外務省と鋭く対立する立ち位置となる。

†高村の武器「砂川判決」

自民党と連立を組む公明党は「平和の党」が伝統的な看板の一つだ。支持母体の創価学会も集団的自衛権の行使を容認する憲法解釈の変更に神経を尖らせていた。首相の安倍晋三は安保法制懇が結論を出す時期を二〇一四年に持ち越し、時間をかける。年が明けると、集団的自衛権の行使容認は譲らないが、「限定容認」で折り合う姿勢を鮮明にし始めた。

「憲法九条二項がある。その中での集団的自衛権行使の可能性を議論しており、限定的に議論がなされている。全体的に認めることはない」(二月一〇日の衆院予算委員会)

「普通のほかの国々との比較において、そういう国々が行使できる集団的自衛権とは違う。例えば、アフガニスタン戦争のようなケースで、武力行使に参加することは議論していない」(三月四日の参院予算委員会)

安保法制懇が「芦田修正」を下敷きに集団的自衛権の行使を全面解禁する議論をしたため、「自衛隊が地球の裏側まで行って戦うのか」との風当たりが強まった。安倍はそんな疑念を打ち消そうとした。自衛権の行使に「必要最小限度」のタガをはめてきた歴代内閣の九条解釈を真っ向から否定はせず、集団的自衛権の行使は限定的に認める。九条を改正しない限り、集団的自衛権に制約のない「普通の国」にはなれない、との含みだった。

「芦田修正」論には難点があった。現憲法でも集団的自衛権の行使に制約などない、と解釈するなら、そもそも憲法九条が定める「平和主義」は諸外国と異なる特別の理念ではなくなる。侵略戦争のような違法な戦争を放棄した世界標準並みとなってしまう。戦後日本は出発点からそんな「普通の国」だった、と今さら説明するのは政治的に困難だった。

九条二項の「戦力不保持」に「平和主義」の特別な意義を認めてきた歴代内閣の解釈を真っ向から否定する道筋はとれなかったのだ。自民党の一二年憲法改正草案では、戦争放棄をうたう九条一項は残すが、二項を削除。新たな二項で「前項の規定は、自衛権の発動を妨げるものではない」と定め、個別的・集団的を問わず自衛権への制約を取り払おうとしていた。ここまで貫徹すれば「普通の国」なのだろうが、首相補佐官の礒崎陽輔も「解釈変更と憲法改正には大きな質的、内容的違いがある」と解釈変更の限界を認めた。

安倍が重視していたのは、日米同盟を円滑に機能させる朝鮮半島有事での米軍支援や、日本と中東を結ぶシーレーン（海上交通路）防衛など日本の安全保障を決定的に左右する事態への対応だった。安倍の意向を踏まえ、自民党内論議をリードしたのは副総裁の高村正彦だ。三月三一日の党安全保障法制整備推進本部の初会合でも講師としてこう説いた。

「集団的自衛権を根っこから全て認めるという意味ではない。今まで内閣が言ってきた「必要最小限度」の範囲内で、集団的自衛権の分類に属するものでも、行使が可能なものがあるのではないか。そういうものは容認する、という意味だ」

高村も集団的自衛権の「全て」を認めるわけではない、と限定容認論で党内を落ち着かせようとした。論拠に持ち出したのは、米軍の日本駐留が争点となった砂川事件を巡る一九五九年の最高裁判決だ。「わが国が、自国の平和と安全を維持しその存立を全うするために必要な自衛のための措置をとりうることは、国家固有の権能の行使として当然のことと言わなければならない」と憲法九条が自衛権を否定したわけではないと言明している。

高村は、歴代内閣がこの判決後に「必要」を「必要最小限度」と読み替えたうえ、集団的自衛権は「必要最小限度」を超えると線引きして完全否定したのは行き過ぎだったとの見解を示した。「個別的」と「集団的」を区別していない判決の大枠に立ち戻り、その範囲内で集団的自衛権の一部を改めて「必要最小限度」に読み込む試みを訴えた。歴代内閣が国会で表明した憲法解釈を乗り越えるよりどころは最高裁判決しかないと考えたのだ。

†波紋広げた会見のパネル

「芦田修正論はこれまでの政府の憲法解釈とは論理的に整合しない。従って政府として採用できない。自衛隊が武力行使を目的として湾岸戦争やイラク戦争での戦闘に参加するようなことはこれからも決してない」

五月一五日夕。首相の安倍晋三は「安全保障の法的基盤の再構築に関する懇談会」の報告書を受けた記者会見で、報告書の基調を成す「芦田修正」論をベースとした集団的自衛権の全面解禁論をこう退けた。武力行使を伴う国連の集団安全保障措置への参加も打ち消した。同時に報告書が示した別の考え方である「我が国の安全に重大な影響を及ぼす可能性があるとき、限定的に集団的自衛権を行使することは許される」とする案なら、従来の政府の基本的な考え方に沿うとして「研究をさらに進めて行きたい」と踏み込んだ。

安倍は「生命、自由、幸福追求に対する国民の権利を政府は最大限尊重しなければならない。憲法前文、そして憲法一三条の趣旨を踏まえれば、自国の平和と安全を維持し、その存立を全うするために必要な自衛の措置を採ることは禁じられていない。そのための必要最小限度の武力の行使は許容される」と歴代内閣の憲法解釈の法理は維持して見せた。

これでは集団的自衛権と言っても、竜頭蛇尾になりかねない——憲法解釈変更の旗を振る外務省関係者や安保法制懇の有識者にこんな脱力感も漂った。芦田修正論に立脚する全面容認論も含め、安保法制懇が大風呂敷を広げて見せる。それを安倍が熟考の末に限定容認論を選択して抑制的な姿勢を演出する。そんな筋書きまでは示し合わせていた。だが、安倍は報告書を受け取るや間髪入れず芦田修正論を「採用できない」と切り捨てた。これでは足掛け八年に及んだ安保法制懇の重みも何もない。安倍流はそれだけではなかった。

安倍が記者会見で映像へのアピールを意識して提示した二枚のパネル。その一枚は有事が起きた地域から避難する邦人や米国人を乗せた米輸送艦が日本近海で武力攻撃を受け、米国の要請を受けて自衛隊が防護に向かう絵柄だった。安倍が自ら事細かに指示して作らせた小道具である。集団的自衛権を認めない現状では「お父さんやお母さん、おじいさんやおばあさん、子供たちを乗せた米艦船を今、私たちは守れない」と訴えていた。

朝鮮半島有事を想定した公海上での自衛隊による米艦防護は、安保法制懇も集団的自衛権行使の有力な例に挙げた。ただ、安倍は「日本人の命を守るため」を分かりやすく印象づけようとして、在外邦人の保護・救出という別の課題まで重ね合わせた。安保法制懇の座長代理で国際大学学長の北岡伸一は同日夜のNHKテレビの討論番組で「理論構成が複雑になる。あれが集団的自衛権の明快な事例かどうかは一抹の疑問がある」と漏らした。

外務省国際法局も「これでは邦人救出時しか米艦を防護しないのか、とか、逆に邦人救出のためなら地球の裏側まで行くつもりか、などと誤解されかねない」と安倍会見のミスリードを危惧した。国家安全保障局長の谷内正太郎（元外務次官）、官房副長官補の兼原信克といった国際法局長（旧条約局長）を経験した外務省出身者が首相官邸スタッフとして安保法制懇を支えてきたのだが、官邸から国際法局の担当課に安倍の発言要領の最終案が伝達されたのは、記者会見の開始一分前。どこまでも官邸主導の会見だった。

なりふり構わず限定容認論を打ち出した安倍。「自衛隊が武力行使を目的として他国での戦闘に参加するようなことは、これからも決してない」とも断言した。これらは解釈変更に慎重な公明党や世論への配慮でもあった。祖父で元首相の岸信介による一九六〇年の日米安保条約改定の延長線上に自らをこう位置づけて見せた。

「日米安保改定時も他国の戦争に巻き込まれると散々いわれた。五〇年たってどうか。抑止力が高まり、平和が確固たるものになった。私達が進めるのも抑止力を高めることだ」

†元法制局長官らの批判

まず首相直轄の有識者会議（安保法制懇）に集団的自衛権と日本の安全保障を巡る専門的な検討をゆだねる。その報告書から「基本的方向性」を引き出して自ら記者会見で表明する。その大枠に従って連立与党協議で合意点を見い出したうえ、内閣として憲法解釈の変更と新たな安全保障法制整備の基本方針を閣議決定する――。首相の安倍晋三はこんな段階を踏んで集団的自衛権の限定的な行使容認という「風穴」を開けようとしていた。

安保法制懇の顔ぶれや、「限定容認」を導き出す論理の是非は別として、憲法解釈を変更する閣議決定までは十分に時間をかけ、議論と手順を尽くした体裁を整えてみせるつもりだった。慎重姿勢の公明党に対しても丁寧な説得が不可欠だったし、最大野党の民主党などに追及の材料を与えないよう、閣議決定は六月二二日の通常国会閉幕後とされた。

一方で集団的自衛権の限定容認を踏まえて米国と日米防衛協力の指針（ガイドライン）改定作業を急ぐため、いつまでも先延ばしできない、と七月一日の目標が設定された。安倍の「国会スルー」で野党が本格論戦の場を持てない中で、憲法学、政治学と言ったアカデミズムや法制局長官経験者などの専門家から、憲法解釈変更への批判が強まってきた。

四月一八日、衆院議員会館の会議室。憲法学者の長老格で東大名誉教授の奥平康弘、法政大教授の山口二郎（政治学）を共同代表とし、哲学、文学、物理学、経済学など幅広い分野の学者が呼びかけ人に名を連ねた「立憲デモクラシーの会」が発足記者会見を開いた。

東大教授の石川健治は、東大法学部の憲法学講座の大先達で、一九四五年八月の終戦直前のポツダム宣言受諾で天皇主権から国民主権への法学上の大転換が起きたとする「八月革命」説を唱えた宮澤俊義（一八九九～一九七六）が口にしたたとえ話を切り出した。

「酒席で他の全員から一気飲みしろと言われたら、多数に従うのが民主主義だろうか？　それは違う。多数者の専制を退ける自由が伴わなければ、真の民主主義とは言えない」

石川は「デモクラシー」にあえて「立憲」を組み合わせた会の名称の真意は、「そこに「自由があり、権力分立がある」ことだと喝破した。選挙で勝って権力を手にしたら、何をしてもよい「絶対主義的デモクラシー」ではなく、「権力分立で糸を絡み合わせた統治機構を備え、互いのもつれを丁寧に取り扱うのが立憲主義的デモクラシーだ」と説いた。

同会は六月九日に見解を公表。安倍が会見で示した「基本的方向性」を「自衛隊が九条の下で自国の防衛に専念し、侵略への反撃以外に、自らの意志では他国を攻撃しない枠組みは戦後半世紀以上も政府の憲法解釈で定着している。これを一内閣のみの解釈で変更することは、憲法尊重擁護義務を負う内閣による閣議決定の限界を超える」と批判した。同時に「このような憲法上の大原則の重大な変更をするなら、国民に対して真摯に訴えかけ、国民的な熟議を経て、正規の手続きで九条を改正することが必須の条件だ」と指摘した。

現実政治との関わりは避けてきた石川だが、前年に東大憲法学の同僚である長谷部恭男に誘われ「九六条の会」に参加した。長谷部は一四年四月に早稲田大教授に移ったが、立憲デモクラシーの会発足には姿がなかった。実は民主党政権で始まった特定秘密保護法案の立案過程に情報法制の専門家として関わった。安倍再登板後の一三年秋の国会審議でも、自民党推薦の参考人として法案の必要性を説いた。これをリベラル派の法学者や政治学者が「御用学者」扱いして猛批判。立憲デモクラシーの会も当初は長谷部に距離を置いた。

五月二八日には憲法や安保、外交を専門とする有識者が参院議員会館で「国民安保法制懇」を名乗って旗揚げした。目を引いたのは元内閣法制局長官二人の政府批判だった。

大森政輔「個別的・集団的自衛権を区分する基準だった「必要最小限度」を、集団的自衛権を前向きに取り込む基準として使おうとしている。首相が希望する方向の結論が先にあり、それを導く理由付けはまさに牽強付会という表現がふさわしい」

阪田雅裕「国民にも定着した憲法解釈を一政権の手で軽々と変更を許すことは、立憲主義の否定になる。法治国家の根幹を揺るがす怒りと危機感を覚える。集団的自衛権を行使するなら、憲法改正の適正な手続きで国民の意見を集約し、確認を求めるべきだ」

安倍が抑え込んだ法制局の現役と、元長官たちの分断も次第に露わになってきた。

†公明が甦らせた「幸福追求権」

首相の安倍晋三の記者会見翌日の五月一六日。内閣法制局長官の小松一郎が退任し、法制次長の横畠裕介が後任に昇格した。小松は年明けに病が見つかって入院、通院を続けてきた。首相主導人事で外務省の国際法畑から法制局に「落下傘降下」し、横畠と連携して集団的自衛権の「限定容認」へ憲法解釈を変更する道筋をつけた。六月二三日に死去する。

自民党副総裁の高村正彦と公明党副代表の北側一雄は、与党間の距離を縮めようとしていた。五月四〜六日、二人は日中友好議員連盟の超党派訪中団で北京を訪れた。体調不良のまま出発した議連会長の高村は、用意された専用車に北側を同乗させる気配りを見せた。

安倍会見の発言要領案も高村が事前に北側に渡し、北側が与党協議の妨げにならないよう細かな表現ぶりまで修正を要請。安倍もこれを受け入れ、信頼醸成を手探りしていった。

二〇日から自公両党の「安全保障法制整備に関する与党協議会」が始まった裏で、高村、北側と横畠、官房副長官補の兼原信克（前外務省国際法局長）、高見澤將林（元防衛省防衛政策局長）の「五人組」が濃密な協議を重ねていく（『安倍政権の裏の顔』）。公明党は、高村が集団的自衛権の行使容認の論拠に挙げた最高裁の砂川判決を「個別的自衛権を認めたもので、集団的自衛権は視野に入れていない」（代表の山口那津男）と疑問視していた。重視したのは従来の憲法解釈との論理的整合性、九条の規範性、法的安定性だった。

北側は「集団的自衛権も自国防衛ということでいいですね」と日本の安全保障に引きつけて行使を厳しく限定する考えを示し、高村も「目的は自国防衛だ」と応じた。六月に入ると、五人組の裏協議の場で、砂川判決を下敷きとして「日本の存立が脅かされる明白な危険がある事態」に限って集団的自衛権を行使できる、とする試案を政府側が提示した。

北側はこれでは範囲が広がりすぎると反対した。公明党は衆院法制次長の橋幸信から憲法解釈変更の理論的可能性についてヒアリング。憲法一三条が定める国民の幸福追求権に言及して、自衛権行使の三要件を明確にした一九七二年の政府見解に着目していた。

七二年見解では「自国の平和と安全を維持しその存立を全うするために必要な自衛の措置」は認めたうえで「外国の武力攻撃によって国民の生命、自由及び幸福追求の権利が根底から覆されるという急迫、不正の事態」を排除するための「必要最小限度の範囲」に限定。結論は集団的自衛権の除外だが、北側はこの論理を引き「根底から覆される、までが高村さんのいう政府解釈の法理だろう。だったら、そこまで書いてください」と求めた。

集団的自衛権の限定容認と言っても、個別的自衛権とほとんど変わらない厳しいタガをはめたい公明。砂川判決に由来する「国家の存立」が脅かされるだけでなく、「国民の生命、自由及び幸福追求の権利」が「根底から覆される明白な危険」という、より国民に重点を置いた要件を加重した。憲法一三条が「最大の尊重」を求める幸福追求権を持ち出すことで、従来との論理的整合性、憲法の規範性、法的安定性を守れないかと考えた。

高村「幸福追求権を加えた北側案をのんだら公明党はまとまるのか」

北側「公明党がまとまる、などという生やさしい状況ではないが、ここさえ飲んでくれれば、自分としては納得してまとめる努力をする」

これで自公協議はまとまる、と確信した高村。六月一〇日、官邸に安倍を訪ね、剣が峰に立つ北側の言葉をそのまま伝えた。表舞台での自公協議は二五回も開かれるが、高村が安倍に判断を求めたのはこの一回だけ。安倍は「分かりました」とその場で決断を下した。

従来の七二年見解をベースに集団的自衛権の一部の行使容認を導き出すアプローチ。実は小松と横畠が連携した内閣法制局でも前年から探っていた。日本の存立が脅かされ、国民の幸福追求権が「根底から覆される」事態という素案も、一三年秋に安倍に具申されていた。安倍は「表現がちょっと強すぎるんじゃないか」と制約が厳しくなりすぎるのを危ぶみ、却下していた。それとほぼ同じ要件案を公明党が甦らせ、決着したのである。

†シーレーン機雷掃海に穴

集団的自衛権を巡る自民、公明両党の攻防。それと並行して政府・自民党内で続いたのが、首相の安倍晋三が主導した五月一五日の記者会見での発言の微妙な修正作業だった。まず「自衛隊が湾岸戦争やイラク戦争での戦闘に参加することは決してない」と否定したかに見えた国連の集団安全保障措置への参加の是非だ。自民党幹事長の石破茂は五月一七日の読売テレビの番組で、国民意識や政権次第で変わりうる、との認識をこう示した。

「いま、信任されている安倍首相としては国連軍や多国籍軍に参加しないことははっきりしているが、国民の意識は何年かたてば変わるかも知れない。どうなるかは次の政権が何を選挙で訴え、できるかだ。選ぶのは国民だ」

これは安倍は集団安保の憲法解釈ではなく、政策判断を示したとの受け止め方だ。外務省も「集団的自衛権と集団安保は峻別しきれない面がある」と危ぶんだ。朝鮮半島有事への対応は、実態は米国への集団的自衛権の発動でも、国際法的に朝鮮戦争当時の古い枠組みが使われ、米軍主体の国連軍に参加する集団安保と整理される可能性もあるからだ。

自民党からも「集団的自衛権で武力行使を始めて、後から国連決議によって集団安保に移行したら、法的根拠が変わったから、と武力行使を止めるのか？」と疑義が出された。

これとも関連して、例えば、朝鮮半島有事で、米軍から機雷掃海を求められたらどうするのか。さらに日本が原油輸入を大きく依存する中東ペルシャ湾のホルムズ海峡に機雷が敷設され、シーレーン（海上交通路）が封鎖されたらどうするのか。停戦後の遺棄機雷でない限り、機雷掃海も武力行使と見なされる。ここでも「海外派兵」は憲法で禁じられている、と強調したいあまり「自衛隊が武力行使を目的として他国での戦闘に参加するようなことは、これからも決してない」と言い切った安倍会見が桎梏となりかけていた。

「首相主導のオーバーラン」を軌道修正できるのは安倍自身しかいない。六月九日の参院決算委員会。共産党の井上哲士がホルムズ海峡での機雷掃海への対応を問いただした。

安倍はシーレーンでの機雷掃海は一般に武力行使に当たるとしたうえで「海外から入る石油が断たれれば、日本の安全、存立に大きな影響がある」と集団的自衛権の発動要件に該当しうるとの認識を示した。同時に掃海は「基本的に受動的かつ限定的な行為」だと指摘。「湾岸戦争やイラク戦争での戦闘、大規模な空爆や敵地に攻め込む行為とは性格を異にする」と述べた。これは国連の集団安保措置の一環としての実施にも含みを持たせ、小さな「穴」を開ける答弁だったが、公明党に配慮して「集団安保」には触れなかった。

公明党は支持母体の創価学会も含め、集団的自衛権の限定容認で組織内をまとめるだけで精いっぱい。集団安保の議論は拒んだ。そこで、前述の通りに自公協議で合意した憲法解釈の変更の内容を、自民党の高村正彦は座長私案で「自衛権」ではなく「武力の行使」についての新たな三要件、として記述し、提示した。集団的自衛権であれ、集団安保であれ、この新三要件に当てはまれば、武力は行使できるとの含意だ。公明党はスルーした。

この体裁は七月一日の安倍内閣の閣議決定でも踏襲する。「憲法九条の下で許容される自衛の措置」と題して「武力の行使」の新三要件をこのように盛り込んだ。

「①我が国に対する武力攻撃が発生した場合のみならず、我が国と密接な関係にある他国に対する武力攻撃が発生し、これにより我が国の存立が脅かされ、国民の生命、自由及び幸福追求の権利が根底から覆される明白な危険がある場合において、②これを排除し、我が国の存立を全うし、国民を守るために他に適当な手段がないときに、③必要最小限度の実力を行使することは、従来の政府見解の基本的な論理に基づく自衛のための措置として、憲法上許容されると考えるべきであると判断するに至った」（丸数字は筆者）

†閣議決定で「在庫一掃」

「憲法が許すのは、あくまで我が国の存立を全うし、国民を守るための自衛の措置だけだ。外国の防衛それ自体を目的とする武力行使は今後ともしない。むしろ、万全の備え自体が日本に戦争を仕掛けようとする企みをくじく大きな力を持つ。これが抑止力だ」

七月一日の官邸。首相の安倍晋三は包括的な安全保障法制の整備に向け、集団的自衛権の限定的な行使を容認する憲法解釈の変更などの閣議決定に踏み切り、記者会見でこう語気を強めた。紛争地域から避難する在留邦人を乗せた米艦船が日本近海で武力攻撃を受けた際、日本自身への攻撃ではなくても自衛隊が米艦船を守る、という事例を再び挙げ、日米同盟の円滑な運用と抑止力の向上が主眼だとの認識を色濃くにじませた。

この閣議決定では武力攻撃には至らない平時から、日本の防衛のために連携して動く米軍の艦船、航空機を自衛隊が防護するための必要最小限の「武器の使用」を認める法整備も打ち出した。平時から集団的自衛権の行使に至るまで切れ目のない日米連携のためだ。

憲法解釈を変更する理由を、日本周辺での大量破壊兵器や弾道ミサイルの開発・拡散など「安全保障環境の変化に対応し、いかなる事態においても国民の命と平和な暮らしを守り抜くため」だとした。論理的整合性と法的安定性を重視して「従来の政府見解における憲法第九条の解釈の基本的な論理の枠内」にとどめると強調。つまり、「武力の行使」は「我が国を防衛するためのやむを得ない自衛の措置として初めて許容される」ので、集団的自衛権の行使も集団安全保障への参加も限定的にしか容認されないとの認識を示した。

さらに日本の周辺有事での米軍の後方支援や国連の集団安全保障措置への協力などの際、憲法に触れる「武力行使との一体化」を避けるために多用してきた「非戦闘地域」や「後方地域」といった区分を廃止した。「武力行使との一体化」論そのものはなお、残しつつ、支援対象となる他国軍が「現に戦闘を行っている現場」でない限りは補給、輸送などの後方支援活動を柔軟に実施しうるとする法整備も掲げた。国連平和維持活動（ＰＫＯ）に加わる自衛隊の「武器の使用」も自国部隊・隊員の防護に限定してきたのを改め、他国部隊への「駆けつけ警護」や任務遂行の妨害排除への拡充を提唱した。

いずれも歴代内閣の路線の大幅な見直しで、「従来から検討課題とされてきた自衛隊の海外での活動の態様を大幅に見直したいわば在庫一掃セール」（阪田雅裕『憲法9条と安保法制』）とも評された。これらを実行に移すには、自衛隊法や有事法制の武力攻撃事態対処法、さらに周辺事態法、船舶検査活動法、ＰＫＯ協力法など安全保障法制の包括的な立法作業が必要になる。さっそく内閣官房の国家安全保障局に法案チームが設けられた。

安倍は七日、オーストラリア訪問に先立ち、羽田空港で記者団に「幅広い法整備を一括して進めていきたい。大きな改正になるので、担当相を置きたい」との意向を明らかにした。九月に見込む内閣改造・自民党役員人事で新たに安保法制担当相を置き、腰を据えて取り組む。すなわち、秋の臨時国会での法整備は見送り、一五年の通常国会に関連法案を一括して提出する方針だ。公明党が一四年一一月の沖縄県知事選、一五年四月の統一地方選挙への悪影響を警戒し、地方選後の法案審議を望んだことに配慮したのが真相だった。

2 「長谷部ショック」と分断国会

†与野党論戦は二日だけ

七月一四日、「外交・安全保障政策についての集中審議」を名目に、衆院予算委員会の国会閉会中審査が開かれた。首相の安倍晋三が閣議決定の手続きで内閣だけで集団的自衛権を巡る憲法解釈を変更し、国会を素通りしたことを民主党など野党が批判したためだ。

質問者のトップバッターは、自民党副総裁で解釈改憲を主導した高村正彦だ。シーレーンの機雷掃海は「どういうところまでいったらできるか」と問うた。安倍は「ホルムズ海峡を経由した石油供給が回復しなければ、世界的な石油の供給不足が生じて、我が国の国民生活に死活的な影響が生じ、我が国の存立が脅かされ、国民の生命、自由及び幸福追求の権利が根底から覆されることとなる事態は生じ得る」と集団的自衛権の対象に含めた。

高村は「集団的自衛権を行使しているときに新たに国連決議が出た」場合には、集団安全保障に移行してもその武力行使は続けてよいか、もただした。内閣法制局長官の横畠裕介は「国際法上のその根拠が国連安保理決議となったとしても、法理上は、我が国が新三要件を満たす武力の行使をやめなければならないということにはならない」と認めた。自公協議では玉虫色にとどめた集団安保への参加にもしっかり、穴を開けて見せたのだ。

続く公明党副代表の北側一雄も負けていなかった。横畠と息の合った問答を展開する。

北側「武力行使の新三要件は、きっちり法律の条文の中に書き込まれるものだろう」

横畠「それらは憲法上許容される武力の行使の要件そのものなので、実際の自衛隊の行動の法的根拠となる自衛隊法等の中にその趣旨を過不足なく規定すべきものと考える」

北側「国民の幸福追求権が覆される明白な危険、とはどんな状況を言うのか」

横畠「国民に、我が国が武力攻撃を受けた場合と同様な深刻、重大な被害が及ぶことが明らかな状況をいうと解される。主に攻撃国の意思、能力、事態の発生場所、その規模、態様、推移などの要素を総合的に考慮し、我が国に戦禍が及ぶ蓋然性、国民がこうむることとなる犠牲の深刻性、重大性などから客観的、合理的に判断することになる」

北側は横畠とのやり取りから、集団的自衛権の行使になお厳しく歯止めをかけようと努めた。横畠は他国への武力攻撃がきっかけでも、それが日本への攻撃と同様の「深刻、重大な被害が及ぶことが明らかな状況」に限る、とあくまで「自国防衛」にひきつけた。

だが、元民主党代表の岡田克也は納得しない。新三要件を満たせば、集団的自衛権のみならず、国連の集団安保に基づく武力行使も認めるとの安倍や横畠の答弁を「閣議決定の中にも出てこない新しい話だ」と自公合意の曖昧さを追及した。ホルムズ海峡での機雷掃海も「原油価格が上がるとか供給が一時的に途絶するだけで、我が国の存立が脅かされ、国民の権利が根底から覆されるので武力行使をするとは全く理解できない。こういう限定をしても、限定になっていない」と歯止めが歯止めになっていないと痛撃した。

岡田が武力行使の新三要件に矛先を集中すると、内閣の答弁にも揺れが露呈した。

岡田「では日米同盟が深刻な影響を受ける、こういう場合は新三要件に該当するか」

外相の岸田文雄「日米同盟の死活的な重要性を前提とした場合、米軍への武力攻撃は、それ以外の国への武力攻撃に比較しても、この新三原則に当てはまる可能性は高い」

岡田「今のは非常に重大な答弁だった。自衛のためと言いながら、日米同盟が毀損するような場合は新三要件に当たるとの答弁だ。日米同盟が危なくなる場合には常に日本は（集団的自衛権を行使）できるということになる。新三要件をつくった意味がなくなる」

武力行使の新三要件は集団的自衛権の行使を適切に限定する歯止めたりうるのか。安倍流の憲法解釈の変更を巡り、「国権の最高機関」国会で正面から論戦がなされたのはこれが初めてだった。だが、この時期の閉会中審査は衆参予算委で二日間だけだった。安倍内閣は解釈改憲を具体化する安全保障法制整備を二〇一五年の通常国会に先送りした。じっくり腰を据えた本格論戦は法案審議とともに深めればよい、との姿勢を押し通した。

†内閣と国会に協働なし

集団的自衛権の行使は憲法上、許されないとした一九七二年の政府見解。これをまとめた当時の内閣法制局長官だった吉國一郎（一九一六〜二〇一一）が意外な「遺言」を残していた。戦前の商工省に入り、戦後は法制官僚に転じて七二年から四年間、首相の田中角栄と三木武夫の下で法制局長官。後にプロ野球の第九代コミッショナーも務めた人物だ。

吉國は〇五〜〇七年、東大先端科学技術研究センターのオーラル・ヒストリー・プロジェクトで、日記をもとに法制局長官時代を詳しく振り返った。東大名誉教授の御厨貴、東大教授の牧原出、慶大教授の清水唯一朗らのインタビューに答えた記録だ。目を引くのは、七二年見解の当事者なのに、集団的自衛権の行使容認への解釈変更を是としていることだ。「これは思い切って、「前項の目的を達するため」というのを（九条）二項に入れた精神を振り返ってみて、自衛権というのは集団的に行使される場合と、個別的に行使される場合とあるんだということで、集団的自衛権の問題を解決するというのが本当は筋だ」

ここで吉國は政府見解と異なって「芦田修正」論に立ち、憲法九条では個別的か集団的かを問わず、自衛のための実力の行使に制約はない、と説く。では、なぜ解釈変更ができなかったのか。吉國は「集団的自衛権の問題は、いわゆる五五年体制でいままでの法制局の(国会)答弁が固まってしまったわけですよ」と喝破した。政府見解は、自衛隊や日米安保条約を巡り、自民党と社会党が鋭く対立した五五年体制の国会の産物だったという。「法律の改正はいくらでもできるんだけれど、答弁の改正というか修正というのは、なかなかできないんですね。(中略)国会でうるさいんですね。だから困りますよ。よく野党の人には言うんです、「法律の改正だってできるのに、どうして答弁を修正してはいけないんだ」。そうすると、「いや、国会で答弁したというのは非常に重いものだ」とか」

歴代内閣は法制局の具申する憲法解釈を基に見解を表明してきた。ただ、この吉國の回顧や、七二年見解自体が参院決算委員会への提出資料だったことから分かるように、内閣が一方通行で打ち出したわけではない。社会党などと綱引きし、国会対策上の必要性から出してきた。従来の憲法解釈を形作ってきたのは、歴代内閣と国会の共同作業だったのだ。

この「国会の関与」を重んじ、首相の安倍晋三による内閣主導の憲法解釈変更をけん制する動きもあった。一四年二月の衆院予算委員会。民主党の岡田克也は「憲法解釈を変えるなら、やはり国会できちんと議論したうえで閣議決定しなければならない」と閣議決定案を事前に国会に示し、議論する手順を安倍に求めた。だが、安倍は「政府の最終的な解釈は、法制局を中心に議論を進め、与党との調整を終え、閣議決定して初めて確定する。その案でもって国会でご議論をいただく」と突っぱねた。与野党のミゾは深まった。

さらに遡ると、国会主導で憲法解釈の変更を目指す試みもあった。自民党が政権に復帰した一二年一二月の衆院選の政権公約。「日本の平和と地域の安定を守るため、集団的自衛権の行使を可能とし、「国家安全保障基本法」を制定する」との一節があった。法案概要も公表済みで、後の「武力行使の新三要件」と同種の条件を盛り込み、集団的自衛権の限定的な行使を容認する内容。これは幹事長の石破茂肝煎りの議員立法の構想だった。

石破も「芦田修正」論に立ち、国連憲章が認める自衛権の行使に個別的・集団的の別なく憲法上の制約はない、が持説だ。ただ、国民の代表である国会が立法で政策的に「きちんと軍隊の行動に歯止めをかける」形で集団的自衛権の行使を限定すべきだ、との立場をとった（石破『政策至上主義』）。議員立法なら、必ずしも内閣の憲法解釈に縛られない。

内閣法制局に長年の九条解釈の変更を強いるより、国会で新たな解釈を立法して乗り越える戦略。まず基本法を制定し、次に自衛隊法などの個別法を改正する二段構えだったが、再登板後の安倍は内閣主導を決め込み、黙殺した。周辺からは「二段階の立法では手間がかかりすぎる」との指摘も出た。解釈変更の閣議決定後、安倍から安保法制相を打診された石破は「憲法上の考え方が肝心なところで異なる」と固辞し、地方創生相に回った。

†憲法学者三人が「違憲」

第一章で立ち上げ期まで見た衆院憲法審査会。会長は初代の大畠章宏（民主党）から、自民党の政権復帰後は保利耕輔に引き継がれた。二〇一四年に懸案の投票権年齢の一八歳への引き下げなどで国民投票法を改正。一一月六日の自由討議では、自民、民主、公明各党などから憲法改正で緊急事態条項や環境権の議論に取り組むべきだとの意見も出た。

首相の安倍晋三は一一月二一日、消費税増税の延期に信を問うとして、任期を二年超と半分以上も残して衆院を解散。一二月一四日の総選挙で自民二九一議席、公明三五議席と連立与党で再び三分の二を超す大勝を収めた。祖父で元首相の岸信介は日米安保条約改定を批准した一九六〇年の国会審議に先立ち、解散・総選挙で政権基盤を強化しようと狙ったが、幹事長の川島正次郎の反対で断念したことを後々まで悔やんだ（原彬久編『岸信介証言録』）。その故事も教訓に、一五年の安全保障国会に備えて盤石の基盤を構築した。

安倍内閣が安保関連法案を国会に提出したのは閣議決定から一〇カ月以上たち、統一地方選も終わった一五年五月一五日だ。武力行使の新三要件に従い、集団的自衛権を行使する「存立危機事態」も防衛出動の対象に加えて自衛隊法や武力攻撃事態対処法を改正。朝鮮半島やシーレーンの紛争など、日本の安保にとっての「重要影響事態」での自衛隊の米軍などへの後方支援を幅広く実施するための法改正や、PKO協力法の改正も目指した。国際平和のために活動する多国籍軍などへの後方支援に対応する新規立法も含まれていた。

一四年七月の国会答弁で、内閣法制局長官の横畠裕介は他国への武力攻撃による「存立危機事態」を、日本への攻撃と同様の「深刻、重大な被害が及ぶことが明らかな状況」と限定的に解釈した。ただ、日本への武力攻撃が起きるか、予測される事態で発動される国民保護法上の警報の発令や避難の指示、被災者の救援などの一部の措置が、存立危機事態では適用されない。法律の条文に落とし込むと、二つの事態にはやはり差が見えた。

衆院は特別委員会で法案審議に入った。一一本もの法案を束ねて審議したために「それぞれの詳細を理解して、さらにはその全体像を理解するのが難しいものとなってしまった。国民の批判の一部はそのような手続き的な部分にも見られる」（細谷雄一『安保論争』）。

この通常国会でも、改憲論議の胎動は続いた。自民党憲法改正推進本部長の船田元は二月四日、安倍と会談し、一六年参院選後の国会発議を目指す考えで一致した。衆院憲法審査会は安保法案の審議入りに先立ち、新会長の保岡興治の下で五月七日、自由討議を実施。

船田は改めて緊急事態条項、環境権、財政健全化条項の三項目の優先討議を提案した。

「憲法族」の長年の経験に自負を持つ保岡や船田は、与野党が激突して紛糾する衆院特別委を見て危ぶむ自民党執行部をよそに、憲法審の信頼関係に自信を見せていた。だから六月四日、「憲法保障を巡る諸問題（立憲主義、改正の限界及び制定経緯、違憲立法審査のあり方）」を議題に三人の憲法学者を招き、参考人質疑を実施した。三人は議題に従った意見陳述をし、質疑の先陣を切った自民党の山田賢司も安保関連法案に触れなかった。

だが、民主党の中川正春は隣の席の辻元清美から耳打ちを受けると、安保法案を批判して「率直にここでお話を聞きたいのですけれども、先生方はいまの安保法制、憲法違反だと思われますか」と遠慮会釈なく問うた。

早稲田大教授の長谷部恭男「集団的自衛権の行使が許される点は違憲と考えている。従来の政府見解の基本的論理の枠内では説明がつかないし、法的安定性を大きく揺るがす」

慶応大教授の小林節「私も違憲と考える。憲法九条に違反する」

早稲田大教授の笹田栄司「従来の法制局と自民党政権のつくったものがここまで（合憲解釈の限界）だよなと本当に強く思っていた。やはり違憲の考え方に立っている」

三人そろっての「違憲」表明。独自の立憲主義理論で学界をリードする立場で招かれた長谷部は、安保法案には「違憲」の論陣をマスメディアなどで早くから張っていた。この場でも持説を述べたに過ぎない。ただ、国権の最高機関である国会は権力を巡る独特の磁場だ。与野党合意で招致した憲法審での参考人の見解表明は、格別の重みを伴った。

長谷部は安倍政権が推進した特定秘密保護法制定に関わり、護憲・リベラル勢力からあらぬ「御用学者」のレッテルを貼られてきた。それが、政権の意に反する「違憲」論を展開したことで、今度は一夜にして「護憲派の英雄」へとコペルニクス的転回を遂げる。この「長谷部ショック」は与野党分断が深まる平和安全法制特別委にも衝撃をもたらした。国会論戦はリアルな安保政策より、集団的自衛権を巡る憲法解釈一色に傾斜していく。「立憲主義」は護憲・リベラル派の安保法案への反対の動きをさらに加速すると同時に、安倍自民党にとって恨み骨髄ともなるこの年の日本政治の最重要キーワードに浮上した。

†「立憲主義の地霊」現る

それは見たことのない光景だった。六月六日夜、討論会「立憲主義の危機」が開かれた東京・本郷の東大法学部二五番大教室。七〇〇の座席は開会三〇分前には埋まった。その後も途切れずに押し寄せる聴衆で危険になり、急きょ別の二つの教室も開放した。配られたレジュメは一四〇〇人分に上った。主催者の「立憲デモクラシーの会」の主要メンバーで、東大教授の石川健治は「立憲主義の地霊が現れたようだ」との感慨に襲われていた。

四日の衆院憲法審査会。早稲田大教授の長谷部恭男ら憲法学者三人が、首相の安倍晋三が推進する安保関連法案を違憲と断じ、政治的衝撃が広がっていた。六日の基調講演者は京都大名誉教授の佐藤幸治。主題は同法案ではなく「世界史の中の日本国憲法」だった。「個別的な論点を巡る憲法改正は否定しない。ただ、根幹を安易に揺るがしはしない賢慮が必要だ。いつまで日本がそんなことをグダグダ言い続けるのか。本当に腹立たしい」

佐藤は自民党の改憲派がこだわる「占領軍による押しつけ憲法」論などに対し、こう語気を強めた。東大名誉教授の樋口陽一と石川が加わった討論は、京都学派で佐藤の師の師に当たる佐々木惣一（一八七八～一九六五）の著書『立憲非立憲』を巡って白熱した。

石川「条文から出てくる合憲か違憲か、とは別の次元で『違憲とは言えないかも知れないが、非立憲だ』という捉え方があるのではないか。現在の政治状況への何とも言えないモヤモヤ感をつかむ言葉だ。非立憲的な政権運営が目の前に現れている」

佐藤「『非立憲』とは、違憲でなくても、憲法に書かれている精神に反することだ。特に政治家に向かって、やってはいけないこと、として佐々木先生は言った。政治家は憲法の精神を大事にして行動してほしい、と」

樋口は「安保法案の出され方そのものが非立憲だ」と指弾した。石川も「今の議論は憲法九条の論理的限界を超えている」と応じた。講演の冒頭、佐藤はこう漏らしていた。

「東大法学部の由緒あるこの演壇に立ってすぐ思いを致すのは、明治憲法下で豊かな学識と強い信念で憲法学の礎を築かれた美濃部達吉先生のことだ」

美濃部達吉（一八七三〜一九四八）は、天皇は法人である国家の機関であり、統治権は国家にある、との天皇機関説を提唱。通説の座を勝ち取り、明治憲法の議院内閣制に近い運用を基礎づけた。西の佐々木と並び、大正デモクラシーの理論的指導者となった。だが、軍部の台頭で流れが変わり、一九三五年に貴族院が美濃部を公然と排撃。著書は発禁処分となり、貴族院を辞した美濃部は三六年には右翼の暴漢に銃撃され、重傷を負った。

美濃部は東京帝国大学教授として二五番教室の演壇に立ったことはない。教室があるゴシック様式のレトロな法文一号館ができたのはまさに三五年。美濃部は還暦を過ぎ、既に名誉教授だった。ただ、この重厚な館をぐるりと一周して観察すると、正八角形の土台の上に建っている事実に気づく。かつてここには「八角講堂」と呼ばれた講義室があった。

八角講堂は関東大震災で焼失したが、そこで美濃部は熱弁を振るっていた。旧講堂の土台を生かして法文一号館は建てられた。その地で美濃部の学統に連なる樋口と、佐々木の流れをくむ佐藤を同席させて「平成の立憲デモクラシー」発信を試みたのは石川だ。討論会でも「立憲主義を巡る今の議論は、歴史の深い地層の上に成り立っている」と訴えた。

二〇一五年は戦後七〇年だったが、美濃部と憲法学の通説が、議会の政治的思惑をきっかけに弾圧された天皇機関説事件から八〇年、との意識も学者らには通底した。歴史の地層にもう一歩分け入ると、明治末期に天皇主権説を主張し、美濃部の天皇機関説との論争に敗れた東京帝大のもう一人の憲法学者が上杉慎吉（一八七八～一九二九）だ。その上杉が後継者に望んだ大秀才が安倍の祖父、岸信介だった。岸は誘いを断り、官界へ進んだ。

時の人、長谷部は六日は帽子を目深にかぶり、最前列で討論に聞き入る姿が目撃された。与党は「憲法学者の言う通りにしていたら、自衛隊も日米安保条約もない」（自民党副総裁の高村正彦）と長谷部らに逆ギレ。衆参両院で多数を占めて「民意」を背に安保法案の成立を目指す安倍は、一四日に維新の党最高顧問の橋下徹と会い、野党取り込みに動いた。多数決の論理を持ち出す前に、幅広い合意形成の努力を演出する狙いだった。民主政の複雑な磁場である国会に、立憲主義の言説はどこまで届くのか。樋口はこう説いていた。

「立憲主義と民主主義はぶつかりあうこともある。民主主義は人民の支配。立憲主義は人間の意思決定を超えた規範がある、という真の意味の法の支配だ。この二極をどう近づけ、妥当な中間線に統治機構や政治決定を持っていくかを憲法学者は議論している。「立憲デモクラシー」という言葉に託すのもそこだ」

†失われる「共通の土俵」

安全保障の根幹に関わる立法が、与野党の幅広い合意で成立した事例があった。小泉純一郎内閣が整備した有事法制だ。武力攻撃を受けた事態での国・自治体の責務や自衛隊の防衛出動の手続きなどを定める。小泉は二〇〇二年の通常国会に法案を提出したものの、自民党に強行採決を避け、政権交代を目指す最大野党の民主党との修正協議を指示した。

両党は〇三年の通常国会まで一年をかけ、衆院有事法制特別委員会理事の久間章生（自民）と前原誠司（民主）のラインを基軸に、修正合意にこぎつけて成立させた。民主党は安保政策のリアリズムで政権担当能力をPR。小泉自民党は基本的人権の尊重や国民を保護する法制の整備といった民主党の主張を採り入れ、幅広い国民的合意を演出して見せた。

政権交代で辛酸をなめ、一四年の衆院選でも七三議席と惨敗した民主党。一五年の安保国会には代表に久々に再登板した岡田克也と幹事長の枝野幸男の執行部ラインで臨んだ。代表選で岡田に敗れた保守系の細野豪志が政調会長に就いたが、安保法制への対応は元防衛相で安保調査会長の北沢俊美が主導。党全体が政権担当時よりリベラル色に傾いていた。

歴代内閣の憲法解釈の変更を巡り、政権担当意欲を持つ二大政党が「共通の土俵」に立てるのか、それとも対立軸にしてしまうのか。「平成デモクラシー」の観点からは、ここが重大な岐路と言えた。民主党は四月二八日に公表した見解で「安倍政権が進める集団的自衛権の行使は容認しない」と首相の安倍晋三肝いりの安全保障関連法案を突き放した。

安保関連法案は、自民党が公明党との綿密な事前協議で譲歩も重ね、ガラス細工のような与党合意で成り立った。ゆえに国会審議を通じて野党に譲歩する「のりしろ」を見出しづらくなっていた。しかも、安倍は民主党への政権交代を二度と許さないことを至上命令に、再登板後の政権運営に臨んでいた。重要案件で党首会談を開き、民主党に協力を呼びかける場面はゼロ。安保法案でも一歩も譲る気配を見せなかった。一五年五月の国会への法案提出後も、安倍と岡田は衆院平和安全法制特別委員会や党首討論で何度も激突した。

安倍「武力行使の目的を持って武装した部隊を他国の領土、領海、領空へ派遣するいわゆる海外派兵は、一般に自衛のための必要最小限度を超えるもので、憲法上許されない」

岡田「今の法案でそうは読めない。解釈が変わって広げてしまうリスクが非常にある」

そこに来て六月四日の衆院憲法審査会での「長谷部ショック」は安保政策論争を吹っ飛ばし、国会審議は「違憲か合憲か」一色に染まった。一一日の憲法審に自民党副総裁の高村正彦が乗り込んで「違憲との批判は全く当たらない」と論陣を張れば、民主党幹事長の枝野幸男は「長谷部教授は自民党の推薦に基づいて招いた参考人だ」などと決めつけた。

内閣支持率が急落し、国会前では安保法制反対デモが拡大して、民主党など野党陣営も勢いづく。六月一七日の党首討論で、岡田も「政府案は抽象的で、どうにでも解釈できる。とても憲法に合致しているとは言えない。違憲だ」と断じるしかなくなった。

民主党内では前原誠司、松本剛明、長島昭久ら集団的自衛権の限定容認に理解を示して「遠くは抑制的に、近くは現実的に、そして人道復興は積極的に」というコンセプトで対案を示し、政府案の修正を志向する保守系の議員もいたが、少数派にとどまった。政調会長の細野も党役員会で「対案を国会に提出し、安倍首相に党首会談を求めるべきだ」と二度、岡田に直談判を試みたが、賛同者は現れず、岡田は頑として首を縦に振らなかった。

民主党が七月八日に衆院に提出した独自案は、沖縄県の尖閣諸島などを念頭に、海上保安庁と自衛隊の円滑な連携強化を目指す領域警備法案だけで、審議未了・廃案となる。

維新の党は政府案の「存立危機事態」を、より日本への武力攻撃の明白な危険が差し迫った「武力攻撃危機事態」に限定する対案で修正協議を試みるが、これも実らなかった。

七月一五日、与党は衆院特別委で「強行採決」に踏み切る。委員長席に殺到して「アベ政治を許さない」「自民党感じ悪いよね」などのプラカードをカメラの放列に向かって一斉に掲げたのは、専ら民主党議員だった。この日、細野はデモが続く国会前に初めて出向き、共産党、社民党などの議員とともにマイクを握って「政府案を廃案に追い込まなければならない」と演説したが、夜は眠れず、「離党」が初めて脳裏をよぎったと告白する。

「二大政党なのだから、安保政策は現実的に、と考えて一貫してやってきたはずだったのに……。オレは何のために国会議員になったのか」

†安保成り、改憲は遠のく

首相の安倍晋三は九月二七日まで九五日間の異例の大幅な会期延長で、安保関連法案の成立に執念を見せた。民主党代表の岡田克也と共産党委員長の志位和夫は国会戦術の共闘に加え、七月以降は国会外での各種の法案反対集会でもたびたびそろい踏みし始めた。「ホルムズ海峡での機雷掃海は、いま現在の国際情勢に照らせば、現実の問題としての発生を具体的に想定しているものではない」

九月一四日、安倍は参院平和安全法制特別委員会で、公明党代表の山口那津男の質問を受け、集団的自衛権行使の具体例に挙げてきたホルムズ海峡での機雷掃海は「現実の想定外」だと答弁を後退させた。参院の採決も大混乱。与党は三つの参院小会派と、集団的自衛権の行使に際して国会の事前承認の強化などで合意し、これを「尊重し、適切に対処する」旨を閣議決定した。最後まで法案の修正は避けた。国会前で反対デモが続く中、安保関連法案は一九日未明の参院本会議で、与党と三つの小会派などの賛成で成立した。

「戦争法（安保関連法）廃止、立憲主義を取り戻す。この一点で一致するすべての政党・団体・個人が共同して、戦争法廃止の国民連合政府を樹立しようではありませんか」

虚脱感が漂う他党を横目に直ちに次の一手を打ったのは共産党だ。中央委員会総会の決定で、「安保法廃止」の一点で「国民連合政府」の樹立をこう呼びかけた。一六年参院選や次期衆院選に向け、全選挙区に独自候補を擁立する従来の方針を転換し、民主党などとの選挙協力を全国規模で進める考えを打ち出した。共産党が二大勢力による政権選択選挙のゲームに加わる意思を初めて表明した形だ。民主党もこの野党共闘路線に傾斜していく。

与野党対決に終始した集団的自衛権と安保法制。これに先立つ八月二九日、京都府宮津市での国政報告会。自民党幹事長の谷垣禎一は先に安倍にこう進言した、と打ち明けた。「岸信介首相は一九六〇年の日米安保条約改定で賛成・反対、敵味方を峻別した。次の池田勇人首相は「寛容と忍耐」「高度成長」で国民統合をやった。安倍さん、あなたはおじいさん（岸）の役だけじゃなしに、池田さんの役も果たしてください」

岸は新日米安保条約の承認を見届けると、国会の混乱やその渦中での東大生、樺美智子の死などの責任を取って退陣する。後継の池田は「所得倍増」へ旗印を替え、「寛容と忍耐」の低姿勢で高度成長路線を走った。「岸から池田へ」の含意はそれだけではない。

岸は政権の最重要課題として、安保改定に加えて「憲法調査会による「憲法改正」の結論を一番狙っておった」と語り残している（『岸信介証言録』）。鳩山一郎内閣時に議員立法で内閣に設置された憲法調査会を、正式に発足させて改憲論議を推進しようとした。委員は国会議員三〇人と有識者二〇人を上限とし、英米法学者の高柳賢三に会長を委嘱した。

岸内閣は最大野党の社会党にも参加を求めたが、同党は改憲を目的とする機関を内閣に置くのは違憲だ、と拒否した。東大教授の宮澤俊義、東北大教授の清宮四郎ら当時の有力な憲法学者も戦前回帰型の改憲を警戒して加わらなかった。池田は改憲を棚上げする。憲法調査会は六四年七月に改憲の是非を巡る方向性を集約はせず、「各委員の意見を列挙する形」でまとめた最終報告を内閣と国会に提出し、役割を終えた（廣田直美『内閣憲法調査会の軌跡』）。次の首相の佐藤栄作は岸の実弟だったが、改憲棚上げ路線を定着させた。

安倍は九月一一日の経済財政諮問会議で「経済最優先で、完全にデフレから脱却し、未来に向けて力強く経済を成長させていく」と「安保から経済へ」の回帰を明確にした。「改憲には残念ながらまだ国民的な理解が広がっているとはいえない。政治なので、タイミングもある。今後は現政権にもともと期待されている経済で成果を上げたい」

同日のインターネット番組で、安倍は杏林大名誉教授の田久保忠衛、ジャーナリストの櫻井よしこにこう漏らした。保守派で親しい二人が改憲に水を向けても、最後まで乗らなかった。安保法制は成り、解釈改憲による集団的自衛権の限定容認で日米同盟の連携と抑止力は強化された。それゆえに九条の改正を急がなければならない理由は薄れ、明文改憲はかえって遠のいたとも見えた。後に残ったのは、与野党の分断が深まった国会である。

常に国民と共にある自覚を
自らの内に育てる必要を感じて来まし

第三章
象徴天皇と「アベ政治」
2015~2016

新宿で天皇陛下のビデオメッセージが映し出された大型ビジョンを見る人たち、東京都新宿区(2016年8月8日撮影　写真©時事)

第三章関連年表

2015年	10月５日　日本、米国、豪州などの環太平洋経済連携協定（ＴＰＰ）交渉が妥結 10月７日　第３次安倍改造内閣が発足、スローガンは「一億総活躍社会」 10月21日　野党が憲法53条に基づいて臨時国会の召集を要求、安倍内閣は応じず
2016年	１月４日　異例の松の内に通常国会が召集 ３月27日　民主党と維新の党が合流して最大野党「民進党」を結党 ４月14日　熊本地震 ５月26〜27日　主要７カ国首脳会議（Ｇ７伊勢志摩サミット）、オバマ米大統領が被爆地の広島市を訪問 ５月27日　安倍晋三首相が消費税増税の再延期を表明 ６月１日　通常国会が閉幕、衆院憲法審査会で実質審議はゼロ ７月10日　参院選で自公与党が大勝し、衆参両院で「改憲勢力」が３分の２を超す ７月31日　都知事選で無所属の小池百合子氏が初当選 ８月３日　第３次安倍第２回改造内閣が発足、自民党幹事長に二階俊博氏 ８月８日　天皇陛下が国民向けビデオメッセージで生前退位のご意向を示唆 ９月15日　自民党が衆院憲法審査会長に森英介元法相を起用 ９月15日　民進党代表選で蓮舫氏が当選 ９月23日　首相官邸に「天皇の公務の負担軽減等に関する有識者会議」を新設 11月３日　日本国憲法の公布から70年

1　衆参両院で「改憲勢力」

†臨時国会の召集要求無視

二〇一五年九月二七日まで戦後二番目に長い二四五日に及んだ通常国会。与野党激突の末に安全保障法制が成立した。九月の自民党総裁選は参院審議のヤマ場と重なって盛り上がらず、首相の安倍晋三は無投票で再選。一〇月五日には国会に対しても秘密保持を貫いた日本、米国、オーストラリアなどの環太平洋経済連携協定（TPP）交渉が妥結した。

安倍は一〇月七日に内閣改造を実施。アベノミクスを再分配政策で補完する「一億総活躍社会」を新たな看板に掲げて「安保から経済へ」の回帰を鮮明にした。自民党憲法改正推進本部長の船田元を、安保法制を巡る衆院憲法審査会の「長谷部ショック」の責任を取らせて更迭。後任に森英介（麻生派）を据える。同本部事務局長には上川陽子（岸田派）。森も上川も法相経験者だが「憲法族」では全くない。この「素人人事」は幹事長の谷垣禎一の発案とされ、一六年夏の参院選を控えて改憲論議を急がない、とのメッセージと受け止められた。半面、首相官邸から同本部をコントロールする余地が広がったとも言える。

民主、維新、共産など野党五党は二一日、TPP交渉や「一億総活躍」を巡って説明責任を果たせ、と憲法五三条に従って「速やかな臨時国会の召集」を安倍に要求した。

五三条一項によると、国会の多数派を基盤とする内閣は、いつでも「国会の臨時会の召集を決定できる」とある。同時に、少数派の権利として、衆参両院どちらかの総議員の四分の一以上の要求があれば、内閣は臨時国会の召集を「決定しなければならない」とも定めている。召集の期限には触れていないものの、召集の決定を内閣に義務づけている。

だが、安倍は腰を上げず、一一月一六日に訪問先のトルコで記者団にこう表明した。

「パリでの第二一回国連気候変動枠組み条約締約国会議（COP21）出席などの外交日程や一六年度税制改正、予算編成、さらに補正予算の編成作業を併せて考えれば、年内の国会召集は事実上、困難であると判断せざるを得ない。憲法の趣旨も念頭において、大変異例だが、新年一月四日に通常国会を召集させていただきたい」

過密な首脳外交に加え、年末まで予算編成に追われるので国会を開く隙間などないというのだ。国会法で一月召集を「常例」とする通常国会の最大限の前倒しで理解を求めた。

†自民改憲草案「二〇日以内」

一一月一三日、東京・新宿区の早稲田大学。憲法学者、政治学者らでつくる「立憲デモクラシーの会」の公開講座で、東大教授の石川健治は約三〇〇人の聴衆にこう説いた。「臨時国会の召集を決定しなければならないと義務づける憲法の規定を内閣が無視し、「してもしなくてもいい」という規定に変わりつつある。立憲主義の緩みにほかならない。統治のあり方が変わってきた顕著な表れだ。これは一五年夏の安保国会の敗北の帰結だ」

安保法制の前提として集団的自衛権を限定容認した憲法解釈の変更を「法秩序の連続性の破壊」と批判し、「法学的にはクーデター」とさえ断じた石川。臨時国会の召集見送りも「この先は憲法変遷という難しい論点に入る」と立憲主義の緩みだとして危ぶんだ。

官房長官の菅義偉は一一月一七日の記者会見で、通常国会を年明け早々に前倒しで召集する方針などを理由に、臨時国会召集見送りへの憲法違反説や非立憲説にこう反論した。「憲法に召集時期は規定されておらず、内閣に委ねられている。内閣として臨時国会で審議すべき事項なども勘案し、召集のため必要な合理的な期間を超えない範囲内で国会を召集すれば、憲法上の問題は生じない。その中で考えた時に憲法に違反することはない」

与野党の対立だけでなく、首相官邸と憲法学の立憲学派の見解が食い違う点で、安保法制と構図がよく似てきた。歴史をひもとけば、たかが議会の召集、されど議会の召集だ。

欧州で絶対王権との綱引きから発展してきた議会。その召集行為は数々の歴史のドラマを生んだ。英国王チャールズ一世は一六二九年に「権利の請願」を突きつけた議会を解散し、四〇年まで召集しない「専制の一一年」を敷いた。たまったマグマが噴出し、行き着いた先はオリバー・クロムウェルらによる清教徒革命と王自身の処刑だった。フランスでも一七八九年、財政危機で行き詰まった最後の絶対君主、ルイ一六世が約一七〇年ぶりに身分制議会「三部会」を召集した途端に、大革命へのエネルギーが爆発したのである。

実は自民党は一二年に公表した憲法改正草案で、五三条の条文を補強して「要求があった日から二〇日以内に臨時国会が召集されなければならない」と明記していた。念の入ったことに、付属のQ&A集では、「少数会派の乱用が心配だ」との声も党内論議で出たものの、「少数者の権利として定めた以上、きちんと召集されるのは当然だ」との意見が大勢だった、と紹介までした。それなのにここで召集を見送るのは、自己矛盾とも言えた。

小選挙区中心の衆院選で政権交代が起きうる「平成デモクラシー」。これを前提にすると、現在の野党が召集を要求して攻勢をかけ、与党が防戦する対立構図でとらえるだけでは済まない。いずれ与野党の立ち位置が入れ替われば、攻守も逆転する。憲法が明記する少数派の数少ない権能は、フェアな政党間競争を下支えする統治構造の基盤だ。二〇一五年は年間を通し、国会を通常国会の一会期しか開かずに暮れゆく戦後初の年となった。

†「緊急事態条項」浮き沈み

二〇一六年が明けると、首相の安倍晋三は夏の参院選に向けて憲法改正論議の再起動をそろりと図る。一月四日の年頭の記者会見で、池井戸潤の小説「下町ロケット」の主人公のセリフ「挑戦の終わりは新たな挑戦の始まり」を引き、新たな国づくりへ「本年は挑戦、挑戦、そして挑戦あるのみだ」と連呼。質問に答える形で改憲にも触れて「参院選でしっかりと訴えていく。それを通じて国民的な議論を深めていきたい」と意欲をにじませた。

具体的な改憲項目として九条とともに浮き沈みしてきたのが緊急事態条項だ。一四年一一月の衆院憲法審査会でも、自民、民主、公明などの各党から支持や理解の声が出ていた。一六年二月四日の衆院予算委員会。改憲と緊急事態条項を巡り、安倍と民主党国会対策副委員長の大串博志が互いに相手を「思考停止」だなどと非難合戦を演じた。

安倍「皆さんのように何も挑戦しないなら、世の中は変わらない。大規模災害のような緊急時に、国民の安全を守るため、国家・国民自らがどんな役割を果たしていくべきか。憲法にどう位置づけるのか。極めて重く、大切な課題だ」

大串「年頭から首相が「挑戦、挑戦」と繰り返してきたのは改憲も含めた挑戦なのだ、と腑《ふ》に落ちた。緊急事態条項を憲法に入れる必要が本当にあるのか」

自民党の一二年改憲草案では、現憲法にない緊急事態条項を新設した。日本への武力攻撃や内乱、大災害などで、事前か事後の国会承認を条件に、首相が閣議にかけて「緊急事態の宣言を発することができる」と明記する。一〇〇日を超えて宣言を継続するには、改めて国会の事前承認を義務づける。これらの諸手続きを定める法律の整備も必要になる。

宣言下では、国会の議決なしに、内閣が法律と同じ効力を持つ緊急政令を制定でき、首相は必要な財政支出もできる。ただ、事後の国会承認が条件だ。財産権など国民の権利は制限を受ける。衆院は解散されず、衆参両院議員の任期延長や選挙期日の延期も認める。

二月五日夜、東京・神田駿河台の全電通ホール。立憲デモクラシーを巡るシンポジウムで、憲法学者で早稲田大教授の長谷部恭男と東大教授の石川健治が、こう声をそろえた。

長谷部「憲法に緊急事態条項は必要ない。災害対策基本法や有事法制などで必要な制度は既にできている。さらに特別な措置が要るなら、平時から立法でやっておくべきだ」

石川「緊急事態への否定的評価も立憲主義を支える力だ。例外状態を憲法に書き込んでノーマル化しても、またその例外が起きる。例外が例外を呼び、歯止めを失いかねない」

†議員任期など「お試し改憲」論

日本国憲法に「緊急事態」の表現はないが、五四条に参院の緊急集会の規定がある。衆院が解散され、国会が閉会していて、総選挙後の特別国会まで待てないような「国に緊急の必要があるとき」に、内閣は「参議院の緊急集会を求めることができる」と定める。

外国から武力攻撃を受け、首相が自衛隊に防衛出動を命じるには国会に承認を求めねばならない。武力攻撃事態対処法によれば、衆院が解散されている場合は参院の緊急集会で承認を得る定めだ。石川健治は「現憲法も緊急事態をちゃんと知っている憲法だ。明治憲法を整理し、戒厳大権などは削除したうえで参院の緊急集会だけを残している」と説く。

現行法でも「緊急事態」の仕組みがいくつもある。例えば、災害対策基本法だ。災害時、首相が閣議にかけて「災害緊急事態」を布告できる。国会が閉会中ですぐ召集できず、参院の緊急集会を求める余裕もないなら、生活必需物資の配給制、災害復旧に必要な物資の価格統制、金銭債務の支払い猶予などは法律によらず、内閣が緊急政令で決められる。

警察法によると、大規模な騒乱などで首相は「警察緊急事態」を布告し、首相が警察を直接統制できる。警察力で治安を維持できない「間接侵略その他の緊急事態」では、首相は自衛隊法に基づいて自衛隊に治安出動を命じられる。原子力災害対策特別措置法の「原子力緊急事態宣言」は一一年三月の東京電力福島第一原子力発電所の事故で発動され、今も続く。首相は住民の避難などに関して知事や市町村長、電力会社への指示権を持つ。

自民党は一二年改憲草案の付属Q&A集で、現行法でも例がある内閣による緊急政令の制定を憲法に明記する理由を「必ずしも憲法上の根拠が必要ではないが、根拠があることが望ましいと考えた」と説明した。半面、草案を読むと、緊急事態宣言の具体的な要件や手続きなど多くの点を「法律の定めるところにより」と別途、制定する法律によりかかっている。自民党はこの法律の原案を示さず、制度設計の詳細がはっきりしなかった。「どうしても緊急事態条項を創るなら、内閣への権限の集中を裁判所がコントロールする規定も憲法に必ず入れる。それがグローバルスタンダードだ」

早大教授の長谷部恭男は統治機構のバランスとして、自民党草案にない「裁判所による監視と抑制」を強化する仕組みが大前提だと説いた。緊急事態を巡る問題もしっかり司法審査に服させるには、国家の存立に関わる高度に政治的な問題では司法が判断を回避する「統治行為」論の廃棄を憲法に明記すべきだと指摘。内閣による最高裁長官・判事の指名・任命にも、衆参各院の総議員の三分の二以上の同意を義務づけるよう求めた。

波立ってきた緊急事態条項を巡る改憲論議。第一章で見たように、安倍自民党は改憲を自己目的化しがちだ。内閣への権限集中にこだわらず、有事や大災害の際も国会を機能させられるよう、議員の任期や選挙期日を特例的に延長するだけの改憲に的を絞れば、国民投票で過半数の壁も越えられるのではないか——。「お試し改憲」などと呼ばれたこんな案も見え隠れした。この案に限れば、公明党にも理解する声があったからだ。

†元最高裁判事の「覚え書き」

「仮に憲法学がなお法律学であろうとするならば、政治的思いをそのまま違憲の結論に直結させることは、むしろその足元を危うくさせるものであり、法律学のルールとマナー（本稿のいう法規範論理）とを正確に踏まえた議論がなされるのでなければならない」

安全保障法制に多くの憲法学者が唱えた違憲説にこう一石を投じる論文「覚え書き─集団的自衛権の行使容認を巡る違憲論議について」が月刊誌『自治研究』（一六年二月号）に掲載され、波紋を広げた。執筆者が行政法学の重鎮で、元最高裁判事の藤田宙靖（東北大名誉教授）だったからだ。藤田は最高裁入りに先立つ一九九〇年代、省庁再編を設計した橋本龍太郎内閣の行政改革会議に憲法学者の佐藤幸治とともに参画した。憲法と行政法には国家と国民の関係を規律する共通性がある。

藤田は憲法学者の違憲説を、安保法制の必要性への疑問や「強引に法律の早期成立にまで持って行った安倍政権の政治的姿勢に対する怒りの表現」だと受け止めて「そのほとんどを共有する」とシンパシーを示した。ただ、「想定外」の安倍政権の動きを受け、憲法学の側でも「一貫した精緻な議論が展開されているようには感じられない」と指摘した。

まず手続き論からの違憲説を検証する。安倍が歴代内閣の憲法解釈を変更したのは「法的安定性」を害する、との早大教授の長谷部恭男らの立論には一線を画した。現実の状況ががらりと変わった場合など「これまでの積み重ねがあるからというだけで、従来の解釈を変更することが許されないと言えるか」の論点がギリギリ残る、との立場をとった。従来の解釈が、解釈の域を超えて「規範」となってきたにせよ「憲法九条の内容そのものになっていたと言うためには、なお理論的な根拠付けが不足する」との見解を示した。

安倍は内閣法制局長官を交代させ、新解釈の閣議決定を敢行した。藤田は憲法の有権解釈機関は最高裁だとして「法制局は、内閣の補助機関であり、内閣の法解釈を「助ける」にとどまるのであって、内閣が法制局の見解に法的に拘束されるという法理は、我が国の現行法制上存在しない」と解釈変更の否定は控えた。ただ、憲法解釈の変更の手続きを厳しくすることや、人事面で法制局長官の独立性を強めるなどの制度改革の余地は認めた。

次に藤田は「今回の事態を巡る憲法問題は、結局のところ、集団的自衛権の行使を容認する閣議決定及び法案の内容自体が憲法の正しい解釈と言えるか否かという、実体法上の問題を抜きにしては、論じ得ない」と新解釈の「内容自体」を問題にした。カギは自衛隊の武力行使を「日本と密接な関係にある他国に対する武力攻撃が発生し、これにより日本の存立が脅かされ、国民の生命、自由及び幸福追求の権利が根底から覆される明白な危険がある場合」(存立危機事態)も可能とし、集団的自衛権の一部の行使も認めた点だ。

藤田は「存立危機」の概念が抽象的過ぎ、政府が国会答弁でホルムズ海峡の機雷掃海を含めるなど「内閣の裁量判断の余地を広く認め過ぎている」との懸念に理解を示した。ただ、他国への攻撃が「実質自国への攻撃と同じ意味を持つ」とか「自国への攻撃が引き続き起こることが確実」な場合は「非常に微妙な問題となる」として違憲とは断定しない。法案成立後の「後始末」として、司法による「合憲限定解釈」の道もありうるとした。

†「機能する憲法」長谷部理論

藤田宙靖が「覚え書き」で名前を挙げた一人、早大教授の長谷部恭男は一六年四月刊行の著書『憲法の理性　増補新装版』で素早く反論を試みた。こちらは「憲法を含めた法について、誰もが認める「正しい解釈」なるものが存在するのだろうか」と述べ、憲法九条を巡って何が「正しい解釈」なのか、という議論の土俵にはあえて上がろうとしない。

長谷部によれば、一切の実力行使を禁じているかにも見える九条は「条文のことばどおりに理解すると明らかに不条理な結論を導く」法文だ。そのままでは国家機関の行動を合理的に調整したり、制約したりできない。だから「有権解釈」が不可欠になる。このように「権威となる条文と権威となる解釈と」を合わせて「機能する憲法」と呼ぶという。

最高裁がその役割を放棄したので、内閣法制局の九条を巡る有権解釈が「機能する憲法」の重要な要素となってきた経緯がある。個別的自衛権の行使は認め、集団的自衛権を禁じた従来の解釈は「内容も明確であり、安定性を備え、諸官庁を含む多数の者の行動を的確に調整し、制約してきた」と長谷部は評価する。これが「憲法として現に機能する解釈」なのだから「そうである以上、十分な理由がない限り、それを変更するべきではない。しかも、変更後の「新解釈」が、従前の解釈との論理的関係も不明確で、政府の行動の外延を明確に指示することもないのであれば、なおさらである」と断じた。

この論争は一年後に再燃する。藤田は『自治研究』（一七年六月号）に再び論考を寄せ、集団的自衛権行使を限定容認した憲法解釈の変更の「内容の違憲・合憲」を巡り、合憲限定解釈の可否など詳細な理論的検討を加えた。長谷部も羽鳥書店のＷｅｂ連載「憲法学の虫眼鏡」で再反論。「内容の違憲・合憲」には触れず「内閣法制局が十分な理由も示すことなく、有権解釈を変更すべきでないのは、それが有権解釈だからである」と従来の九条の有権解釈の「権威」の重みを繰り返し説いた。

同じ最高裁判事の経験者でも、元長官の山口繁（裁判官出身）は一五年九月、共同通信の取材に「集団的自衛権の行使を認める立法は憲法違反と言わざるを得ない」と違憲説を表明した。元判事の濱田邦夫（弁護士）も参院平和安全法制特別委員会で「九条の範囲内ではない」と述べた。これらとは立ち位置を微妙に異にする藤田の論考が現れたわけだ。

旧民主党を母体に最大野党を引き継いだ民進党などは参院選に向け、引き続き安保法制廃止を訴えて争点化を狙っていた。だが、憲法の最終的な有権解釈権を持つ最高裁の判事経験者の間でも、安保法制を巡る判断が一色ではなかったのが実情だった。この問題を巡る風向きは読みづらく、「政治的な興奮状態」が再現するかどうかは未知数だった。

†参院選後の未体験ゾーン

安保法制審議の渦中にあった一五年六月、早大教授の長谷部恭男ら憲法学者三人が違憲論を表明する「長谷部ショック」の場となった衆院憲法審査会。その後は休眠状態に陥り、一六年の通常国会でもとうとう実質審議を一度もせずじまいだった。これは多数を保持し、会長の保岡興治も送り出す自民党が「審議拒否」をしたに等しい珍しい事例となった。

七月一〇日の参院選。自民党は改選議席を上回って勢力を伸ばし、非改選と併せて参院全体の半数の一二一議席となった。一三日に無所属の平野達男（非改選）が入党し、二七年ぶりに単独過半数を回復する。「加憲」を掲げる公明党、改憲に前向きな「おおさか維新の会」などの党派や無所属議員を加えると、改憲発議に必要な三分の二に当たる一六二議席を超えた。衆院では自公の与党だけで三分の二を超えており、衆参両院で「改憲勢力」が出現した。政党政治は「憲法改正政局」という未体験ゾーンに突入したのだ。

公明党は、改憲は連立与党として取り組む筋合いの課題ではないと一線を画し、「改憲勢力」とくくられるのは嫌った。ただ、参院選に向け、大阪市長の橋下徹が、自公両党に自らが主導するおおさか維新を併せた三党で「改憲勢力三分の二」を目指そうと安倍に提案。逆に民進党代表の岡田克也が、与党に維新などを併せた「改憲勢力」を三分の二未満に抑えることを「第一目標」に掲げるなど、「改憲勢力」は既に独り歩きし始めていた。

衆院の任期満了は一八年一二月。参院の次の半数改選は一九年夏。途中で衆院を解散しないなら、最長で一八年一二月まではこの時点の衆参の「改憲勢力」を持続させることが可能だった。ただ、改憲プロセスは手探り。安倍が国会発議を見据え、最大野党として改めて船出した民進党なども巻き込んで、超党派の幅広い合意を目指すのか。それとも、与党を軸に三分の二という「数の力」を頼む路線も辞さないのか。これはその先の国民投票の行方も左右しかねないと見られた。

自民党幹事長の谷垣禎一「自民党改憲草案はタタキ台として野党時代にまとめたが、国会内の合意をどうつくるかが一番大事だ。少なくとも野党第一党と合意できる内容をつくっていきたい」（七月三日のNHKテレビの討論番組）

公明党代表の山口那津男「改憲勢力で三分の二のくくりは政治的に何の意味もない。全政党が当事者。憲法審査会で議論を進めるべきだ。特定政党を除外した協議は今のところ全く考えていない」（七月一〇日の記者会見）

与党の首脳部はこのように三分の二という「数の力」で突き進む路線には否定的な姿勢

を示していた。谷垣は「初心者がいきなり国論を二分するところへ突っ込むのは間違いだ」と自民党と最大野党の民進党の合意形成が発議の前提だ、との認識を繰り返した。

「国民の皆様とともにこの道を力強く、前へ進んで行く。私からは、以上であります」

参院選翌日の一一日、安倍は記者会見で、新たな経済対策などアベノミクス推進の「この道」を一〇分以上もよどみなく語った半面、宿願の改憲には自分からは一言も触れないまま、冒頭発言をこう締めくくった。これは一八日間の選挙戦中に街頭演説で一度も改憲に言及しなかったのと同じだ。一気にアクセルを踏み込むわけではない、との意思表示のようにも見えた。記者団の質問にも「両院で総議員の三分の二以上の賛成を得るのはそう簡単ではない。憲法審査会で議論が収れんするのを期待する」とロウキーで応じるにとどめた。

†至難の改憲マネジメント

首相の安倍晋三は八月三日の内閣改造に合わせ、自民党幹事長を自転車事故で重傷を負った谷垣禎一から前総務会長の二階俊博に代えた。二階は恩を返すとばかりに、一八年九月で切れる安倍の総裁任期(最長で二期六年)を延ばし、三期まで認める党則改正に動く。

安倍は参院選に先立つ六月一日の記者会見で「頭の中を衆院解散がよぎったことは否定

しない」と衆参同日選挙も一時は考えたと打ち明けた。四月の熊本地震で被災地が選挙どころではなくなったうえ、参院選単独でも十分に勝利が見込めると判断して見送った。衆参両院で「改憲勢力」三分の二超に到達したのだから、これは結果オーライだった。

次に二〇一八年一二月の衆院の任期満了からカレンダーを逆算し、どこを有利と見て解散・総選挙に打って出るか。憲法上、衆院の多数派から首相が指名される仕組みである限り、解散戦略はなお片時も宰相の脳裏を去らないのが宿命だ。同時に「改憲勢力」を手中にして、衆院の任期満了まで向こう二年半弱は国政選挙が予定されない。長期化が視野に入った「安倍一強」にとり、この間こそ腰を据えて憲法改正を目指す絶好機ともいえた。

ただ、複雑で長い改憲プロセスをこのような常在戦場型の政治日程に組み込み、マネージしていくのは、権力闘争の荒波を乗り切る政権運営に劣らず至難の業だった。

まず憲法改正原案を国会発議に向けて審議する衆参両院の憲法審査会。会期中の開催の定例日が週一回しかない。安全保障法制などの重要法案は特別委員会を設置し、連日審議も辞さないが、それができるのは内閣提出法案だからだ。全府省の官僚組織が「ブラック霞が関」と化し、徹夜覚悟で連日、首相や担当閣僚の答弁資料の作成作業を受け持つ。

次章で詳述するが、内閣による改憲原案の提出は今の国民投票法では想定されていない。「究極の議員立法」と位置づけられている。内閣・行政府は関与せず、議員同士での審議になる。実務を補佐する衆参両院の法制局は各党派に対し中立が原則だ。内閣を支える霞が関に比べれば人的資源も限られる。これでは週一回の審議が精いっぱい、というわけだ。議員同士の討議に参考人質疑などを追加しても、週二回が限度ではないか、とみられる。

このため、国会法は憲法改正原案を通常の法案とは一線を画す扱いをする。「会期不継続の原則」と言って、国会は一つの会期が終わると、ほとんどの議案は継続審査の手続きを取らない限り、原則として廃案になる。だが、改憲原案には自動的に次の会期へ継続される定めがある。マストではないが、改憲原案は少なくとも二つの国会会期にまたがって審議されるものだ、という「相場観」に国会法は立つわけだ。ざっくりいうと、改憲原案の国会提出から発議まで、短く見積もっても九カ月から一年程度の時間は優にかかる。

改憲原案の慎重審議を求める国会のルールは他にもある。衆参両院憲法審査会の規程によると、改憲原案の審査に際しては必ず公聴会を開かねばならない。公聴会の開催は、国会法上は予算と歳入法案のみに義務づけている。これらと同様の慎重審議を促すものだ。

少数派の野党が委員長を務める委員会などでは、多数派の与党が採決を求めてもなかなか応じない場合がある。国会法によれば、与党は本会議で委員長に中間報告を求める議決をし、委員会採決を抜きに本会議で中間報告を受けてそのまま審議、採決してしまう道がある。国会対策上は強行採決に匹敵する「奇策」扱いの奥の手なのだが、衆参の憲法審査会にはこの中間報告という便法も認められていない。二重三重の慎重審議への配慮だ。

憲法改正発議に向けて「改憲勢力」三分の二超といっても一筋縄ではいかないのだ。第一章で見たように、自民党の中山太郎が会長として主導した衆院憲法調査会（二〇〇〇〜〇五年）以来、憲法論議に深く関わった与野党の「憲法族」議員も、多数決型の運営は手控え、中小党派にも大党派と対等の発言時間を割り当てる「中山ルール」など、超党派の幅広い合意を目指す政治慣行の形成に腐心してきた。なお、改憲原案は衆参どちらの院に提出してもよい。二つの院で順次、憲法審査会の審議・採決から本会議の採決へと手順を踏む。両院で同一の原案に三分の二以上の賛成を得れば、発議して国民投票へ進む。

†国民投票と選挙の分離論

国民投票法では、国会発議から六〇〜一八〇日の間に国民投票の実施を定める。この国民投票運動の期間をどれくらい取るべきか自体が政治的争点になりうる。「憲法族」には、最初の改憲の試みではじっくり国民的な議論に時間をかけるべきだ、と一八〇日説が有力だった。二つ以上の国会にまたがりそうな発議プロセスと併せると、国民投票までで一年半程度を要してもおかしくない。自民党には二〇一二年改憲草案もあるが、そのまま提出せず、各党と改憲原案の中身を調整するとなると、まず提出までに相当な時間がかかる。

つまり、「改憲勢力」を手にした首相の安倍晋三には、衆院の任期満了まで二年半近い十分な時間があるように見えて、決してのんびりしていられる余裕などなかったのだ。しかも、この間ずっと政局の安定が続く保証もなかった。政権維持や国政の難局打開のため、解散・総選挙に踏み切らざるを得ず、結果として衆院で三分の二を失うリスクもあった。

慎重審議と超党派の合意形成重視を含みとする改憲プロセス。国民投票法制定時の国会答弁で、与野党とも改憲の国民投票と国政選挙の同時実施を否定したのもその表れだ。たとえば、与党提案者の加藤勝信は「与野党が政権をかけて争う国政選挙と、国会の三分の二以上の勢力が協調して行われる憲法改正の是非を問う国民投票は、質的に異なる。同時実施は有権者の混乱を引き起こしかねない。この法律では想定していない」と明言した。

憲法九六条は国民投票を「特別の国民投票又は国会の定める選挙の際行はれる投票」とし、国政選挙との同時実施も認める。なのに、国民投票法では、与野党が激しく競い、有権者が政権を選択する衆院選や、政権の中間評価となる参院選と、国の最高法規である憲法改正の賛否の投票は次元が異なると位置づけ、時期を切り離す前提で設計していた。

国民投票で改憲原案が否決されれば、時の政権の引責どころか、発議した国会そのものが国民から否定された姿になる。国政が大混乱に陥りかねず、国会として招いてはならない事態だ。言い換えると、憲法は発議に両院の三分の二以上の特別多数決を課すことで、国民投票でも多数の支持が確実に見込める盤石の超党派合意を求めている、ともいえる。

ただ、安倍は、政権与党を率いる首相が実質的に改憲原案作りを主導したうえで国民投票が否決されれば、それは内閣不信任に等しく、政治責任を取らざるを得ない、との考えものぞかせた。ここから否決リスクを極小化するため、むしろ政権選択を懸けた衆院選と国民投票を同時投票にして、自らへの信任と一体で改憲支持を訴える手が浮かんでくる。

こうして複雑かつ長期にわたる改憲プロセスを見渡すと、「改憲勢力」を頼りに多数決型の国会運営で押しこんででも発議を急ぐのか。できる限り幅広い党派間での合意形成を探り、急がば回れの話し合い路線で行くのか。この選択は一長一短で悩ましかった。

「改憲勢力」の出現で一気に動き出すかに見えた憲法改正政局。実は参院選直後の七月一三日夜、まさかの衝撃が走っていた。直前に画面に流れたテロップに続き、NHKテレビの七時のニュースが「天皇陛下が、天皇の位を生前に皇太子さまに譲る生前退位の意向を宮内庁の関係者に示されていることが分かりました」との特報を伝えたからである。

2　「天皇退位」で半年空白

†陛下「おことば」の衝撃

突然、表面化した天皇陛下の生前退位のご意向は、憲法改正論議をここから半年以上にわたって事実上、凍結状態に追い込んでいく。八月八日一五時から、地上波のテレビ各局の特別番組で放映された天皇陛下の国民向けビデオメッセージは、約一一分にわたった。「既に八〇を越え、幸いに健康であるとは申せ、次第に進む身体の衰えを考慮する時、これまでのように、全身全霊をもって象徴の務めを果たしていくことが、難しくなるのではないかと案じています」と高齢による体力の制約への懸念を吐露された陛下。「天皇という立場上、現行の皇室制度に具体的に触れることは控えながら、私が個人として、これまでに考えて来たことを話したい」と言葉を選ばれたが、どう対処されるかは明確だった。「国事行為や、その象徴としての行為を限りなく縮小していくことには、無理があろうと思われます」などと国事行為の負担軽減、象徴としての公的行為の縮小、さらに摂政を置くといった対応の全てに否定的な見解を示された。残る答えは生前退位しかなかった。「象徴としてのお務めについての天皇陛下のおことば」。宮内庁ホームページによれば、陛下のお気持ちの表明にはこんな表題が付されている。生前退位の前提として「象徴とはどうあるべきか」を巡る積年の自問自答を吐露された点にこそ、最大級の重みがあった。

陛下は「憲法下で象徴と位置づけられた天皇の望ましい在り方を、日々模索しつつ過ごしてきました」と前置きされた。それを裏づけるようにおことばの中で「象徴」の語を八回も使われ、象徴天皇の務めと皇位の円滑な継承への危機感を力説されたのである。

これらは無論、憲法一条の「天皇は、日本国の象徴であり日本国民統合の象徴であつて、この地位は、主権の存する日本国民の総意に基く」が根底にあるのは疑いなかった。

おことばから浮き彫りになったのは「国民の安寧と幸せを祈る」ことに加え「常に国民と共にある自覚」と「時として人々の傍らに立ち、その声に耳を傾け、思いに寄り添う」行動を重んじられる能動的な象徴天皇像だった。おことばでは「日本の各地、とりわけ遠隔の地や島々への旅も、私は天皇の象徴的行為として、大切なものと感じてきました」と皇太子時代を含めて「ほぼ全国に及ぶ旅」を能動性を体現する具体例に挙げられた。

陛下は一九九一年の雲仙普賢岳噴火による火砕流被害を最初に、大規模災害のたびに避難所を訪問されて膝を床につき、被災者と同じ目線でじかに話されるお見舞いを続けてこられた。皇后美智子さまの影響で、皇太子時代から励行されてきた所作である（原武史『平成の終焉』）。サイパン島、パラオなど太平洋戦争の激戦地への慰霊の旅も陛下のご信念抜きにありえなかった。

昭和天皇は大日本帝国憲法の下でその地位は神勅に基づき、神聖不可侵な「統治権の総覧者」だった。敗戦後は日本国憲法によって象徴天皇となるが、戦争責任論が影を落とし、国民には戦前の残像も尾を引いていた。平成の天皇陛下は最初から象徴天皇として即位された。昭和にはなかった被災者慰問、戦地慰霊の旅などは「平成流」と呼ばれがちだ。

陛下ご自身はご即位二〇年の際の記者会見で「平成の象徴像というものを特に考えたことはありません」とされたうえで、憲法一条を引用されて「長い天皇の歴史に思いを致し、国民の上を思い、象徴として望ましい天皇の在り方を求めつつ、今日まで過ごしてきました」と現憲法と歴史をよりどころにあるべき象徴天皇像を追求する姿勢を示されてきた。

†「能動的な象徴天皇」の論理

高齢や身体の衰えを受け、摂政を置くことや、象徴としての公的な行為の縮小を否定された天皇陛下。これは同時に示された能動的な象徴天皇像からは論理の必然とも言えた。「摂政は、天皇のすべての国事行為を代行することができるが、天皇の地位に即くものではなく、天皇の一身の存在によって果たされる、国家の象徴としての役割は認められない」（清宮四郎『憲法I　統治の機構　第三版』）

このように、憲法学の通説的見解では、象徴の機能はあくまで天皇一身にしか果たせない、とされているのである。天皇は象徴の務めを能動的に遂行せねばならない、との大前提に立つのなら、それは摂政を置いても、公務や宮中祭祀《さいし》の負担を減らしても、誰も肩代わりできないわけだ。生前退位論はここからいや応なく導き出される道筋であり、高齢や健康状態と結びつきやすい人権論や人道上の考慮などとは次元を異にしていた。

陛下が模索された能動的な「象徴的行為」の憲法上の位置づけを巡っては、学説上の論争も絶えない。憲法四条は「天皇は、この憲法の定める国事に関する行為のみを行ひ、国政に関する権能を有しない」と定める。「国事行為」として、国会の指名に基づく首相の任命、内閣の指名に基づく最高裁長官の任命、国会の召集、衆院の解散、法律・条約の公布などを列挙。全てに内閣の助言と承認を義務づけ、内閣が責任を負うとする。

天皇はこれらの国事行為の他に「当然のことながら私人として私的行為（たとえば生物学の研究）を行うことができる」（芦部信喜『憲法　第七版』）と解される。一一月二三日の新嘗祭など天皇が主宰する宮中祭祀も、憲法二〇条の信教の自由と政教分離の原則から、多くの憲法学者は「私的な行為」だと解釈する。一方、国会の開会式や八月一五日の全国戦没者追悼式へのご臨席とおことば、訪日した外国賓客の歓迎行事などは憲法に明記されていない。被災地慰問や慰霊の旅も同じだ。これら宮内庁が言う「ご公務」を純然たる私的な行為と見るのも難しい。

ただ、これらを「公的行為」とすると、範囲は曖昧で、政治利用の歯止めもないとして、天皇の公的行為はあくまで国事行為に限定し、国会開会式でのおことばなどは憲法七条一〇項の「儀式を行ふこと」に含めて解釈する憲法学説も根強い。その源流は、戦後いち早くポツダム宣言受諾による「八月革命」説を主唱した宮澤俊義だ。

そこまで限定はしないが、憲法は国事行為を限定的に列挙している以上、「それに準ずることの実質的な理由づけが可能な範囲」までの公的行為に限って認める学説もある。外国元首の接受や社交的な外国訪問は、国事行為の「外国の大使・公使の接受」との均衡上、認める理由がある、という。国会開会式でのおことばは「国会の召集」と密接な関連がある、とする（樋口陽一『憲法　第四版』）。ただ、公的行為の線引きはやはり至難の業だ。

そこで歴代内閣と通説的見解は、これらの行為を国事行為、私的行為とは異なる第三の類型である「象徴としての地位に基づく公的行為」と捉えて正面から認める代わりに、内閣の補佐と責任の下にそれを包括的にコントロールしようとする考え方に立ってきた。

この学説を先導したのが、宮澤と同世代で、先にも引用した清宮四郎だ。清宮の孫弟子にあたる東大教授の石川健治は八月八日のおことばを聴いて「天皇陛下が清宮説を精読されているのはほぼ間違いない」と周到な目配りにうなったほどだ。

象徴天皇とはどうあるべきか。天皇陛下は長年考え抜かれたお気持ちを正面から述べられた。それ自体が国政関与を禁じる憲法との関係で微妙だったのかもしれなかった。半面、憲法が定める象徴天皇制を守り、将来にわたってどのように持続させていくかという見地から、おことばは当事者にしかなしえない思い切った問題提起だ、とも受け止められた。

「象徴天皇の務めが常に途切れることなく、安定的に続いていくことをひとえに念じ、ここに私の気持ちをお話しいたしました」

お気持ち表明の締めくくりにこう皇位の安定的継承への願いも込められた陛下。「国民の理解を得られることを、切に願っています」と結ばれた。おことばに責任を負うべき安倍晋三内閣は無論だが、問いかけは国民に、そして国民を代表する国会にも投げかけられた。憲法一条の「主権の存する日本国民の総意」の内実が問われる事態となったのだ。

†世論高支持が決定打

憲法や皇室典範に天皇の生前退位の定めはない。憲法改正までは必ずしも必要ない半面で、天皇の崩御以外に皇位継承の規定がない皇室典範の見直しは不可欠だと考えられた。憲法と一体の「憲法附属法」の一つである皇室典範の見直しにも、前例はなかった。

しかも、天皇陛下の生前退位論は、能動的な象徴天皇像から「象徴としての公的行為」を重視されたうえ、安定的な皇位継承も視野に置かれた。憲法論の核心の機微に触れる内実を伴い、内閣の対応も慎重にならざるを得なかった。首相の安倍晋三もまず、この退位問題に国会で結論を出すまで、改憲論議への着手は先送りせざるを得ない流れとなった。

陛下は二〇一〇年には側近や相談役の宮内庁参与らに生前退位のご意向を漏らされていた。対応に苦慮した宮内庁から首相官邸に極秘で情報が伝えられたのは、一五年一一月に至ってだった。安倍官邸も当初は退位を思いとどまっていただくよう動いたが、陛下のご意思は堅く、最終的に自ら国民向けにお言葉を発せられた経緯が次第に明らかとなる。

皇室と官邸の意思疎通のぎくしゃくも覆い隠せなくなった。八月八日のおことばの文面を巡っても非公式なすり合わせが重ねられていた。官邸は内閣法制局も交えた協議で、天皇陛下が自ら退位の意向を表明すれば、皇位継承に天皇の意思が入ってしまい、「国政に関する権能を有しない」とする憲法四条に抵触しかねないと判断。「意向表明」は無論、「意見表明」でも好ましくないとした。だから、陛下は退位論に一言も触れなかったのだ。

だが、日本経済新聞の八月の世論調査では「生前退位を認めるべきだ」との回答が八九％に達した。安倍内閣の支持率五八％をはるかに凌駕する水準。官邸幹部は後に「世論調査での圧倒的な高支持率が決定打だった。天皇の意思を皇位継承に介在させることは憲法上許されないので、生前退位を制度化することはできない。しかし、こうなった以上は今上陛下の退位は認めざるを得ない。それには特例法しかなかった」と打ち明けた。

天皇陛下はおことばを「戦後七〇年という大きな節目を過ぎ、二年後には、平成三〇年を迎えます」と切り出されていた。これは平成三〇年、即ち二〇一八年まで象徴天皇の務めを全うされ、そこを区切りとして退位するのが望ましいとのお考えではないか、と推察された。後継となられる皇太子さまの即位の礼など皇位継承関連の諸行事の日程を逆算して組み立てると、一七年の通常国会で皇室典範の見直しを緊急に実現し、早急に準備を進める必要があると考えられた。

「有識者会議の設置も含めてどう対応していくか、考えている。国会、与野党を含め、幅広く意見を伺っていく必要が当然ある。できる限り国民にオープンにして進めていく」官房長官の菅義偉は八月二二日の記者会見で「幅広く」「オープン」な議論を強調したが、有識者から意見を聞く方式は「様々なことを考えている」と述べるにとどめた。おことばが国政関与と受け止められないよう、内閣は表向きはひと呼吸置いてから動き出す慎重な構えを見せた。だが、自民党幹事長の二階俊博が女性天皇の容認論を表明するなど、おことばの問題提起を受け、議論の土俵は皇位の安定的な継承にまで広がりつつあった。

†「先例となる特例法」浮上

天皇陛下の生前退位やむなし、に傾いた首相の安倍晋三。ただ、憲法四条で「国政に関する権能を有しない」天皇の意思を関与させる形で皇位の継承を生じさせるのは、違憲の疑いが濃い、と判断した。高齢化の問題は将来にわたって避けて通れないものの、年齢や健康状態など客観的な退位の要件を定めるような恒久法の制定も難しい、と結論づける。

そこで、陛下の一代限りの退位を認める皇室典範特例法の制定しかない、と早くから腹案を描いて動き出した。特例法ではあるが、象徴天皇として初めての生前退位を枠づける立法なので、将来も起きうる退位のひな型としての重みを持っても不思議はない。これが後に「先例となる特例法」と呼ばれる位置づけだ。退位のたびに同様の特例法を制定するなら、国民代表である国会の承認を毎回、得る手続きともなる。これは天皇の地位は「主権の存する日本国民の総意に基く」とする憲法一条とも整合的だと受け止められた。

安倍官邸がここで繰り出した舞台装置が、国民各層の意見を幅広く吸い上げる体裁を整えるための有識者会議だ。九月二三日に新設した「天皇の公務の負担軽減等に関する有識者会議」。座長に経団連名誉会長の今井敬を据え、東大名誉教授の御厨貴ら五人の学者も加わった。あえて皇室問題の専門家は選ばず、国民目線で各界各層からヒアリングし、バランスの取れた結論を演出する役回りだ。特例法の結論ありき、だったことは否めない。

ヒアリングでは、リベラルな憲法学説とは異なる理由で、保守派の論客から天皇の公的行為への消極論が相次いだ。東大名誉教授の平川祐弘は「天皇家は続くことと祈るという聖なる役割に意味がある」と陳述。上智大名誉教授の渡部昇一も「熱心に国民の前で姿を見せようとならなくても天皇陛下としての任務を怠ることにはならない」と強調した。

陛下の在位期間は包括的な統治構造改革によって「平成デモクラシー」と呼ばれる多数決型の民主政に傾斜した時代でもあった。衆院選は小選挙区が主体になり、政権交代の緊張感がビルトインされた。安倍一強もそうだが、政権担当を目指す政党の「選挙の顔」として多数を得た首相は、「民意」を背景にトップダウンの政権運営を試みる。自民党だけでなく、民主党など対抗勢力にも、この統治システムの下で強まる首相主導の政権運営は次の衆院選までの「期限を切った独裁」(元首相の菅直人)なのだと割り切る声があった。

この多数決型デモクラシーには民意をタテに「数の政治」に傾きがちだ、との問い直しも絶えない。それと軌を一にするように、憲法を重んじる陛下のもとで能動的な象徴天皇像を巡る議論が熱を帯びる。政治的権能はないのに、期せずして「アベ政治」へのバランサーのように浮かび上がってきた。どちらも憲法が定める国民主権と象徴天皇の微妙な緊張関係。東大教授の石川健治は「憲法が用意した統治システムの想定内」だと言い切る。

「国民主権が行き過ぎ、多数決万能、選挙結果が全てというような選挙独裁主義が立ち現れてきた時期に、象徴天皇の存在が相対的に浮上してくる。それは陛下のご意思ではなく、日本国憲法の構造として、そうバランスを取るように仕組んであるからではないか」

象徴としての行為、つまり、公的行為を前面に押し出して「左右の真ん中を行く」平成流の象徴天皇像を「持続可能な象徴天皇制の大きな方向性を示すものではないか」と評価して見せた石川。国民主権が多数決型デモクラシーに傾きすぎると、象徴天皇の国民統合機能が浮上して均衡点を探ろうとするのだ、と両者がせめぎ合うダイナミズムを説いた。「日本国憲法は民主主義、立憲主義、平和主義の三つの価値の実現を目指している。民主主義、つまり民意は全国民を代表する国会が独占するのだから、天皇が象徴するのは立憲主義と平和主義にならざるを得ないのではないだろうか」

石川はこんな見立ても披露した。陛下が続けられた被災者のお見舞いや福祉施設への訪問。最後は多数決で進む民主政治が取りこぼしがちな社会的弱者に寄り添われた姿は、少数派の権利や個人の自由を重んじる立憲主義に通じる。戦地慰霊の旅も平和主義がよりどころだ。「積極的・立憲的天皇論の構築」と皇位継承の安定化は令和に引き継がれた。

†自民改憲草案を棚上げ

憲法論に直結する天皇退位を巡る皇室典範特例法の制定案が浮上し、極めて難しい調整を迫られた二〇一六年秋。首相の安倍晋三は衆参両院で三分の二を超す「改憲勢力」を手にしていながら、宿願の憲法改正論議ではブレーキを踏まざるを得なくなっていた。

自民党は九月一五日、臨時国会の二六日召集を前に、衆院憲法審査会長に党憲法改正推進本部長の森英介の起用を決めた。前会長の保岡興治を入れ替わりに党の本部長に充てた。安倍や党執行部には、自転車事故で療養中の前幹事長の谷垣禎一を国会での改憲論議の要となる憲法審の会長に据える腹案もあったが、体調の回復に時間がかかる状況で断念した。

憲法審は一五年六月の「長谷部ショック」の後、実質審議はストップしていた。この一件に憲法審筆頭幹事として関わった船田元は同年秋に党の本部長を更迭され、会長の保岡の責任も問う声が尾を引いていた。「憲法族」を要所から外す形での安倍流の幹部人事の連続。改憲の推進体制を刷新し、本来ならアクセルを踏みたい前のめりの気分ものぞいた。

安倍はここから改憲を担当する幹部議員を毎年、猫の目のように入れ替えるようになる。議論が進まない苛立ちからだ。同本部事務局長の上川陽子は、現体制が機能し始めた矢先の幹部交代に「最も安定した環境の下で、腰を落ち着けて中長期的な観点から行われるべき憲法論議が、政局に翻弄されて「ツギハギ」的な議論になっていく、人が変わって議論の継続性が担保されない」と危ぶんだ（上川『かみかわ陽子　難問から、逃げない。』）。

一〇月一八日。新体制で初めての憲法改正推進本部の全体会合が始まった。新本部長の保岡は党の二〇一二年改憲草案を事実上、棚上げする「本部長方針」をこう示した。

「一二年草案は我が党の憲法論議を踏まえて発表した公式文書の一つではあるが、四回の国政選挙を経て議員の構成が大きく変わり、内外から多くの意見もいただいた。憲法審査会などに対応できるよう、現在の議員で闊達な議論をし、党の考え方を整理する必要がある。一二年草案やその一部を切り取ってそのまま国会に提案することは考えていない」

第一章で紹介したように、野党時代に党議決定し、保守色の強い「本音」が出た一二年改憲草案には、野党から撤回要求も出ていた。保岡は撤回する筋合いはないとしつつ、自民党の改憲論議の歴史を回顧して、一二年草案は〇五年新憲法草案などと並ぶ「公式文書の一つ」に過ぎない、と実質的に棚上げし、野党への歩み寄りを示そうとした。

事務局長の上川陽子も自民党史を振り返る形で「運動論として「自主憲法の制定」と言われることがあるが、立党の原点は「現行憲法の自主的改正」だ」と強調した。

一九五五年の立党時の重要文書「党の政綱」と「党の使命」に「現行憲法の自主的改正」が出てくる。上川は「これが党是であり、改憲論の根拠だ。憲法を全面的に改正し直すのではなく、国民主権、基本的人権の尊重、平和主義の三大原理を堅持しつつ、必要な部分のみを改正する現代の改憲論議の出発点をここに見いだせる」と述べ、党内でしばしば「自主憲法制定は立党以来の党是」と言われがちなのは正確ではない、と指摘した。これを党の公式見解とし、「押しつけ憲法」論からの脱却を宣言しようと試みたのだ。

野党時代に「新憲法制定推進本部」を「憲法改正推進本部」に衣替えした際も、初代本部長の保利耕輔が新憲法の制定ではなく、必要に応じて現行憲法の部分的改正を目指す趣旨を明確にするため、この名称にした、と上川は「自主憲法の制定」に一線を画した。

保岡は一〇月二六日、首相官邸に安倍を訪問。「憲法審査会で各党派が意見を持ち寄って改憲の必要性とその内容について熟議を重ね、丁寧な合意形成を図っていくべきだ」と幅広い党派間の合意形成の重要性にも触れた「本部長方針」を伝達し、了承を得た。保岡は退出すると、記者団に安倍とすり合わせてきたとして「総裁指示」をこう披露した。

「衆参両院で冷静に政局から離れて、各党が意見を述べ合い、自由闊達に議論して、改憲発議案を国民に分かりやすい形でまとめてもらうことを期待したい」

「私は政局の渦中、中心にいるから（改憲は）自民党に任せる。政局から離れた環境づくりを大事に議論が成熟し、国民からも憲法改正を理解してもらえるよう進めてほしい」

保岡はなお「憲法族」の伝統に忠実に、「中山ルール」を基礎として与野党の合意形成を重んじながら、具体的な改憲テーマの絞り込みに腰を据えて取り組む姿勢を示した。安倍も臨時国会では「いよいよ憲法改正がリアリティを帯びてきている中で、私は自民党総裁として発言することは控えた方がいいと判断した」などと改憲に踏み込んで語るのは控えるようになっていく。翌一七年五月三日の憲法記念日まで「忍」の日々が続く。

第四章
首相が改憲を提案するとき
2016~2017

天皇の退位等についての立法府の対応に関する全体会議に臨む大島理森衆院議長（中央奥右）、伊達忠一参院議長（同奥左）、菅義偉官房長官（右奥）、与野党幹部ら（2017年5月10日撮影　写真©時事）

第四章関連年表

2016年	11月17日　臨時国会で衆院憲法審査会が１年半ぶりに実質審議
2017年	１月19日　衆参両院正副議長が全政党・会派を集めた「天皇の退位等についての立法府の対応に関する全体会議」の初会合 １月23日　首相官邸の「天皇の公務の負担軽減等に関する有識者会議」が「論点整理」を集約 １月24日　安倍晋三首相が「論点整理」を衆参正副議長に伝達 ３月17日　「立法府の対応に関する全体会議」が「衆参正副議長による議論の取りまとめ」を巡って合意。衆参正副議長から安倍首相に伝達 ４月21日　官邸の有識者会議が最終報告を首相に提出 ５月３日　日本国憲法の施行70年。安倍首相が憲法９条１・２項を残して自衛隊を明記する改憲を提唱し、2020年の新憲法施行を目標に ５月16日　安倍内閣が、内閣による改憲原案の国会提出は憲法上、可能との答弁書を閣議決定 ５月19日　安倍内閣が「天皇の退位等に関する皇室典範特例法案」を衆院に提出 ６月１日　衆院憲法審査会で宍戸常寿東大教授らが首相の改憲提案は直ちに違憲ではないと表明 ６月９日　皇室典範特例法案が成立 ６月23日　安倍首相が講演で、次期臨時国会への改憲原案提出に意欲を強調 ７月２日　東京都議会選挙で「都民ファーストの会」が躍進し、自民大敗 ８月３日　第３次安倍第３回改造内閣が発足

1　憲法学から「第三の論陣」

†「放談会」と化す憲法審

二〇一六年秋の臨時国会で、前年から止まっていた衆参両院の憲法審査会がやっと再起動した。はっきりしたのは、憲法改正の捉え方も重視する論点もバラバラな各党の姿だ。「一五年五月の自由討議で大半の党派が必要性に言及したのは、環境権・知的財産権・犯罪被害者の権利など新しい人権の追加、財政規律、緊急事態条項だった。参院の合区解消、地方自治、私学助成の明記、自衛隊の認知などもよく言及される」

一一月一七日の衆院憲法審査会。自民党筆頭幹事の中谷元は改憲論議の対象項目をこう並べた。合意できるなら、どれでもよいと言わんばかり。野党の民進党筆頭幹事の武正公一は首相による衆院解散の乱用防止、憲法判断をする憲法裁判所の創設に触れた。同時に「自民党の一二年改憲草案には危惧を覚える。近代立憲主義の共通の土俵に立てるか」と前のめりの自民党をけん制した。日本維新の会は教育無償化、国・地方関係の見直し、憲法裁判所の設置の三本柱で改憲を提唱した。共産党や社民党は改憲そのものに反対した。

自民党は「どの課題を議論するかは白紙。各党派がそろう憲法審の幹事会で協議すべきだ」（中谷）と話し合いを重視する姿勢の演出に努めた。衆参両院で三分の二以上の多数を要する改憲原案の国会発議には最大野党の民進党との合意を目指す考えをにじませた。

衆院への小選挙区制導入を柱とする政治改革に関わり、一連の統治構造改革の結果を「平成デモクラシー」と見立てた東大名誉教授の佐々木毅。この当時に筆者のインタビューに答え、新時代の「憲法政治」への一歩として求めたのが、「首相の専権事項」とされる衆院解散権の憲法による統制強化だ。首相への権力集中の再調整を促す狙いだった。「自民党総裁の任期を最長で二期六年から三期九年に延長する動きは、大きな政策を長期にわたって実行するためなら理解もできる。ただ、それと首相の一方的裁量による小刻みな衆院解散・総選挙の組み合わせは最悪だろう。選挙が多い民主政が果たして良い民主政なのか。解散風が年中、吹いていて、若い政治家がしっかり育つはずもない」

佐々木は改憲論議に対し「国会議員は国民の権利や義務にあれこれ口を出す前に、まず自分らがよって立つ代表制を総点検すべきなのに、自民党改憲草案もそこががら空きだ」と平成の統治構造改革の「バージョン2.0」を優先するよう訴えた。積極的な憲法判断が可能な憲法裁判所の創設も含め、政治部門と向き合う司法部門の強化も求めた。

二院制改革では「巨額の財政赤字も踏まえると、参院は地域代表化で良いのか。長期的な視点や将来世代の利益を考える院とする選択肢もある」と提案した。上院議員（任期一五年）を四五歳に達した集団から間接選挙で選び、下院の多数派による行政を「法の支配」の観点で統制する、とした経済学者フリードリヒ・ハイエクの構想も紹介した。「憲法審査会くらい両院合同で開くべきだ。改憲問題すら衆参バラバラで議論する国会そのものが問題なのだ」と注文をつけたが、「放談会」とも揶揄された憲法審に進展はなかった。

†退位立法へ「衆参合同」

衆院と参院に分かれる国会議事堂。その象徴であるピラミッド形のとがった中央塔の真下に、常任委員長室がある。与野党党首会談など政局の重要な節目の会議で使う部屋だ。二〇一七年一月二四日。ここで天皇陛下の生前退位に向けた立法を巡り、異例の国会プロセスが始動した。首相の安倍晋三が衆院議長の大島理森、参院議長の伊達忠一ら両院正副議長四人と向き合った。退位を巡って首相官邸の有識者会議がまとめた「論点整理」を伝達し、両院の意見集約を要請するためだった。法案提出前の珍しい事前協議である。

安倍「国の基本に関わる極めて重い課題だ。論点整理は今後、各党派での議論の参考にしていただければ、ありがたい」

大島「他の政策とは違うという共通認識の下で、各党派から個別に意見を聴取し、総意形成に向けて協議していく。政府はその総意を十分尊重されることを強く望む」

安倍「立法府の総意はしっかり受け止める」

大島と伊達は自民党出身。衆院副議長の川端達夫、参院副議長の郡司彰は民進党出身だが、四人とも党籍を離脱していた。内閣を代表する首相と、国会を代表する両院議長は「三権の長」として権力分立の建前を意識し、一堂に会すること自体が少ない。しかも、皇室典範を見直して退位を認める法案を、内閣がまだ国会に提出していない段階だ。

皇室典範は皇位継承のルールなど皇室制度の基本を定める。形式的には憲法典ではなく、法律だが、国の統治の根幹に関わる「実質的意味の憲法」を構成する憲法附属法の一つと言える。その見直しは「憲法改革」ともいうべき重みを持つ。国会の議決に向けて特別な要件や手順の定めはないが、両トップは「政争の具にしてはならない」(安倍)、「静謐《せいひつ》な環境の下で、節度ある真摯な議論をする」(大島)と声をそろえた。

衆参正副議長四人はこれに先立つ一六日に会談し、天皇退位立法には両院合同で取り組み、通常国会で最終結論を出すことで合意した。一九日には与野党代表者と協議。内閣から「論点整理」の伝達を受け、四者が全党派の代表者から意見聴取して、三月上中旬をメドに取りまとめる手順を確認した。四者が調整役を演じる根拠は、首相や最高裁長官らと並ぶ皇室会議の議員であることだ。大島は記者会見で「総意形成」にこう意欲を示した。

「天皇の地位は国民の総意に基づく。その総意を見いだすことが立法府の重大な使命だ。両院正副議長による意見聴取は立法府の主体的な取り組みだ。取りまとめは全体会議で協議したい。通常国会で国権の最高機関が最終的な結論を出すべきだ」

こうなったきっかけは、官邸有識者会議の座長代理で、世論の理解を得ようと腐心する東大名誉教授の御厨貴の発言の歯切れが良すぎ、国会を刺激したことだ。例えば、一六年一二月の日本経済新聞のインタビューでも「恒久法で定める場合、退位を認める客観的な要件をどうするかが極めて難しい。今回は特例法だが、実現すればこれが先例になる。将来も柔軟に対応できる」と「先例となる特例法」の落としどころを早々と先取りした。

官邸と呼吸を合わせて特例法制定に傾く与党と、将来の全ての天皇を対象に皇室典範本体の改正による恒久法を唱えた民進党などには、深いミゾがあった。民進党幹事長の野田佳彦は「(陛下の)お気持ちを付度《そんたく》すれば、恒久的な制度として考えるべきだ」と典範改正論を繰り返していた。だが、ここでは「与党対野党」の構図より、先走った官邸と有識者会議を共通の敵と見立てる「国会対内閣」という気分が与野党を超えて醸成されていく。「我々は有識者会議の下請けではございません」と宣言し、超党派協議を主導したのは、自民党国会対策委員長の通算一四三〇日という当時の最長在任記録を保持した「国対族」大島だ。野党出身の副議長も関与させたのは、円滑な合意形成を狙った仕掛けだった。

†共産が合意へ流れ加速

衆参両院の正副議長が主導した「天皇の退位等についての立法府の対応に関する全体会議」。首相官邸の有識者会議が示した論点整理は脇に置き、各党派が退位を巡る基本的考えをぶつけ合い、憲法解釈論争も戦わせる異例のプロセスとなった。自民党も官邸や内閣法制局と綿密にすり合わせたうえで臨んだ。転換点は三月二、三日の全体会合だった。

「今上陛下がご精励されている被災地のお見舞いや慰霊の旅などの象徴としての行為は、象徴天皇としての重要なご活動だ。ご高齢で困難を感じておられることに国民が共感している現状を踏まえれば、退位について早急に対応する必要がある」

三月二日。自民党副総裁の高村正彦がこう口火を切った。被災地慰問や戦地慰霊の旅など、憲法上の国事行為ではないが、天皇陛下の公的な「象徴としての行為」を重視する姿勢を明確にした。国事行為は摂政が代行できても、これらの「象徴的行為として、大切なもの」は天皇一身にしかなしえず、高齢で困難を来せば退位するほかない――。そのような能動的な象徴天皇像を示唆された陛下の一六年八月のおことばを、重く受け止めたのだ。

民進党は強制退位を避けるため、退位は「天皇自身の意思に基づく」要件が必須だと主張したが、連立を組む自民、公明両党は天皇の国政に関する権能を否定した憲法四条違反の恐れがある、と押し返した。公明党副代表の北側一雄は「天皇の意思」論は「退位の自由があるのか、即位の自由があるのかないのか、の議論にもつながる」と危ぶんだ。「これは憲法二条に定める世襲による皇位継承という天皇制の根幹にも関わる」とクギを刺した北側。この「天皇の意思」論や、共産党が退位を認める独自の根拠として主張した「個人の尊厳という憲法の最も根本の精神」といった人権尊重論を押し進めていくと、どこかで象徴天皇制の「制度の安定」とぶつかりかねない、という危惧がのぞいた。

翌三日。民進党副代表の長浜博行は「将来の全ての天皇を対象として恒久的な皇室典範改正による退位制度を創る」と恒久法と典範改正にこだわった。だが、自民党政調会長の茂木敏充が、一般的な退位の要件は「設定が困難」だと反論した。年齢は個人差もあって一律に線を引きづらいし、職務遂行能力を持ち込めば、世襲制が揺らぐ、と説いた。

ここで特例法容認の流れを速めたのは、意外にも共産党だった。前日の高村発言を書記局長の小池晃が「注目している」と評価して見せたのだ。高村は「特例法による対応が適切と考えるが、必ずしも将来の天皇の退位を否定するものではない」と退位の「一代限り」論を棚上げしていた。皇室典範の附則として特例法とのつなぎ規定を置き、制度化をにじませる打開案も提示した。小池はこれに「今後のあり方でも先例になる」と呼応した。

皇室典範の附則とは、「この法律（皇室典範）の特例として天皇の退位について定める皇室典範特例法は、この法律と一体を成す」との規定を置き、皇室典範と退位特例法をつなぐ案だった。これなら、皇室典範を改正する形になるし、特例法と典範本体の一体性を強調する形で退位の制度化の道を残すと説明しやすいのではないか、と考えられたのだ。

孤立したのは最大野党の民進党だった。皇位継承は「国会の議決した皇室典範」で定める、と特記する憲法二条をタテに典範の本則改正論で粘った。与党は「二条は皇室典範という題名の法律によることを求めていない。「国会の議決」こそ眼目だ」（北側）と特例法でも違憲ではないと押し返す。同時に「陛下のご意思を忖度するのは反対じゃない」（高村）とおことばや退位に至る事情は特例法に書きこむ、と伝えて説得にかかった。

†表の国会審議は形だけ

「いろいろな課題を残して政府に預けてしまうと国会が下請け機関になる。特例法でまとめるのでも、こんなものは特例法で書く、というご主張がないと、私もまとめ切れない」

三月八日の全体会議。民進党幹事長の野田佳彦は「国会対内閣」の構図を改めて訴えた。「天皇の意思」に代えておことばや退位に至る事情を詳述する前提で、皇室典範特例法の容認をにおわせた。一二日の民進党大会を乗り切れば、決着に向かう流れが見えてきた。衆院議長の大島理森ら両院正副議長は、皇位継承の安定に向けた「女性宮家の創設等」も退位立法施行後に「政府は速やかに検討すべき」だと見解最終案に明記する。首相の安倍晋三の慎重論は承知のうえで、民進党の求めに応じた軟着陸への最後の一押しだった。「先例となる特例法」。天皇退位の立法を巡る超党派協議は、こんな微妙なガラス細工にたどり着いた。被災地慰問など平成流の「象徴としての務め」への国民の共感と、高齢による限界を重く受け止め、退位に道を開いた。ただ、「天皇の意思」や年齢などの要件に踏み込むと、憲法違反など様々な難問も出てくるので、恒久法にはしない。その都度、国会が判断する考え方で、象徴天皇制の安定と「人間天皇」の尊厳の両立を探った。

この頃、森友学園への国有地払下げ問題への安倍夫妻の関与を巡り、永田町は大揺れとなっていた。国会関係者は、衆参正副議長による退位立法の見解の集約も「一週間遅れていたら、どうなったか分からない」と胸をなで下ろした。原案を民進党など主要野党が了承したのは三月一六日。学園理事長の籠池泰典が安倍から一〇〇万円の寄付を受けたと「爆弾証言」し、与野党が騒然となった日だ。「静謐な環境」での決着は滑り込みだった。

与野党の調整工作に当たった衆参正副議長周辺からは「前のめりで国会を怒らせた官邸の有識者会議が隠れた功労者だ」と皮肉交じりの声が漏れた。四者が取りまとめ、安倍に伝達した見解には、有識者会議の「ゆ」の字も論点整理の「ろ」の字も出てこなかった。

安倍内閣は衆参正副議長の取りまとめを尊重した皇室典範特例法案を五月に国会に提出

し、六月九日、ほぼ全会一致に近い与野党合意で成立した。与野党歩み寄りの底流には「未来にかけて重い課題で、政争の具にしてはならない」（安倍）との共通認識があった。安全保障法制とは打って変わり、法案提出を目指す内閣が国会の見解を事前に聴取して「協働」する姿勢を見せた。国会は両院合同で幅広い合意形成に努めた。改憲の国会発議に向けて、この手法が応用できるのではないか。大島の脳裏をそんな野心もかすめた。

象徴天皇制を支える憲法一条の「国民の総意」は、退位立法を国会で議決する際の全会一致や賛否双方の視点からの論争の棚上げを意味しない。衆参両院は各党派の実質的な合意形成の場となった一〇回を超す全体会議と関連会合の議事録や資料を、事後にホームページに掲載し、情報公開に腐心した。ただ、全体会議そのものは非公開だったし、厳密にいえば正式な「国会審議」とは異なる。実際に提出された特例法案は衆院では議院運営委員会で三時間強、参院では皇室典範特例法案特別委員会で二時間半程度の実質審議をしただけ。踏み込んだ議論は控えねばならないかのように形式的な論戦にとどまった。

†ヤフーが「民間版憲法審」

一七年二月二〇日、東京・紀尾井町の旧赤坂プリンスホテル跡地の再開発で建てられたタワービル。ここは後の二一年九月に新設のデジタル庁が入居する建物だ。一七階のインターネット大手のヤフー本社内に、明るい色のフローリングの床にモダンでシンプルな机やイスが並ぶ一角があった。誰でも出入り自由でにぎわうこのオープンスペース「ロッジ」で、シンポジウム「憲法について議論しよう！」が白熱していた。

東大教授の宍戸常寿「専門家として憲法改正原案を起草しろと言われれば、私はやる気はある。ただ、その前提となるもう一段階前の議論を整理する必要がある。重要なのは、何のために改正するのか、この方向で行こう、といった議論がもっと国民の中で煮詰まってこないと」

京都大教授の曽我部真裕「日本国憲法は国際的に見て条文がかなり短い。最高裁の違憲判決も突出して少ない。理念中心の条文と憲法解釈の両面から、政治を縛る規律力が弱い。こんなガラパゴスのまま行くのか、権力を実効的に規律する方向に行くのか。その選択が問われている」

宍戸と曽我部はともに一九七四年生まれ。今後の憲法学の屋台骨を背負う、と衆目が一致していた東西の両雄だ。もう一人、パネリストとして登壇した筆者が「憲法改正は政治家のオモチャにせず、むしろ憲法学者が原案を起草するなど専門家が主導すべきだ」と挑発しても、二人は「護憲派」を装う素振りも見せず、むしろ正面から応答を試みた。

東大と京大は、憲法学でも戦前から活躍した東の美濃部達吉、西の佐々木惣一から二大学統として競い合ってきた宿命のライバル関係にある。だが、同い年の宍戸と曽我部は共編著も出すなど親交がある。「「改憲」「護憲」いずれでもない第三の論陣を張ろう」（宍戸）と現実政治の動きとも切り結ぶ意欲でも共通し、ややもすれば「日本国憲法の守護者」と捉えられがちな伝統的な憲法研究者のイメージには一線を画す佇《たたず》まいを見せた。

この手の憲法イベントは主催者が「護憲派」であれ「改憲派」であれ、客席は「白い」のも、従来の通り相場だった。会社勤めなどの現役生活に一区切りをつけた白髪の世代が詰めかけがちだからだが、この日は国会職員や官僚からジャーナリスト、大学生まで「現役感」に満ちていた。ヤフーと憲法学の新世代の面々が創り出した一つの磁場だった。

議論は平成期の政治・行政改革が変容させた統治機構の現状と評価が中心だったが、この日の「総論」だけでは終わらなかった。ヤフーがハブとなって憲法学者や政治学者らを集め、内閣、国会、裁判所など憲法と統治機構の「各論」に亘る幅広い論争を続開。ネット上でも発信し、翌一八年五月には議論の内容を冊子にまとめて主要政党にも伝達する。

政治が改憲に動く機先を制し、ネット企業が「民間版憲法審査会」よろしく専門的な論争の広場を提供しようと試みたわけだ。なぜ、ヤフーが憲法、なのか。きっかけは一六年六月に遡る。ヤフー執行役員で法務に精通し、このシンポジウムにも登壇した別所直哉が「こういう議論をやりたい」と社内で説いて回った。片手に日本経済新聞を携えていた。

別所が目にとめたのは、日経朝刊の学術的なコラム「経済教室」だ。曽我部が「上」、宍戸が「下」を寄稿した短期連載「憲法改正を考える」が掲載されていた。護憲論でも改憲論でもなく、憲法改正を巡る議論のあるべき作法や世界の潮流を冷静に説こうと試みる憲法学新世代の文字通りの「第三の論陣」に別所は膝を打ったのである。

†護憲・改憲超える新潮流

宍戸常寿はこの論考で「立憲主義」の核心を「法によって国家権力を構成し、制限する」ことだと喝破した。権力を構成するとは、選挙や国会など民主政のプロセスを規律し、枠づけるという意味だ。この民主政プロセスの質をどう高めるか。改憲まで必要なのか。それが「憲法を考える」ことだと説いた。平成期の政治改革や橋本行革は改憲を経ていないが、政権交代可能な政治や首相主導の政権運営など大変革を生んだ「憲法改革」だった。改憲論議もまず「この『憲法改革』の成果と課題の検証から出発すべきだ」と指摘した。

曽我部真裕は「憲法論議のあり方の立て直しが先決と考える」と述べた。やはり平成の統治構造改革に触れ、当時は行政改革会議や司法制度改革審議会といった有識者会議が改革案を練るなど「専門家が重要な役割を果たした」と評価した。改憲を視野に新たな改革に向かうなら「国民が憲法改正を決定するとしても、検討過程まで国民の代表である国会に独占させるべきではない」と初期から専門家の関与が不可欠だと訴えた。天賦人権説を否定する自民党改憲草案には「普遍的な原理を踏まえる」のが改憲の前提だと求めた。

憲法改正を考える際に、いきなり九条を含む基本原理や人権条項に手をつけようとすれば、国論の分断を招きかねない。国民的な熟議を担保するにも民主政のプロセスの質を向上させねばならない。それにはまず国会や選挙などの統治構造のさらなる改革に優先的に取り組むべきではないか。「平成デモクラシー」の検証から始め、憲法典だけでなく「憲法附属法」にも目配りして大きな制度改革の構想を描く必要がある。政治家だけで議論するのでは幅が狭すぎ、憲法学、政治学など統治機構の専門家も参画させるべきだ——。

第一線の研究者たちは「憲法改正」という前に「憲法政治」、すなわち「憲法を扱う政治」を巡り、こんな認識を緩やかに共有した。別所直哉は公的な規制やルールを巡る政治・行政へのロビイングに長く携わって「国の意思決定プロセスが果たしてうまく機能しているのか」と疑問を強めていた。改憲にも「九条の議論ばかりが注目されていて、憲法そのものの最も重要な機能である統治の仕組み、つまり、意思決定の仕組みについての議論が十分になされない」と危惧。だから、統治構造改革を説く「第三の論陣」に乗った。

一六年六月には珍しい共同研究書『「憲法改正」の比較政治学』も出版された。規範的な議論は得意だが、現実政治に距離を置きがちな憲法学者。理想論より動態的分析に手慣れた政治学者。両者八人ずつでコラボレーションし、欧米や韓国の改憲の動向を分析した。

特に「護憲派」が多数派と見られがちな憲法学者が主要国の憲法改正を自由闊達に論じた。その主力は四〇歳代半ばから下の世代だった。近畿大教授の田近肇はイタリアの改憲を観察した特徴を「守るべきものは守りつつ、変えるべきものは変える」だと指摘した。社会の変化に合わせて改正できることこそ、その憲法体制を守る「憲法保障」だと考える「現実的なアプローチ」は「日本の状況に比べてはるかに健全である」と看破した。

九州大教授の南野森はフランスを取り上げて「『テクストとしての憲法』にはまったく変動がないにもかかわらず『規範としての憲法』が変動する例もまた、数多く観察することができる」と説いた。同書では憲法典の条文改正なしでも「憲法変動」が起きた事例として、一九三〇年代のニューディール政策を認めた米国の司法判断も挙げられている。

共同編さん者の一人で京都大教授の待鳥聡史（政治学）は一六年一〇月に日経「経済教室」に寄せた論考で、この研究から「各国における憲法改正の内容を検討して、まず明らかなのは、改正の多くは統治機構に関するもの」だという現実を説いた。「権利章典の加除には象徴的意味しかなく、憲法改正の主たる焦点にすべきではない」との見解を示した。

†重み増す個人情報保護法制

宍戸常寿や曽我部真裕らを憲法学の新世代と呼んだのは、年齢や「護憲派vs.改憲派」の古い枠組みに囚われないから、というだけではない。二人ともインターネットやスマートフォンの爆発的な普及で格段に重みと複雑さを増した「情報法制」の専門家でもある。

もともと放送法など伝統的なマスメディア論を専門領域としていた宍戸は二〇一〇年頃から最先端のインターネット技術やサービスを知る人たちと交流を深めたことで「テクノロジーを知らずに、法律を議論してはいけない時代が来るのでは」と予感し、ネット時代の人権論の研究に精力を注ぐようになっていった（若江雅子『膨張GAFAとの闘い』）。

インターネット上にいつまでも残ってしまう知られたくない情報の削除を求める権利を認めるか否か。こんな「忘れられる権利」を巡る論争が欧州連合（EU）で先行し、日本でも最高裁まで持ち込まれて注目を浴びた。表現の自由とプライバシー。個人情報の保護。通信の秘密。これらの権利問題がビジネスに直結してくるため、鋭敏にならざるをえないネット企業の専門家たちと、憲法レベルの深い議論が不可欠だと見た宍戸や曽我部ら研究者は、日本経済新聞で「第三の論陣」を張る前からネットワークを築いてきたのだ。

宍戸らと親しく、一九七六年生まれで慶応大教授の山本龍彦が一七年二月刊行の共著

『アーキテクチャと法』（松尾陽編）に寄せた論文「個人化される環境――『超個人主義』の逆説」からもネット空間と憲法学の新潮流が読み取れた。憲法一三条は「すべて国民は、個人として尊重される」とうたい、「個人の尊重原理とそれに基づく人権の体系を憲法の根本規範と考える」（芦部信喜『憲法　第七版』）。だが、ネット空間では膨大な個人データが収集され、事業者がそこから個人の人物像を描き出す「プロファイリング」をして、好みに合う広告やニュースを届けている。

アマゾンで表示されるような「閲覧履歴に基づくおすすめ商品」くらいならこの「選択環境の個人化」は利便性の向上とも言える。半面、ドナルド・トランプが当選した一六年の米大統領選や、英国のEU離脱を巡る国民投票のプロセスで跋扈したガセネタや陰謀説へ誘導する巧妙なマイクロターゲティングとなると、そうも言っていられない。個人を支える「主体的・自律的な選択・決定」が裏から掘り崩されつつある、ともいえるからだ。

山本はこの状況を「個人的なるもの」がとことん追求されたビッグデータ社会で「超個人主義」が出現したのだ、と喝破した。個人化が極限まで行き着けば、それは近代憲法が前提としてきた個人主義の価値を転倒させかねない危うさをはらみ、「日本国憲法とも抵触する」と警鐘を鳴らした。ビッグデータの利活用やプロファイリングは個人情報保護法制で、ターゲティング広告などの選択環境の個人化は消費者保護法制でと、バラバラに扱いがちだが、山本は「まず、それらを重要な憲法問題として認識し、民主的なフォーラムにおいてその是非を議論すべき」なのだとやはり憲法レベルの掘り下げた議論を訴えた。

この頃から「GAFA（ガーファ）」という言葉がマスメディアに躍り始める。グーグル、アップル、フェイスブック、アマゾン・ドット・コムの米四社の頭文字を並べたものだ。サイバー空間を取り仕切るプラットフォーマー企業の代表格。巨大な顧客基盤を築き、ビッグデータを集積するGAFAはそれ自体を簡単にまねのできない競争優位の源泉として市場支配力を強め、米欧の競争政策当局は独占の弊害を警戒して規制策に動き始めた。

EUが個人情報の保護を強化する一般データ保護規則（GDPR）制定に動けば、中国は国家管理色を前面に打ち出しつつ「データ超大国」へと駆け上がってきた。首相の安倍晋三は一九年六月の大阪市での二〇カ国・地域（G20）首脳会議に向け、「データ・フリー・フロー・ウィズ・トラスト」（DFFT、信頼ある自由なデータ流通）構想を掲げる。この流れの中で宍戸、曽我部、山本ら情報法制に詳しい憲法学者は安倍内閣の各方面で本格化したデータ戦略や個人情報保護の取り組みに積極的に参画し、知見を提供していく。

2 「二〇二〇年」へのカレンダー

†九条残して自衛隊明記案

「私たちの世代のうちに自衛隊の存在を憲法上にしっかりと位置づけ、自衛隊が違憲かもしれない、などの議論が生まれる余地をなくすべきだ。もちろん、九条の平和主義の理念は未来に向けて、しっかりと堅持していかなければならない。そこで、九条一項、二項を残しつつ、自衛隊を明文で書き込む考え方、これは、国民的な議論に値するのだろう」

日本国憲法の施行七〇年を迎えた一七年五月三日。首相の安倍晋三は憲法改正を推進する民間団体「『二一世紀の日本と憲法』有識者懇談会」(代表＝ジャーナリストの櫻井よしこ)などが共催したフォーラムにビデオメッセージを寄せ、戦争の放棄、戦力の不保持と交戦権の否認を定めた九条は残したまま、自衛隊の存在を明記する改憲案をこう提唱した。

首相に再登板した直後の一二年に改憲手続きを定めた九六条改正を口にし、頓挫した後は具体的な改憲案に触れるのは控えてきた安倍。一六年夏の参院選で勝って衆参両院で「改憲勢力」三分の二超を手にした。だが、その後も天皇退位を巡る皇室典範特例法の制定を最優先せざるを得ず、改憲論議は半年以上も実質的に凍結された。特例法の成立にメドが立ったところで、本丸の九条改正に照準を合わせてトップダウンで仕掛けたのだ。

一二年の自民党改憲草案。九条一項の戦争放棄条項は基本的に残しつつ、二項は「前項の規定は、自衛権の発動を妨げるものではない」とがらりと書き換え、個別的・集団的を問わず自衛権の発動に憲法上の制約はないことを明確にしようとした。だが、この草案は一六年秋に党憲法改正推進本部で歴史的文書の一つとして事実上、棚上げされ、安倍もこれを追認したうえでの新提案だった。

「自衛隊の姿に対して、国民の信頼は九割を超えている。しかし、多くの憲法学者や政党の中には自衛隊を違憲とする議論が今なお存在している。自衛隊は違憲かもしれないけれども、何かあれば、命を張って守ってくれ、というのは、あまりにも無責任だ」

安倍はこう指摘し、自衛隊が合憲か違憲かという論争に終止符を打つための改憲を最優先する姿勢を示した。九条二項を残せば、集団的自衛権の限定的な行使を容認した憲法解釈の変更もそのまま持続する可能性がある。全面的な行使を認める一二年草案から見れば、重大な路線変更といえるが、幅広い理解を得ての改憲の実現を見据えた提案でもあった。

さらに安倍は「憲法において、国の未来の姿を議論する際、教育は極めて重要なテーマだ」と指摘。義務教育の無償化に加えて「高等教育についても、全ての国民に真に開かれたものとしなければばならない」と高等教育も無償化するための改憲も提案した。これはかねて改憲に前向きな日本維新の会の看板政策に配慮したものと受け止められた。

「東京五輪・パラリンピックが開催される二〇二〇年もまた、日本人共通の大きな目標となっている。新しく生まれ変わった日本が、しっかりと動き出す年、二〇二〇年を新しい憲法が施行される年にしたい、と強く願っている」

安倍は国会の発議、国民投票を経て二〇年に改正後の憲法が施行されるという目標も掲げて見せた。締めくくりに「本日は自民党総裁として、憲法改正に向けた基本的な考え方を述べた」と強調したものの、映像の背景からわかる収録場所は首相公邸。時の首相が九条を柱とする改憲の具体的な提案を、時間軸も併せて表明したのは戦後初めてだ。三日の読売新聞はさらに緊急事態条項の創設にも意欲的な見解を述べた安倍の単独インタビュー記事を掲載した。半年以上の「忍」を破った首相主導に、与野党も世論も大揺れした。

五月八日の衆院予算委員会で、民進党の長妻昭が新提案を問いただすと、安倍は「この場には首相として立っている。自民党総裁としての考え方は相当詳しく読売新聞に書いてあるから、ぜひ熟読していただいて」とかわした。「いよいよ憲法審査会で議論が佳境に入っていく時を迎えている」と憲法審での議論促進を求め、委員会は騒然となった。

九日の参院予算委。民進党代表の蓮舫が「首相には改憲の発議権も年限を区切る権限もない」と追及すると、安倍は権力のリアリズムをこう説いて改憲論議の加速を迫った。

「政治家にとって大切なことは、立派なことを言うだけではない。結果を出していかなければいけない。自民党改憲草案のままで衆参両院で三分の二の多数は得られない。政治家は時として、どれぐらいの民意を得られるか、を考えて発言する場合もある」

†公明取り込み、野党分断

憲法九条を残して「自衛隊を明文で書き加える」首相の安倍晋三の新提案。それは集団的自衛権の限定的な行使を認めた憲法解釈の変更も含めて「現状追認」が含みだった。「平和の党」を掲げ、自民党と長く連立を組む公明党。二〇〇四年の党憲法調査会の論点整理で、九条を堅持したうえ「自衛隊の存在を認める記述を置く」との加憲案を示したことがあった。安倍の新提案はこれと本質的に同じで、公明党の抱き込み策なのは明らかだった。同党の前代表の太田昭宏がこの案なら乗りやすい、と安倍に耳打ちしていたのである。自民党の一二年憲法改正草案を脇に置くこの現実路線は、長期政権の「レガシー（遺産）」として安倍がいよいよ改憲に照準を合わせ、勝負に出たもの、と受け止められた。

安倍は自民党憲法改正推進本部に年内の改憲原案策定を指示した。自公与党に改憲に前向きな日本維新の会を併せ、両院で三分の二超の「改憲勢力」を制する間に発議に持ち込みたい。この勢力が確実に持続するのは次の衆院選までだ。ならば、改憲発議までは、虎の子の三分の二を維持できるよほどの確信がない限り、衆院選を急ぐ理由は乏しかった。

一八年一月召集の通常国会に提出し、六月の会期末近辺で発議に持ち込むのが最速のシナリオと言えた。一国会だけで審議を終えるのは日程的に厳しいからこそ、現実路線が絶対条件だった。国民投票は発議から六〇〜一八〇日の間に実施する定めだ。初めての改憲論議だから、時間をかけるなら、国民投票の期日は一八年秋から年末までの間になる。

衆院の任期満了は一八年一二月一三日。それに先立つ九月には安倍が三選を狙う自民党総裁選も控えていた。安倍は地方の党員票に強い元幹事長の石破茂を警戒したが、国会議員票で負ける気はしなかった。三選が覚束ないほど党内情勢が厳しくなって「先に衆院選を断行して勝つことで、総裁選も乗り切る」などの展開にならない限り、衆院選は総裁選の後が有力視された。このように、国民投票も衆院選も一八年秋以降になりそうだ、との政治日程を巡る観測から、自民党内では両者の一八年末の同日投票論が浮き沈みしてきた。

安倍も五月一五日のBSジャパンなどのインタビューで、問題点も含めてこう言及した。「国政上の課題と憲法改正を同じタイミングで選挙をすれば混乱するのではないかという議論もある。あるいは衆院選と参院選があり、国民投票を別途やるのが合理的か、ということもある。自民党内でも与党でも、（衆参両院の）憲法審査会でも議論してほしい」

憲法九六条は国民投票と国政選挙の同日投票を容認している。自民党憲法改正推進本部長の保岡興治は「本来は別にやるのが適当だという判断があった。しかし、禁止されているわけではない。政治的判断の余地を残している」と同日投票は可能だとの認識を示した。

国の根幹に関わる改憲への賛否と、政党本位の衆院選での政権の選択は次元が異なる。選挙運動は「べからず集」とも言われる公職選挙法で厳しく規制するが、国民投票運動は戸別訪問なども原則自由で、有権者が混乱しかねない。投票所のスペースの確保、開票事務の負担など実務の壁も高いのに、同日投票論がくすぶり続けたのはなぜだろうか。

改憲の国民投票が否決されれば、発議した国会の意思の否定だから、その含意は深刻だ。安倍は改憲を実質的に主導する自らの政治責任論への発展も意識していた。そこで、政権選択を迫る衆院選との同日投票は、改憲の否決リスクを極小化しうる一手と考えられた。

民進、共産、社民、自由の四野党は、六月八日の党首会談で「安倍政権のもとでの憲法九条の改悪に反対をする」との方針で一致した。改憲の国民投票だけを実施すると、民共共闘を軸に野党がシングルイシューへの「反対」で結束しやすい。ここに政権選択選挙となる衆院選をぶつければ、衆院選でも共産党と組むか否かで民進党内の路線論争が激化し、野党共闘を分断しうる、と安倍自民党は見た。つまり、「九条加憲」が与党の連携を堅固にするためのリアリズムなら、同日投票は野党を分断するためのリアリズムと言えた。

一八年九月に総裁三選を果たし、その勢いで一二月までに改憲の国民投票と衆院選の同日投票に突き進む――安倍にとって、これが政略の限りを尽くしたシナリオと見られた。もっとも、それ自体が政権批判を強めるリスクも潜在した。一八年前半にかけて政権運営の流れが悪くなれば、自民党としては改憲の発議より衆院選での政権維持が優先になる。

†野党に「逆・長谷部ショック」

一六年秋の臨時国会でようやく再起動した衆院憲法審査会。一七年の通常国会でも、一七年度予算案が衆院を通過し、参院予算委員会の基本的質疑が終わるとおもむろに与野党間で日程協議が本格化した。三月一六日から毎週、緊急事態や地方自治、参政権を巡って自由討議や参考人質疑を手探りで進めてきた。そこへ飛び出したのが、首相の安倍晋三の九条加憲提案だった。五月一八日の憲法審では野党議員が三権分立に反する、と次のようにいきり立った。

民進党の中川正春「改憲の発議権を持つのは国会だ。首相の一連の発言は立法府のみに付与された権限を著しく侵害し、議事の混乱を引き起こす行為にほかならない。首相に厳重に抗議し、発言の撤回を求めるべく、審査会での決議を求める」

共産党の赤嶺政賢「首相は勝手に期限を区切って改憲の具体的な中身に言及し、議論の方向を指示した。憲法尊重擁護義務を負う政府の長が国会の権限に介入したものであり、三権分立に反する。到底容認できない」

自民党幹事の船田元さえ「憲法改正は専ら国会議員が互いに議論し、成案を得て国民に発議するものだ。行政の長や内閣に籍を置く者は抑制的であるべきだ」と苦言を呈した。

そして迎えた六月一日の憲法審。プライバシー保護や知る権利など「新しい人権」を巡り、淡々と進んでいた参考人質疑の場に緊張が走った。赤嶺政賢が安倍新提案に触れ「憲法を尊重し、擁護する義務を負う現職の首相が改憲を主張するなど初めてだ。どう思われるか」と東大教授の宍戸常寿、慶応大教授の小山剛、二人の憲法学者に問いただした。

宍戸「政党党首が同時に首相を務めることが想定されている議院内閣制のもとで、首相であるところの与党党首が、改憲をしかるべき場で、しかるべきやり方でおっしゃることは、一般的に憲法尊重擁護義務に反しないと考えている」

小山「宍戸氏の発言にほぼ尽きる。改憲を発議するのは国会だが、首相は国会の発議権を侵していないのであれば、侵していないわけですけれども、特に憲法上の問題はない」

宍戸は「しかるべき場とやり方」と前提をつけたが、自民党幹事の中谷元らは我が意を得たりとばかりに拍手した。「静かにしていただきたい」と苛立った赤嶺は、九条加憲案の内容への評価も求めた。宍戸は「どんな改憲提案が国会で発議されるか内容を見ないと、それがいかなる現状変更をもたらすのかもたらさないのか、現状ではいかんとも判断しかねる」と答えた。小山は「例えば自衛隊の諸活動について十分情報を提供する、あるいは議会・国民が（自衛隊を）十分コントロールできる建てつけが必要」と強調した。

野党は安倍新提案に猛反発し、五月一一日の憲法審開催を拒んだほどだ。その有力な論拠は、天皇や閣僚、国会議員、裁判官その他の公務員は「この憲法を尊重し擁護する義務を負ふ」とする憲法九九条だ。首相が改憲を訴えるのは九九条違反とする説は国会内で広く流布しており、安倍が「自民党総裁としての発言」と防戦に努めたのもそのためだ。

衆院憲法審での憲法学者の参考人招致といえば、集団的自衛権を限定容認した安全保障法制を違憲と断じた一五年の「長谷部ショック」の記憶がなお尾を引く時期である。共産党は宍戸や小山から安倍新提案も違憲だとの見解を引き出そうと試みたのだが、二匹目のドジョウはいなかった。むしろ、宍戸らは「しかるべき」場面と方法を選べば、首相が改憲を唱えることも許容しうると立論した。野党には「逆・長谷部ショック」が走った。

憲法学者が「首相の改憲提案」が憲法尊重擁護義務に反しないと声をそろえたのは、憲法自身が九六条に改正手続きを定めているからだ。時の首相が現憲法の無効を主張するなら別だが、九六条に従って改憲を唱える限り、九九条を逸脱しないという見解だった。

「政府は一貫して、憲法がその改正手続きを規定していることにかんがみても、憲法改正について検討したり、それが必要であることを主張したりすることは、現在の憲法を順守することとは別異の問題であり、問題はないとしてきている」

元内閣法制局長官の阪田雅裕の編著書『政府の憲法解釈』によれば、このように、首相や内閣が改憲を主張することも許される、との見解を歴代内閣も一貫して維持している。

首相は憲法改正について発言すべきでない、とする別の論拠は、国会による発議権の独占だ。憲法九六条に改憲は「国会が、これを発議し」とあるため、安倍発言に「立法府のみに付与された発議権の侵害」（民進党の中川正春）との批判が出た。内閣に発議権がないのは確かだが、国会に対し改憲原案の「発案」もできず、議論に一切、関与できないのか。

†内閣の改憲「発案」の是非

内閣に国会への改憲原案提出権を認めるか否かを巡っては、憲法自身に明文規定はない。「憲法改正の原案を国会に提出することについては、憲法上、内閣は、七二条の規定により、議案を国会に提出することが認められているので可能である」

安倍内閣は五月一六日に決定した答弁書で、内閣が改憲原案を国会に提出することも「可能」だと述べた。これも歴代内閣の一貫した見解だ。憲法七二条は首相の職権として「内閣を代表して議案を国会に提出」することを認めるので、法案や予算に加えて改憲原案も提出できる、と読むわけだ。なお内閣法五条は、首相が内閣を代表して「内閣提出の法律案、予算その他の議案を国会に提出」すると定めるが、改憲原案には触れていない。

憲法改正手続法（国民投票法）を〇七年に制定した際、国会法に衆院では議員一〇〇人以上、参院では五〇人以上の賛成を改憲原案提出の要件として明記した。憲法審査会の会長による提出も可能としたが、内閣からの提出については具体的な規定を置かなかった。

国民投票法案の提案者だった自民党の保岡興治は、〇六年一二月七日の衆院憲法調査特別委員会で「この法案では内閣の提出権は規定をしていないということで、内閣に提出権があるかどうかは決しているわけではない。今後、内閣が改憲案の提出を考えるなら、別途、内閣法や国会法の改正案について、国会の審議をお願いすればよいのではないか」と答弁している。歴代内閣の憲法解釈を踏まえ、内閣の提出権を必ずしも否定はしなかった。

片や当時の衆院特別委で民主党筆頭理事だった枝野幸男は自民党に一線を画した。〇七年三月二九日の審議で「現行憲法の解釈として内閣には発案権はない、原案提出権はないと思っている。少なくとも現行憲法では発案権を認めるかどうかは国会の裁量に委ねられているという前提に立たないと、この法案はおかしい。私どもは将来にわたって内閣に発案権を認めることを想定していない」と内閣の改憲原案提出権に否定的な見解を示した。

この経緯を知る国会関係者によると、特別委員長の中山太郎や、民主党の議論をけん引した仙谷由人らは「いま、決めなくてもいい」との判断で折り合った。自民党も民主党も国民投票法の早期成立に向けた協調を重視。内閣の改憲原案提出権を巡る憲法論争にそれ以上深入りするのは避け、ひとまず棚上げした。ただ、自民党は歴代内閣の憲法解釈と矛盾しないよう、内閣の提出権を否定せず、将来の立法にゆだねる答弁を残したのだ。

こう見てくると、首相に憲法尊重擁護義務があり、国会が改憲発議権を独占していても、首相や内閣・行政府が改憲論議から一切排除されねばならない、とする憲法解釈が広く共有されていたとは言い難い。安倍が首相として国会で改憲論を語るのを控えるのも、官房長官の菅義偉が記者会見で「政府が改憲原案を国会に提出することは考えていない」と強調するのも、国民投票法を含めた改憲論議の経路依存性に制約された政治判断だった。

†「国会専権」も中山裁断

実は改憲論議をけん引する自民党にもあくまで国会専権で進めるべきだと考え、内閣・行政府の関与を好まない向きがあった。その流れを創り出したのが、二〇〇〇年に発足した衆院憲法調査会の会長を務めた中山太郎だ。就任早々、衆院法制局から憲法調査会事務局の総務課長になった橘幸信（現・衆院法制局長）に「ダメだ！　何を考えてるんだ君は？」と雷を落とす場面があったという（中山太郎『実録　憲法改正国民投票への道』）。

国会の常任委員会はほぼ霞が関の各府省の縦割りに対応して設置されている。委員会の日程や議題など議事運営を協議する理事会には、各府省の官僚がオブザーバーとして常駐し、国会と内閣・行政府の円滑な意思疎通を図っている。憲法調査会が扱うテーマは森羅万象とも言え、全府省に影響が及ぶ可能性があった。思案した橋は議事運営を話し合う幹事会に内閣官房の内閣審議官クラスの常駐を考えたのだが、これが中山の逆鱗に触れた。

「これは普通の法律とは違う、憲法なんだ。憲法論議だけは、政府なんかに手を突っ込まれずに国会議員だけで、政治家として議論しなかったらどうしようもないじゃないか。君は国会職員だろう。だったら、国会職員としての矜持を持て」

「ここは改憲派であっても護憲派であっても平等に国会議員を補佐する君たち国会職員が情報を全部握って、むしろ政府に情報を少しずつ出して情報操作するくらいの気持ちでないと本当の憲法論議なんかできないんじゃないのか」

外相、総務庁長官など閣僚経験が豊富だった中山は官僚の習性はよくわかっている、と自負。「幹事会に役人を入れてしまえば、もし自分たちの省庁に都合の悪い議論が出てくれば、彼らはすぐ先回りして片っ端から議論を潰しにかかる」と警戒した。だから内閣・行政府を締め出し、発議権を持つ国会専権、究極の「政治主導」を目指したというのだ。

この中山裁断が、憲法調査会以降の国会の改憲論議の場から内閣・行政府が排除される最初の節目になった。小さな党派にも大きな党派と対等の発言時間を認める議事運営の「中山ルール」を第一章で紹介したが、この内閣・行政府排除の慣行は「第二の中山ルール」かも知れない。さらに前述の国民投票法の制定時に、内閣からの改憲原案提出を想定しなかった結果、改憲はますます「国会の専権事項」と位置づけられるようになった。

だが、現代社会は多様で複雑。国会で成立する重要な法律の大半は内閣が原案を提出する「閣法」だ。各府省は審議会などで利害関係者や有識者の幅広い意見を聴き、新政策を法案化する。この実務作業に霞が関の官僚集団の膨大な人的資源が投入される。憲法や他の法律に照らして問題がないかは、専門機関の内閣法制局が提出前に審査する。国会審議では首相や閣僚の答弁資料を連日徹夜も辞さずに「ブラック霞が関」が準備し、支える。

改憲には与党がベッタリ依存する「担当官庁」がない。内閣の憲法解釈を受け持つ内閣法制局も無論、タッチしない。行政府の積み上げ作業なしに、国会議員がいきなりパソコンを叩き、憲法をどう見直すか条文案を書こうとする「究極の議員立法」と化してきた。国会には議員でつくる憲法審査会はあるが、憲法学、政治学などアカデミズムの専門的知見や、経済社会の側からの改憲に関わる要請を採り入れるための常設の仕組みはない。実務を支えるのは、議員立法を補佐する衆参両院法制局だけ、といっても過言ではない。

橘幸信は衆院法制局の機能を「議員・政党の政策企画段階から法制面でのサポートを求められるケースが多く、ために、政策内容に係る助言や具体的な「立案」にまで及ぶ」ことが少なくないと打ち明け、閣法における各府省と内閣法制局の役割を併せ持つ、と解説する（橘「議員立法の実際」、大森政輔・鎌田薫編『立法学講義【補遺】』所収）。実務者として可能な限りの指摘はしたうえで政治家の政策的な価値判断に従う。どの党派にも中立・等距離で対応。総勢一〇〇人足らずの少数精鋭で、人的規模では霞が関に遠く及ばない。

各党は押っ取り刀で憲法学者からも意見聴取を進めたが、泥縄方式で場当たり的だった。改憲発議は最後は国会の決断だ。だが、統治機構の権力バランスを動かすような改憲案なら、内閣を排除して国会議員だけで議論して済むはずがない。九条に自衛隊の存在を明記するなら、慶大教授の小山剛が憲法審査会で説いたように、国会や内閣による厳格な文民統制なども併せて憲法に盛り込むことも重要だ。現実に自衛隊を運用する内閣や専門家の見解を詳しく聴き、受け止める作業が欠かせない。いったい、どこでそれをやるのか。

標準的な教科書の芦部信喜『憲法　第七版』によると、内閣の原案提出権には肯定説、否定説の両方がある。芦部は否定説に傾くとしたうえで「内閣は実際には議員たる資格をもつ国務大臣その他の議員を通じて原案を提出することができるので、内閣の発案権の有無を議論する実益は乏しい」とする。これは国会と内閣の現実からかけ離れた立論だ。

改憲論議に欠落する国会と内閣の「協働」の枠組み。そのモデルなら目の前にあった。天皇退位を巡る皇室典範特例法を巡る事前調整プロセスだ。内閣は有識者会議を設け、専門家から意見聴取して論点を整理。それを衆参両院の正副議長の采配の下、全党派代表者会議で議論して特例法案の骨格をすり合わせ、国会提出前に大筋合意した。前例のない試みだったが、国会も内閣も政争の具としない知恵を絞り、幅広い合意形成に腐心した。

片や改憲。国会外では冗舌な安倍も、国会内では「あれは自民党総裁としての発言だ」と踏み込むのを避け、論戦は深まらない。首相は改憲を提案してはいけないのか。国会と内閣が「協働」する余地はないのか。改憲論議はその土俵から再構築が必要とも見えた。

†「改憲より解散」へ潮目変化

政局の潮目が一変したのは六月だ。大阪府の学校法人・森友学園への国有地売却に安倍晋三夫妻が影響力を及ぼしたのではないか、などの疑惑が国会で取り上げられた。色をなして否定した安倍だが、主要紙の世論調査で、内閣支持率が一〇ポイント超も急落した。

安倍は六月二三日、神戸市で講演して「きたるべき臨時国会が終わる前に、衆参両院の憲法審査会に自民党の改正案を提出したい」と憲法改正原案の秋の臨時国会への提出に意欲を表明した。自民党憲法改正推進本部も安倍の五月三日の九条への自衛隊明記の提案を受け、副総裁の高村正彦や元幹事長の石破茂らを顧問に迎えて体制を強化。教育無償化、緊急事態条項、参院選挙区の合区解消を加えた四項目で改憲原案の検討に着手していた。

なぜこの四項目なのか、必ずしも合理的な説明はなかった。九条と教育無償化は首相の安倍が自ら提唱したから。参院で複数県の選挙区を合併させた合区を解消し、都道府県単位の選挙区を死守する案は、参院と対象県選出の議員が猛烈に要望したためだ。緊急事態条項は九条に劣らず、党内論議で根強く導入論が唱えられてきた。安倍は「統治機構の改憲だけでは、国民的な関心が盛り上がらないのではないか」と周辺に漏らしていた。

一八年の通常国会で発議し、国民投票を同年内の衆院選と同日投票とする最速の改憲カレンダーに沿った動きだ。だが、安倍自民党への逆風は急加速する。七月二日投票の東京都議会選挙では、選挙前の五七議席から二三議席へと前例のない惨敗を喫した。都知事の小池百合子が代表に就いた「都民ファーストの会」が六議席から四九議席へ大躍進した。

改憲の国民投票と衆院選の同日投票は、政権の信任と一体で改憲を問うことで、否決のリスクを極小化するのが狙いだ。安倍の高支持率と野党低迷が続き、衆院選を急がずとも、政権維持に不安がないことが前提だった。だが、支持率急落でこれらが揺らぎだした。

改憲実現を優先し、衆参両院で三分の二超の「改憲勢力」を温存するために衆院解散を封印すると、政権運営がジリ貧の流れで「追い込まれ選挙」になるリスクも出てきたのだ。政権維持を優先して臨機応変で解散・総選挙を探るなら、与党過半数は確保できても虎の子の「改憲勢力」は失うかも知れない。改憲に進むも地獄、退くも地獄の難局を迎えた。

「改憲より解散」への切り替えを求めたのは、連立を組む公明党だ。代表の山口那津男は七月三一日、ＢＳの報道番組で「安倍総裁三選後の一八年秋ぐらいとの相場観があったが、それにはこだわらない。いつあってもおかしくない」と早期の衆院選に備えて見せた。

公明党が急いだのは、小池と都民ファーストの会が国政進出の態勢を整える前の衆院選が望ましかったからだ。七月の都議選では自民党と距離を置き、小池と組んだ公明党。衆院選は別次元とはいえ、両者の板挟みになる事態は避けたかったのだ。

安倍は八月三日に内閣を改造。反安倍の言動が目立つ野田聖子をあえて総務相に、直言型の河野太郎を外相に充てるなど幅広い人材登用の演出に腐心した。同日の党役員会では、改憲論議でも取りまとめ役と頼む副総裁の高村正彦とこんなやり取りを交わした。

高村「憲法論議は今後は党に任せていただき、内閣は経済第一でやっていただきたい」

安倍「その通り。当然です」

安倍が公言してきた秋の臨時国会への改憲原案の提出。高村は記者団に「一応、目標として出せればいいな、と。絶対的なものではないが、最初からやめるということでもない」とこだわらない姿勢を示した。事実上の先送り宣言とも受け取められた。

「改憲は党に任せ、内閣は経済第一で」との党内世論にも乗り、経済最優先の原点への回帰を演出して見せた安倍。ただ、皮肉にもこの頃の景気は悪くはなかった。「改憲より経済」とは、政治的には「改憲より衆院解散・総選挙」に軸足を置きかえた、というのが含意といえた。この時、改憲カレンダーはまたも大きく修正されようとしていたのである。

第五章

「自衛隊明記」へ自民攻防

2017~2018

護憲派集会で挨拶する立憲民主党の枝野幸男代表(中央)。
左奥は共産党の志位和夫委員長(2018年5月3日撮影　写真©時事)

第五章関連年表

2017年	６月22日　民進、共産など４野党が憲法53条に基づき臨時国会の召集を要求 ７月11～20日　衆院憲法審査会の調査議員団が英国、イタリア、スウェーデンを訪問 ９月１日　民進党代表選で前原誠司氏が枝野幸男氏を破り当選 ９月28日　臨時国会が召集され、その冒頭で安倍晋三首相が衆院を解散。小池百合子東京都知事が設立した国政政党「希望の党」へ民進党が合流の方針 10月２日　希望の党から「排除」された枝野氏が代表となって「立憲民主党」を結党 10月22日　衆院選で自民、公明の連立与党が３分の２超を維持する大勝 11月１日　特別国会が召集され、第４次安倍内閣が発足
2018年	２月13日～３月20日　日本記者クラブで憲法学者による連続研究会「憲法論議の視点」 ２月21日　参院憲法審査会で自民党の参院合区解消案に他党がそろって反対 ３月22日　自民党憲法改正推進本部の全体会合で、９条、緊急事態対応など改憲４項目の「条文イメージ（たたき台素案）」の扱いを細田博之本部長に一任 ３月25日　自民党大会で改憲本部の条文イメージ案を基に「改憲原案を策定し、発議を目指す」方針を承認

1　安倍と枝野、因縁の対決

†臨時国会で冒頭解散

「少子高齢化や緊迫する北朝鮮情勢。この国難を強い指導力を発揮して乗り越えるには苦しい選挙戦になっても国民の声を聞かねばならない。これは国難突破解散だ」

二〇一七年九月二五日夕。首相の安倍晋三は記者会見で衆院解散の決断を明かして「国難突破解散」と名づけた。消費税増税の使途を教育無償化にも広げたうえ、北朝鮮情勢の緊迫に備えて信を問うと説明。この数時間前、「希望の党」結党と代表就任を電撃的にぶち上げた東京都知事の小池百合子は「大義なき解散だ」と安倍との対決姿勢を鮮明にした。

森友問題などによる内閣支持率の急落と小池旋風で、七月の都議選で自民党惨敗を喫した安倍。八月三日の内閣改造後に支持率は何とか底打ちし、九月に入ると支持率が不支持率を再び上回る世論調査も出てきた。最大野党の民進党では、新代表の前原誠司が幹事長に内定した山尾志桜里が想定外の週刊誌報道で離党を強いられ、大混乱に陥っていた。

与党で「改憲勢力」三分の二の堅持は無理でも、衆院の総定数四六五に対し、全ての常任委員長ポストを占め、委員の過半数も制する「絶対安定多数」二六一は獲得可能――こんな自民党の情勢調査の結果が安倍に伝えられた。民進党がガタつき、小池・希望の国政進出の準備が整わない今なら、何とか勝機をつかめると踏んだ宰相。九月一〇日夜、副総理・財務相の麻生太郎に二八日召集の臨時国会冒頭での解散の決断を打ち明けていた。

憲法改正原案を一七年秋の臨時国会に提出。一八年の通常国会で発議し、一八年一二月の衆院任期満了に向け総選挙と国民投票の同日実施も見据える。こう描きかけた改憲カレンダーを、安倍は自ら破り捨てた。衆参両院で手にした「三分の二」の片方を失うリスクは覚悟で「改憲より解散」を選んだのだ。

政権維持を至上命令とする安倍の権力のリアリズム。「解散は首相の専権事項だ」という常とう句に対して「大義はあるのか」と問い返す論争が従来になく広がった。小選挙区が主体になり、有権者が政権を選択する選挙だと再定義された衆院選。安倍流の制約なき解散権の行使はこの「平成デモクラシー」の土俵を揺るがしかねない、というわけだ。「そもそも憲法五三条に基づき、開くべきものである臨時国会を開いてこなかったこと自体、憲法違反の疑いが強い。冒頭解散は、解散権の乱用だとの見方もある」

前原は九月二一日の記者会見で、安倍をこう批判した。憲法五三条は、衆参どちらかの院の四分の一以上の要求があれば、内閣は臨時国会の召集を「決定しなければならない」

と義務づける。国会の召集に関して少数派の権限を認めたものだが、期限の定めはない。

一五年一〇月に野党がこの召集要求をした際は、安倍は合理的な期間内に国会を開けば許容される、と解釈して年内は臨時国会を召集せず、一六年一月の通常国会召集をもってこれに代えた。この時も野党は憲法違反だと非難した。民進、共産、自由、社民の野党四党は一七年六月二二日、内閣にまたも五三条に基づく臨時国会の召集要求をした。安倍は三か月余りたって召集には応じたが、その冒頭で審議ゼロのまま解散したわけである。

憲法学者で東大教授の石川健治は「野党は審議のために召集を要求したのに、審議一切なしで召集は解散の口実だったとなれば、実質的な召集拒否で憲法上の義務違反だ。解散は内閣に裁量権があるとしても、本来与えられているはずの目的を外れて乱用すれば、違憲論も成り立ちうる。今回の解散は少なくとも非立憲であることは明白だ」と批判した。

憲法は六九条で、衆院が内閣不信任決議案を可決するか、信任案を否決した場合の解散を定める。七条では、内閣の助言と承認に基づく天皇の国事行為の一つに解散を挙げる。戦後の解散の大半は六九条によっておらず、憲法学でも「七条によって内閣に実質的な解散決定権が存するという慣行が成立している」（芦部信喜『憲法　第七版』）が通説的見解だ。

芦部は内閣の自由な解散権といえども「解散は国民に対して内閣が信を問う制度であるから、それにふさわしい理由が存在しなければならない」とクギを刺す。具体的に①衆院で内閣の重要案件が否決された②政界再編などで内閣の性格が基本的に変わった③衆院選の争点でなかった新しい重大な課題（立法、条約締結等）に対処する④内閣が基本政策を根本的に変更した⑤衆院の任期満了が近づいた――などに限るべきだと主張している。

†安倍流権力の「過剰適応」

「戦後昭和の首相は閣議の主導権、幹部官僚の人事権、省庁再編成権など多くの国の首相が持つ権限を制約されていた。解散権まで縛られたら、円滑に政権を運営できないリスクがあった。でも今は首相への権限の集中が相当に進み、もう自由な解散権は必要ない」

自由な解散権の再考をこう説いたのは、政治学者で学習院大教授の野中尚人だ。大勝大敗が起きやすい小選挙区中心で有権者が政権を選ぶ衆院選と、橋本行革で強化された首相主導の政権運営。この二つを車の両輪とする統治構造改革後の「平成デモクラシー」にあって「衆院選で勝ち、政権をとった首相は強い指導力を振るう。ただ、権力は期間限定で、次の衆院選でまた政権選択の審判を仰ぐ。この組み合わせこそ肝要だ」と訴えた。

政治改革のモデルで、自由な解散権の「本家」英国でも戦後は任期五年が四年程度過ぎての解散が大半だ。総選挙も大抵は五、六月で、予測可能性が高い。野党も選挙前は政府の情報にアクセスを認められ、マニフェスト（政権公約）を準備する。有権者に現政権の実績を評価し、次の政権を選ぶ時間と材料を提供するための諸慣行。保守党と自由党の連立政権の下、一一年議会任期固定法で下院の三分の二以上の賛成を解散の要件としたが、欧州連合（EU）離脱の政治混乱を経て、議会では廃止法案が審議され、試行錯誤が続く。

日本も小選挙区制下で、一二年の安倍再登板までの六回の衆院選のうち、五回は任期四年が三年以上過ぎてからの解散だった。唯一、〇五年の「小泉郵政解散」は二年未満だが、時の内閣の命運を懸けた郵政民営化法案の参院での否決が理由とされた。結果がスイングしやすい小選挙区中心になり、政権交代が起きうる緊張感が増して、時の首相も「最大の権力」解散権の行使を熟慮する傾向が強まった。これが永田町の定説になりかけていた。

安倍流はこんな潮流と真逆だった。一四年一一月の解散は、野党がその前の敗北から立ち直れないうちに、と任期四年を半分の二年以上残した「小刻み解散」だった。野党が態勢を整えられない間に早期解散に打って出て、スイングを防ぐ、という発想の転換だ。権力のリアリズムを貫徹し、勝てると見れば、ためらいなく解散権を行使する。これは小選挙区制の定説に挑戦する政局イノベーションとも言えた。官邸からはこんな声が漏れた。

「米下院の任期は二年。衆院も二年くらいでどんどん民意を更新していけばいい」

「自民党内力学の操縦ではなく、民意を基盤にした政権運営をするのが安倍政治だ」

一七年の解散も前回の衆院選から二年九カ月と三年未満。野党陣営が自公連立に対抗する「政権の受け皿」の枠組みを示せないと、有権者は政権を選びようがない。「平成デモクラシー」のゲームから見れば、複数の政権の選択肢が整わないまま、政権与党が勝てるうちに、というだけのなりふり構わぬ「小刻み解散」はゲームの土俵を壊しかねない。

首相に権力が集中する半面、一定の時間軸で権力をガバナンスする政権選択選挙の機能が低下すれば、「平成デモクラシー」はバランスを失う。二度と政権交代などさせまい、と政権維持のみを目的に制約なしに解散権を行使するのは「過剰適応」ともいえた。

憲法五四条は解散から四〇日以内の衆院選実施を定める。一四年は解散から投票日までが二三日で、戦後二番目の「短期決戦」だったのも見逃せない。一七年も九月二八日の解散から投票日の一〇月二二日まで二四日。論戦を短く切り上げたい安倍の思惑がありありで、自民党も不意打ちされ、公約作りは解散後の突貫工事。何より有権者をだまし討ちにしたようなものだ。この短期決戦を現首相の岸田文雄も二一年一〇月の解散で加速する。

安倍の冒頭解散と小池新党「希望の党」の誕生。追い込まれた前原・民進党は希望への合流という捨て身の奇策に出る。小池が大同団結した野党勢力を率い、首相候補として衆院選に打って出るのか、と安倍と与党は震撼した。だが、小池は都知事の座を動かず、安全保障や憲法観でリベラル色が強いとみた民進党の枝野幸男、辻元清美、長妻昭らを希望に受け入れずに「排除」した。枝野らは生き残りを懸けて「立憲民主党」を旗揚げする。

選挙戦では希望が急失速し、判官びいきを受けた立憲が健闘する。だが、両党が小選挙区のあちこちで潰し合い、自公連立に対峙する政権の選択肢も首相候補も不在。一〇月二二日投票の結果、議席数は自民二八四、公明二九でまたも連立与党が三分の二超を維持した。立憲が五五議席で戦後最少議席の野党第一党となり、希望は五〇議席にとどまった。

†一九年発議へ仕切り直し

戦後最少の議席数ながら野党第一党に躍進した立憲民主党代表の枝野幸男。首相の安倍晋三流の集団的自衛権を前提とする九条改正には反対しつつ、憲法改正論議そのものを否定するわけではない、との立ち位置を取った。代わりに次のように改憲の優先課題に掲げたのは、俗に「首相の専権事項」と言われてきた内閣の衆院解散権の制約である。

「憲法を変えないとできないことは実は多くない。現時点で唯一、問題があるとすれば、解散権が首相の自由に任されていること。これは憲法を変えないと変えられないかもしれず、議論を進めるべきだ」

折しも早稲田大教授の長谷部恭男は一〇月四日の羽鳥書店Web連載「憲法学の虫眼鏡」で「政府・与党にとって有利な時機に総選挙を施行するという党派的利益に即した解散は禁止する」ことを提唱していた。具体的には「内閣による解散権の行使を制約する法律を国会が制定する」道を挙げたうえで、改憲の選択肢にもこう触れていた。

「やはり憲法を改正して解散権の行使を拘束すべきだという議論も、当然あり得るであろう。現憲法は、決して一字一句動かすべきではないというものではない。変える必要があるのであれば、当然、改正を論議すべきである」

長谷部は二〇一五年六月の衆院憲法審査会に参考人として招致され、集団的自衛権の行使を限定容認する安全保障関連法案を「違憲」と断じて「長谷部ショック」を起こした。法的安定性を重んじる見地などから、歴代内閣が長年、堅持してきた憲法解釈の変更に反対する論陣を張った。だが、解散権の制約に向けた改憲論議の余地は認めた形だった。

このように、改憲の論点は複雑で多岐にわたりつつあった。政党も憲法学者も「改憲に賛成か反対か」「改憲派か護憲派か」と従来型のレッテルを貼るだけでは、割り切れなくなってきた。安倍は一〇月二三日の勝利の記者会見で、衆院選で与党で改憲発議に必要な三分の二超の議席を維持したとはいえ、「与党だけでなく、野党とも幅広く合意を形成するよう努力は重ねなければならない」とコンセンサス重視の姿勢を強調して見せた。

自民、公明両党は同日の党首会談で、新たな連立政権合意を交わした。改憲については「衆参両院の憲法審査会で審議を促進することにより、改憲に向けた国民的議論を深め、合意形成に努める」と明記した。衆院の新任期は四年あるが、参院は現有の「改憲勢力」

が一九年の選挙でどうなるか分からなかった。一九年春に統一地方選挙も控えていた。参院選が地方選と重なるのは一二年に一度。自分の選挙を終えた地方議員の活動が鈍り、自民党は同じパターンとなった〇七年も一九九五年も参院選で敗北していた。

「一九年参院選は自民党が大勝した一三年組の改選。議席減は避けられない。自民党は敗北した、と言われた後に改憲発議を目指そうにも、民主的な正統性が損なわれる」

安倍は盟友の議員にこう漏らした。衆参両院で「改憲勢力」を保持できる一九年夏の参院選までの発議を目指し、改憲カレンダーを仕切り直す。同年春には統一地方選挙もある。その直後の四月三〇日に天皇陛下が退位され、五月一日に皇太子さまが新天皇に即位される。これを政治的に「静謐な環境」で迎えるのが、与野党の暗黙の共通了解だった。

となれば、参院選前の改憲発議は、一九年一月の通常国会召集後の早い時期がタイムリミットとも考えられた。自民党が一八年三月二五日の党大会に合わせ、九条への自衛隊明記など四項目の改憲条文イメージ案の取りまとめを急ぎ始めたのは、このカレンダーをにらんだからだ。一九年夏の参院選と改憲の国民投票の同日投票がベストだった。

自民党副総裁の高村正彦と党憲法改正推進本部長の保岡興治が衆院議員を引退。安倍は党内最大勢力で出身派閥・細田派の会長である細田博之に本部長を任せた。改憲論議のご意見番となお頼む高村に最高顧問、「憲法族」のベテラン保岡に特別顧問を委嘱した。

安倍は衆院選前の八月の内閣改造・党役員人事で、衆院憲法審査会長の森英介（麻生派）は続投させたが、初当選以来の盟友で元復興相の根本匠（岸田派）を事務総長に、参院細田派で重みを増す岡田直樹を事務局長に充てた。公明党との強固な信頼関係を築きつつあった事務局長の上川陽子は法相に再登板させた。またも「猫の目人事」だ。改憲四項目で条文案作りを本格化する布陣から、「憲法族」の色がさらに薄れたのは確かだった。

†国民投票法の遺恨

憲法改正を政治カレンダーに乗せるべく動き出す首相の安倍晋三。それに対峙する最大野党の立憲民主党代表に枝野幸男が登板したことは、一〇年来の歴史的な因縁と言えた。

東北大で教授だった小嶋和司のゼミで憲法を学び、弁護士を経て衆院議員になった枝野。「小嶋先生は、憲法も法律もあくまで道具だというものの考え方を身につけさせてくれた気がします。思想傾向は一番ライトなので、私とは違うんですけれどね」と「統治機構論ばかりだった」ゼミを政界進出後に振り返っている（早野透『政治家の本棚』）。

二〇〇〇年の衆院憲法調査会の創設時から当時の最大野党・民主党で委員を務め、調査会が報告書をまとめた〇五年の通常国会では会長の中山太郎を補佐する会長代理も経験した。民主党から憲法改正手続法（国民投票法）制定への機運を盛り上げた主役でもあった。

〇五年二月一七日の調査会。枝野は改憲発議に衆参両院の三分の二以上の賛成を要件とした憲法九六条を、政権交代とは関わりなく「政権がどちらの側にあったとしても共通のルールを憲法で規定する、こういう観点から合意形成を今後進めていく」前提となる合理性のある条項だと評価。政権担当意欲を持つ「共通の基盤を持てる政党間」の幅広い合意による国民投票法の早期制定を訴えた。中山が「歴史的な発言だ」とうなった演説だ。

国民投票法制定を目指した衆院憲法調査特別委員会。委員長の中山、自民党筆頭理事の保岡興治とともに枝野は民主党筆頭理事を務めた。栃木県立宇都宮高校の先輩である自民党理事の船田元と二人で与野党協議のホットライン役を担った。「中山学校」とも「憲法族」とも呼ぶべき気脈を通じた面々だ。実は超党派で法案を共同提案するつもりだったが、〇六年四月に民主党代表になった小沢一郎が与野党対決路線を打ち出し、目算が狂い出す。

自公連立の与党案と民主党案が衆院に提出された。与党が民主党案の「投票年齢の一八歳への引き下げ」をのむ腹を固め、共同修正への道筋が見えた。枝野は特別委に小委員会を設け、二つの案を表舞台で審議して論点を明確にすれば、おのずと修正合意に至るはずだ、との筋書きを描いた。安倍が首相に就任した直後の〇六年秋の臨時国会で、修正合意は実質固まっていた。だが、「憲法族」の苦心の積み上げを安倍と小沢がぶち壊す。

「今年は憲法が施行されて六〇年だ。是非、私の内閣として憲法改正を目指していきたいということは、当然、参院選でも訴えてまいりたい」

〇七年一月四日。安倍は新年の記者会見で、夏の参院選で改憲を争点化する意欲をのぞかせた。元旦に公表した年頭所感でも改憲への決意を示し、国民投票法案を「通常国会での成立を期す」と言及した。これに小沢が態度を硬化させた。安倍の挑発を受けて立ち、参院選に向け「憲法を争点にしてもかまわない」と対決姿勢を鮮明にしたのだ。国民投票法案でも安倍に花を持たせる筋合いはない、と民主党案を与党が完全に丸呑みしない限り、修正合意に応じない方針で突っ張った。枝野の面子を丸つぶれにする強硬路線だった。

それでも与党は与党案と民主党案の併合修正案を提出し、民主党の要求を実質丸のみして見せたのだが、小沢らは上げたハードルを下ろさない。党内を説得しきれず、与野党協議で当事者能力を失った枝野は筆頭理事を辞任するしかなかった。中山が特別委の議事手続きを採決へと進めると、野党は委員長席に殺到して「強行採決」を演出した。国民投票法案は参院審議を経て成立したが、「憲法族」が目指した超党派合意は荷崩れした。

〇七年七月の参院選で小沢民主党は圧勝し、安倍はほどなく退陣。〇九年の衆院選での民主党への政権交代まで政局は急展開する。ただ、枝野には、政権交代を超えた「共通の基盤」となるべき憲法問題が、安倍と小沢によって政争の具と化し、政治家としても屈辱を味わった痛恨の記憶となった。その安倍が一二年に首相に再登板。よりによって枝野が超党派合意の土台と位置づけた憲法九六条の改憲発議要件の緩和を言い出したわけだ。月刊『中央公論』一七年五月号の与野党座談会。枝野は「中山太郎衆院憲法調査特別委員長のころは、そんなふうに超党派で話し合って進めていた。ところが、政局と切り離したそういう努力を〇七年に安倍内閣がぶっ壊したから憲法は変わらない」と遺恨を忘れていなかった。安倍と枝野は一八年の通常国会冒頭から、憲法観を巡ってぶつかる。

安倍は一月二二日の施政方針演説で「国のかたち、理想の姿を語るのは憲法だ。各党が憲法の具体案を持ち寄り、憲法審査会で議論を深め、前に進めていくことを期待する」と改憲論議の促進を訴えた。すると枝野は二四日の衆院代表質問でこう異を唱えた。

「憲法の定義は、統治の根本となる基本的な原理原則に関するルールであり、近代国家では、主権者が政治権力を制限するルールを意味する。一党独裁国家でもない限り、理想の姿は、各政党が綱領や政策という形で示し、選挙等を通じて、その都度国民の声に基づいて選択し、修正をしていくものだ」

「国の理想の姿」を語るとした安倍の憲法観を真っ向から否定して見せた枝野。「主義主張の問題ではなく、定義の問題だ。定義について特異な認識を前提としては、真っ当な議論ができるはずがない」と安倍と憲法を巡る共通の土俵には立てない、と突き放した。改憲を目指す安倍にとり、最も厄介な宿縁の野党党首の登板となったのである。

†「感情」勝った英EU離脱

国民投票を政争や感情から切り離すのは至難の業――。衆院憲法審査会は二〇一七年一一月三〇日、夏に派遣した欧州調査議員団の報告書を討議した。一六年、英国で欧州連合（EU）残留を、イタリアで憲法改正を懸けた国民投票がともに否決され、時の首相が退陣に追い込まれた。英伊の経験が浮き彫りにしたのは、与野党が幅広い合意を探り、有権者に冷静な判断を訴えても、制御しきれない国民投票の「魔物」のような厄介さだった。「憲法への自衛隊の明記について言えば、「自衛隊違憲論は間違っている」という理論的な議論だけでなく、「今後、日本はどのような国になっていきたいのか」という感情面を納得させる議論にも勝てなければ、国民投票で勝つことはできない」

これはEU残留か離脱かの国民投票で敗れて退陣した前英首相のデービッド・キャメロン（保守党）の助言だった。衆院憲法審査会長の森英介ら議員団との懇談で憲法九条改正に触れ、「情と理」の両面で有権者の理解を得る難しさをこう警告した、と報告書は記す。英国民投票では、EU残留の経済的メリットなどをいかに「理論」を尽くして説明しても、移民増大のリスクなどを「感情」に訴えたEU離脱論に敗れた、という教訓からだ。

キャメロンは「安倍晋三首相のように、自衛隊を憲法に明記したい気持ちは十分に理解できる」としながらも「今のところ、世論調査でも民意は半々なのではないか」との懸念を示した。国民投票を確実に可決に導くには「人々は現状維持に傾きがちなので、現状変更したい側は早く活動を始め、過半数の賛成で安心せず、少なくとも六〇％程度の賛成者がいる状況にしておく必要がある」と五分五分の戦いは避けなくてはならないと説いた。

英国民投票で「EU残留・離脱の得失を国民に十分示せたか」との問いに大きなため息をついた前首相。「私は十分に説明したと考えている。離脱派も同じような取り組みをした。不十分だったと文句を言うつもりはない」と述べた。玉石混淆も極まったマスメディアの報道に対しては「政治家がメディアに文句を言うのは、農家が（不作を）天気のせいにするようなもの」だとたとえて見せ、権力者の立場から批判の言辞はのみこんだ。

ただ、キャメロンの首相付政務広報官を務め、EU残留キャンペーンの広報責任者だったクレイグ・オリヴァーは著書『ブレグジット秘録』で、公共放送のBBCですら両論併記の名の下に「ウソ」や「誇張」も垂れ流していた、などと強い不信感を記している。議員団の報告書によれば、ヒアリングした英国の他の政治家からも、有権者の動向を読み切れない国民投票を扱いかねるこんな発言が相次いでいた。

「国民投票が危険なのは、どんなテーマであれ国民は自らの望むことに投票する。議員や政府は状況をコントロールできない」（英日議連会長ロジャー・ゴッシフ＝労働党）

「有権者は国民投票のテーマに他の問題を関連づけて投票する。本題に焦点を当てるよう強制はできない」（上院議員フィリップ・ノートン＝保守党）

キャメロンも、国民投票が「政府への信任投票や他の政策的課題への投票にならず「投票用紙に書かれた質問文」への投票になる」ようにすべきだと力説した。英国ではＥＵへの「残留」か「離脱」かを問うたが、「残留には受動的、離脱には能動的な印象がある。迷っている人には質問文の影響も大きい」（ケンブリッジ大教授のデービッド・コープ）との指摘も出た。有権者への問い方一つが結果を左右しかねない重みを持つというのだ。

一一月三〇日の自由討議。公明党副代表の北側一雄は「国会発議のハードル以上に、国民投票で過半数を得るハードルはより高いと実感した」と吐露した。同時に「多数派だけで先行して進めていくことは、事実上それはもう不可能だ」と合意形成重視を訴えた。

北側が触れたのは、議員団で視察した北欧のスウェーデンだ。一〇年の憲法（統治法）見直しで、政府が改正案を議会に提出する前に超党派の「基本法調査委員会」で議論を深めた。与野党議員に首都ストックホルムを含む県の知事、行政府の官僚や裁判官なども加わり、四年半かけて改正案の骨格を報告書にまとめた。超党派議員と統治機構の専門家の衆知を集め、何年も時間をかけて合意を形成した。衆参両院の憲法審査会が参考人を臨時に呼ぶだけで、専門家が改憲論議に常に加わる仕組みが存在しないのとは対照的だった。

2　消えた「必要最小限度」

†「自衛隊」を書けない理由

「いまだに自衛隊について合憲だ、違憲だと神学論争がある。憲法九条への自衛隊明記でそれにはピリオドを打つ。ただし、九条一項、二項を維持するということは、集団的自衛権の限定容認が合憲か違憲かの神学論争は残る。国連平和維持活動（ＰＫＯ）の合憲、違憲の神学論争もあるが、それにもピリオドを打たない」

自民党で憲法改正の条文案作りを主導した副総裁の高村正彦は一八年一月、日本経済新聞のインタビューにこう答え、自衛隊明記の目的は「合憲化」に尽きると説いた。自衛権には触れず、集団的自衛権の限定行使を認めた憲法解釈も変えないが、そちらで「神学論争」が残ることは割り切る。首相の安倍晋三も「分かりやすい」と納得したという。

高村は二月六日のＢＳフジの報道番組では「九条三項」か「九条の二」として「（自衛のための）必要最小限度の実力組織として自衛隊を置く」とする案も例示した。だが、政府で長く憲法解釈に携わった元内閣法制局長官の阪田雅裕は安倍流の自衛隊明記案に手厳しかった。この当時に筆者のインタビューに応じると、「ありえない」と切り捨てた。「憲法の下位規範にすぎない現在の自衛隊法から「いまある自衛隊」を思い描いて、上位規範である憲法に「自衛隊」と書くことは法的にできない。「いまある自衛隊」は、法改正すれば何とでも変わるのだから、憲法に「自衛隊」の三文字を書いたからと言って、その内実を何も縛ることはできない。つまり、国会と内閣に白紙委任するに等しい」

阪田は九条三項に「自衛隊」とは書かずに、たとえば、「自衛のための必要最小限度の実力組織を保持する」などと組織や任務を記述しても「憲法規範としては致命的な欠陥がある」と断じた。なぜなら、「自衛」の文言を使った途端、その意味内容をとことん突き詰めない限り、二項が禁じる「戦力」に当たるか当たらないかはっきりしないからだ。文理上はフルスペックの集団的自衛権の行使すら許容されてしまいかねない、と指摘した。

九条三項など新条項では「自衛」の表現をうかつには使えない、というのだ。このような所以だから「戦力」には当たらず、二項と矛盾しない必要最小限度の実力組織だから合憲だ、と具体的に説明しなければならない。突き詰めれば、自衛権の行使の限界を書き込む必要があるはずだ。仮に安倍内閣の立場をとるならば、それは集団的自衛権を限定容認した武力行使の新三要件を憲法の条文にそのまま記述するのが最も厳密な対応といえた。

こんな論理に立ち、阪田は月刊『世界』一八年一月号で、新三要件を盛り込んだ九条改正試案を紹介した。まず「自衛のための必要最小限度の実力組織の保持」を明記。そのうえで「国が武力による攻撃を受けたとき」（武力攻撃事態）に加え「わが国と密接な関係にある他国に対する武力攻撃が発生し、これによりわが国の存立が脅かされる明白な危険がある場合」（存立危機事態）に必要最小限度の武力行使を認める、と記述する案だ。

これを国民投票にかけるのは、集団的自衛権を限定容認した安全保障法制そのものへの賛否を改憲の是非として問い直すに等しかった。阪田は与野党双方が嫌がるのを百も承知で「このような憲法改正の発議に対しては、立憲主義を理由とした反対がありえない」と当てこすった。この「自衛権」を巡る問題提起は、実は与野党を超えて意識されていた。

†浮上する「自衛権」明記案

二月六日の衆院予算委員会で、首相の安倍晋三はこの「自衛権」明記案にも言及した。「自衛権自体をそこ（九条）に書き込んでいく、我々が（集団的自衛権を巡る憲法）解釈を変更したところについても書き込んでいく考え方はあるだろうと思う。憲法審査会で自民党と議論してもらえばいい」

安倍は安保法制で踏み出した集団的自衛権の限定的な行使容認を前提に、「自衛権」の明記案にも理解を示し始めた。これに自民党内からも呼応する動きが出てくる。二月七日の憲法改正推進本部の全体会合。参院議員の青山繁晴が提案し、山田宏ら保守的な政治信条で安倍に近い顔ぶれが次々に支持を表明した九条三項への自衛権の明記案はこうだ。

「前二項の規定は、自衛権の発動を妨げない」

同本部は一七年一二月の「論点取りまとめ」では、九条改正で両論を併記した。一つは戦争放棄や戦力不保持、交戦権の否認を定める今の九条一項、二項は維持したうえで、自衛隊を明記する安倍提案。もう一つは九条二項の戦力不保持条項を削除し、自衛権行使の制約を取り払う一二年改憲草案だ。多数を占めたのは一、二項維持案だったが、一八年秋の総裁選に向け反安倍色を鮮明にする元幹事長の石破茂が二項削除案を強硬に主張。「皆に意見を言わせて多数決で決めるのは、自民党のやり方ではない」と粘っていた。

そこへ急浮上してきた自衛権明記案。二月七日の会合では、安倍シンパではなく、むしろ党内リベラル派といえる猪口邦子も「国民に必要な自衛権の行使を妨げない」とする試案を提示した。「我が国の存立や国民の生命、財産を守る自衛権」などと肉付けする案も出されるなど、同床異夢ながら、第三の提案として認知される展開となってきた。

自衛権明記派は、「自衛隊」明記の様々な難点を指摘した。特に保守派には、改憲の機会はそうそう訪れないとの危機感が台頭。ここでひとたび「自衛隊」の存在や名称を憲法に明記してしまうと、理想型とする「国防軍」に半永久的に衣替えできなくなりかねない、との忌避感も強まった。違憲論を払拭しようとうかつに「自衛隊の是非」を国民投票で問えば、政争の具と化して否決されるリスクさえ消しきれない、との本音ものぞいた。

併せて、一二年自民党改憲草案にこだわり、「侃々諤々の討論」を求め続ける石破との接点を探る意味合いもあった。一二年改憲草案は、九条二項を削除したうえで「前項（一項）の規定は、自衛権の発動を妨げるものではない」と青山らの案とほぼ同じ条項を追加し、これで「フルスペックの集団的自衛権」の行使に道を開く内容だった。石破も七日の全体会合で、新たな自衛権明記案に「自分の考えとそう違わない」と漏らしたほどだった。

「三つの意見に大別されている。議員の皆さん、観念ではなく文章で書かなければ、結論は出せない。一〇日以内を目安に自分の頭で考え、それぞれの条文案を出してほしい」

七日の会合。二時間を超す激論を、本部長の細田博之はこんな異例の号令で締めくくった。「自衛隊」を合憲化するとして、何をどこまでやれるのか。厄介な「自衛権」行使の限界論争を避けて通れるのか。結局、何を問う憲法改正なのか。党内論争は白熱した。

†一〇〇を超す九条改正案

憲法九条への自衛隊明記を巡り、自民党内は三つ巴となった。首相の安倍晋三の意向を踏まえて「自衛隊」明記を目指した憲法改正推進本部長の細田博之や副総裁の高村正彦ら執行部。一二年党改憲草案を尊重して九条二項を削除し、自衛隊を「戦力」と公認して自衛権の憲法上の制約も取り払うべきだと説く元幹事長の石破茂。それに自衛隊明記による現状の固定化などを嫌って「自衛権」を書き込むよう唱えた保守派の若手議員らだ。

細田の呼びかけに答え、一〇〇人を超す自民党議員が思い思いの条文案を書き、執行部に提出した。一部の官僚出身者を除けば、法律の条文など書いたことのない国会議員が「究極の議員立法」憲法改正に向け、こぞってパソコンに向かい、案を練ったのである。

事務総長の根本匠、事務局長の岡田直樹が衆院法制局の助けを得てこれらを分析し、六つの案に整理。三月二五日の党大会まであと一〇日に迫った一五日、改憲本部の全体会合に示した。安倍の意に添うべく、細田らが最有力と考えた新たな「九条の二」案はこのような文章だった。

一項　わが国の平和と独立を守り、国及び国民の安全を保つための必要最小限度の実力組織として、法律の定めるところにより、内閣の首長たる首相を最高の指揮監督者とする自衛隊を保持する（傍線は筆者）

二項　自衛隊の行動は、法律の定めるところにより、国会の承認その他の統制に服する憲法九条の下で許される自衛権行使の要件の一つとして、政府見解は「必要最小限度の実力行使」を掲げる。それと同じ表現を使うことで、現行の九条解釈との矛盾を避け、集団的自衛権の限定行使の範囲も変えるつもりはない、との目配りだった。連立を組む公明党からも「必要最小限度」は必須のキーワードだ、との考え方が水面下で伝わってきた。

だが、石破も保守派もそれぞれに不満を鳴らした。「必要最小限度」という表現に対し、自衛力整備を縛りかねない、憲法の条文になじまない、などの異論が相次いだ。自衛権の明記論も根強かった。前防衛相の稲田朋美が提出した私案を基にした「(九条)前二項の規定は、国の自衛権の行使を妨げず、そのための実力組織を保持することができる」と自衛権行使と、そのための実力組織の保持の双方を書き込む案に意外な支持が集まってきた。

実は細田らはこの日、今後の対応に一任を取りつけ、実質的に議論を決着させようと狙っていた。示し合わせた高村や細田派長老の衛藤征士郎らが「本部長一任」を促す発言まででした。だが、反主流色を鮮明にした石破が「これで一任? そんなはずはない」と九条二項削除論の矛をなお収めなかったので、無理押しせずにひと呼吸置くことにした。

党大会前に改憲条文案作りを決着させるには、二二日の次の全体会合で「本部長一任」が必須だ。細田ら執行部は二つの決断をした。まず異論が目立った「必要最小限度」の表現を取り下げる。次に根強い支持がある自衛権明記論の取り込みに動く。自衛権行使のあり方に条文で触れれば、その限界を巡る論争を再燃させるリスクは分かっていたが、ここは石破の九条二項削除論を葬ることを優先し、多数派を形成するために目をつぶったのだ。

「わが国の平和と独立を守り、国及び国民の安全を保つために必要な措置をとることを目的として、法律の定めるところにより、内閣の首長たる首相を最高の指揮監督者とする自衛隊を保持する」（傍線部は最有力案からの変更点＝筆者）

幹部協議で高村が示した九条の二第一項の「代替案一」がこれだ。「必要な措置」とは「自衛のために必要な措置」を意味するとしたが、この曖昧な表現で、現行九条で容認されるのは「わが国防衛のための必要最小限度の実力行使」だ、とする確立した政府解釈と矛盾しないことが「十分に明らか」だといえるのか。根本や岡田は集団的自衛権の限定容認という安倍内閣の憲法解釈をさらに緩めるものだと批判を受けかねない、と危惧した。

根本らは衆院法制局にも見解を求めたうえで、次のような「代替案二」も用意した。

「前条の規定は、わが国の平和と独立を守り、国及び国民の安全を保つために必要な自衛の措置をとることを妨げず、そのための実力組織として、法律の定めるところにより、内閣の首長たる首相を最高の指揮監督者とする自衛隊を保持する」（傍線部、前掲同様）

「自衛の措置」と自衛権を条文により明確に位置づけたうえ、「前条の規定は……妨げず」との表現を駆使し、確立した内閣の九条解釈との連関性、整合性への目配りを強く示そうとした。結果は一五日の稲田案に近い体裁になった。高村は「妨げず」の表現を嫌ったが、「細田本部長の決定を仰ごう」と言った。高村、根本、岡田と協議した細田は、二二日の全体会合で示す資料には一五日の最有力案と二つの代替案を載せるが、最後は「代替案二で行こう」と腹をくくった。

†石破抑え「本部長一任」

三月二二日の自民党憲法改正推進本部の全体会合。本部長の細田博之ら執行部が自衛隊明記を巡る三つの案を改めて提示した。激論で三時間に及んだ一五日に続き、この日も発言を求める挙手は途絶えなかった。元幹事長の石破茂は戦力不保持を定める現行九条二項を削除し、自衛権行使の制約を取り払う持論を繰り返した。援軍に駆けつけた石破派の面々も「二項削除がいい」(赤沢亮正)、「議論はまだ生煮えだ」(後藤田正純)と粘った。

だが、多勢に無勢だった。首相の安倍晋三の提案を受け、九条一項、二項を維持したうえで自衛隊を明記する案への支持が、一五日も二二日も大勢を占めたのは確かだった。執行部が「必要な自衛の措置」などと表現を工夫した代替案を提示したことで、自衛隊より「自衛権」の明記を求めた保守派議員らも執行部支持に流れた。執行部の読み通りだ。石破ら二項削除論の孤立は深まった。二時間四五分が経過した頃、細田がこう切り出した。「これから衆参両院の憲法審査会で議論していく。我が党が提案もしないのでは議論が長引くばかりだ。大きな問題が生じたらこの本部に持ち帰る。対応をご一任願いたい」

細田は二五日の党大会を見据えて今後の対応を自らに一任するよう求めた。拍手の中で、この手の場面では常に止めに回る名物議員が「質問に答えてないぞ」と待ったをかけた。オブザーバーとして陪席していた衆院法制局長の橘幸信にひとわたり回答させた後、同本部事務局長の岡田直樹が重ねて「何とぞご一任を」。再び拍手で本部長一任に決した。

石破らは最後まで異議を唱え続けたが、明らかに少数で、本部長一任の流れを覆すのは難しかった。自民党史上、党大会に代わる常設の党議決定機関で、全会一致を慣行とする総務会が激しく紛糾した例は何度もある。改憲条文案作りは総裁直属機関の憲法改正推進本部が主舞台で、総務会や二五日の党大会での党議決定までは想定されていなかったが、本部長一任までの全党的な議論のプロセスに特に瑕疵があったとは見られていなかった。

細田は「九条二項削除の有力意見を付記して各党に伝える」と石破をなだめた。すぐに会議室を出た石破は記者団に「何が一任されたか分からない」と毒づいて見せた。

この日、細田らは九条一項、二項を維持したうえ、「九条の二」を新設して自衛隊を明記する三つの案を提示した。首相を最高指揮監督者とし、国会の統制に服する前提で「自衛隊を保持する」と定めるのは三案とも同じ。保持する目的も「我が国の平和と独立を守り、国及び国民の安全を保つため」とする点は共通だ。自衛権の行使や組織に関する表現には三案で幅を持たせたまま、決め打ちせずに「今後の対応」に本部長一任を受けた。

細田は一任を受けた後、最も支持の多かった「必要な自衛の措置をとることを妨げず、そのための実力組織として」自衛隊を保持するとの「代替案二」を軸に、各党協議に臨む意向を記者団に表明した。自民党は一二年改憲草案でも、それに先立つ〇五年新憲法草案でも、改憲の「本丸」として九条二項削除を一貫して掲げてきた。石破が我こそは正規軍だ、とばかりに強硬に反対したことが表すように、九条二項維持は歴史的転換ともいえた。安倍と石破の根深い対立は、この年九月の総裁選で改めて決着が図られる。

執行部は戦力不保持を定めた九条二項を残すことで、「フルスペックの集団的自衛権」行使までは認めない、という確立した政府解釈は堅持すると説いた。この解釈の縛りが新九条の二にも及ぶように、両者の整合性を取れる書きぶりにしたとの立場を取った。ただ、法律には「後法が前法を破る」との考え方もあるので、「必要な自衛の措置」の限界を巡る論争は残らざるをえなかった。衆院法制局からは「必要最小限度の実力組織」か「前条の範囲内」などの表現を入れないと、両者のリンクは薄れてしまうとの危惧が漏れた。

実は改憲本部の執行部もこうした懸念の声は重々、認識していた。「ここは自民党案の褌《ふんどし》は緩くてもいい。公明党から「必要最小限度」を復活する修正要求をしてもらい、締め直せばいい」が党内調整乗り切りを優先した細田らの本音だった。政党間協議で修正するのりしろを残すためにも、ここで改憲四項目の条文素案の党議決定は見送ったのである。

案の定、公明党は改憲を巡る与党事前協議を拒んだうえ、九条改憲に進むかどうかは九月の自民党総裁選の結果を見極めないと判断できない、と時間を稼ぐ態度に転じる。野党からも「自民党案ではフルスペックの集団的自衛権が認められる可能性がある」(国民民主党代表の玉木雄一郎)との批判が出た。政党間協議が始まる機運は一向に高まらない。

†大災害時の緊急事態条項案

「きょうはあの資料を出すと、自衛隊明記の一任が混乱しかねない。やめておこう」

三月二二日の自民党憲法改正推進本部の全体会合の直前。事務総長の根本匠と事務局長の岡田直樹は紛糾する自衛隊明記を巡る論争の軟着陸に細心の注意を払っていた。あえて提示を控えたのは、七日に執行部一任を受けた緊急事態対応を巡る条文イメージ案である。

第三章で見たように、二〇一二年党改憲草案では日本への武力攻撃や大災害の際、内閣に権限を集中し、法律と同じ効力を持つ緊急政令の制定を認める規定を置いた。首相に財政支出や地方自治体の長へ必要な指示をする権限も与え、人権の制限にも踏み込んだ。

緊急事態条項は一六、一七年にかけて衆院憲法審査会の自由討議で論争があった。自民党は一一年三月の東日本大震災時の対応の不備に的を絞った。元防災相の古屋圭司は災害対策基本法や災害救助法で都道府県知事は医療関係者に業務への従事を命令でき、必要な物資の収用も命令できるのに「三・一一では現実として発令されていない」と指摘。なぜかといえば、「知事たちに聴くと、職業選択の自由や財産権などの憲法上の権利に触れる疑義があり、公共の福祉による制約も極めて限定的に解釈したからだ」と論陣を張った。

既存の法律で、知事らに緊急事態で人権制限まで踏み込む強い権限を与えていても、後から行政訴訟を受け、憲法違反と断じられるリスクを懸念して発動をためらった現実がある。だから、憲法に緊急事態条項を置き、それらの法規が合憲であることを明確にすべきだ、というのだ。これには、大震災に民主党の菅直人内閣の官房長官として対応した枝野幸男が「いろいろな法律に違憲の疑義があるだなんて意見があるのか」と猛反論した。

三・一一後に原発事故担当相を務めた細野豪志も「職業選択の自由も財産権も公共の福祉による制約が憲法上、明記されている。法律で対応可能だ。私の経験上、あえて緊急事態条項を新設して政府に巨大な権限を付与する必要性はない」と不要論を展開した。

実は一七年秋の衆院選の自民党公約では「緊急事態条項」ではなく「緊急事態対応」の議論を急ぐ、と書くにとどめていた。建設官僚出身で、衆院福島二区を選挙区とし、第二次安倍内閣で復興相も務めた根本。憲法にそんな新しい「条項」が「本当に必要なのか」と確信が持てず、あえて明記しなかったのだ。根本が中央官庁の官僚や自治体関係者に「法律のどこのどの条文が適用できなかったのか？」といくら聴いて回っても「明確に答えられた自治体関係者はいなかった」からだ（根本『憲法をプラクティカルに変える』）。

公明党も内閣への権限集中などには消極的だった。このため、改憲本部の執行部は、大地震など異常な大災害でも国会がしっかり機能するよう、衆参両院の選挙直前に大災害が起きた場合は、議員任期を特例として延ばせる条文案に絞って提案しようとした。

ただ、首相の安倍晋三と親しい元文部科学相の下村博文や古屋ら保守派の議員たちが一二年草案をベースとした内閣への集権案にこだわった。元幹事長の石破茂も「国家存亡の危機に国民の自由や権利をどう守るのか」とまたも反執行部の立場から論陣を張って譲らない。守勢に回った執行部は「漠然とではあるが、「憲法違反」の懸念が、復旧や復興の妨げになっていた」（根本）との党内世論を受け入れざるをえなくなってきた。

「緊急事態対応は現行憲法で欠けている部分だ。立憲主義の観点から好ましくない」

改憲本部長の細田博之は三月七日の同本部幹部会でこう断を下した。全体会合で一任を受け、練り上げた条文イメージ案。それは大地震など異常な大災害時に限り、国会の立法を待ついとまもない特別な事情があれば、「内閣は、法律で定めるところにより、国民の生命、身体及び財産を保護するため、政令を制定することができる」との表現になった。

一二年草案と比べると、武力攻撃や内乱への対応は姿を消し、他党の理解も得やすいと見た大災害時に限定した。人権制限に踏み込むような表現も落とした。途中まで国会の議決を経ない財政支出を内閣に認める文言が入っていたが、憲法で認められている既存の予備費で対応可能と判断して最終案では削除した。残ったのは内閣による緊急政令の制定だけ。「速やかに国会の承認を得る」ことを条件とした。その期限がいつなのか、どんな場合に緊急政令を制定できるかは「法律で定めるところにより」と別の法律に委ねられた。

†党議決定を控えた理由

三月二五日、都内のホテルで開いた自民党大会。森友学園事件を巡って財務省の公文書改ざんが発覚し、政権運営に激震が走っていた。それでも、党憲法改正推進本部が自衛隊の明記、緊急事態対応、参院の合区解消等、教育充実の改憲四項目で「条文イメージ（たたき台素案）」を取りまとめたのを受け、首相の安倍晋三は総裁演説でこう号令した。

「いよいよ、結党以来の課題である憲法改正に取り組む時が来た。九条も改正案をとりまとめていく。いまだに多くの憲法学者は自衛隊を憲法違反だと言う。自衛隊を明記し、違憲論争に終止符を打とうではないか。今を生きる政治家の、自民党の責務だ」

幹事長の二階俊博は党務報告で「この案を基に衆参両院憲法審査会で議論を深め、各党や有識者の意見も踏まえて改憲原案を策定し、発議を目指す」との方針を示し、了承された。党則によれば、党大会は党の最高機関だが、改憲四項目の「条文イメージ（たたき台素案）」を、この場で「改憲原案」として党議決定したわけではない。前日の二四日、党大会に向けて集まった都道府県連幹部を集めて、改憲本部長の細田博之が講演。同本部の名前で「憲法改正に関する議論の状況について」と題する資料を配り、その中で説明した。

執行部が推す四項目の最有力な条文案を特筆大書しつつ、自衛隊明記を巡る九条二項削除論など「その他の意見」があったことにも触れた「条文イメージ（たたき台素案）」である。「イメージ」「たたき台」「素案」と二重三重に位置づけをぼかしてあった。

それは公明党など他党との協議で柔軟に修正する余地を残し、幅広い合意形成を目指す姿勢を示すためだ。ただ、一二年草案を実質的に棚上げした代わりに、安倍の号令一下、全党的な議論を経て初めて打ち出した条文案だから、改憲のリアリティはじわりと増した。

一七年一〇月の衆院選後、体制を刷新した自民党改憲本部。「条文イメージ（たたき台素案）」までの半年近い党内論議を主導したのは「憲法族」ではない「四人組」だった。

安倍の出身母体である最大派閥・細田派を会長として預かる細田。法曹資格を持ち、集団的自衛権の限定容認を巡る憲法解釈の変更を仕切った実績から、安倍の信任が厚い副総裁の高村正彦。安倍と衆院初当選同期の「お友達」で事務総長の根本匠。そして細田派に隠然たる影響力を持つ元首相の森喜朗のお膝元、石川県選出の岡田直樹（参院）だ。

高村を除けば、過去は改憲論議に熱心でもなく、保守色が強いわけでもなかったが、四人とも安倍との距離の近さがカギ。幹事長や総務会長を歴任してまとめ役の経験豊富な細田、元建設官僚で立法実務に通じた根本ら調整力を見込まれた「新実務派」でもあった。

衆院議員を引退した前本部長の保岡興治や船田元ら、長年、改憲論の顔になってきた「憲法族」は存在感を失った。国会の憲法論議の先駆けとなった衆院憲法調査会（〇〇～〇五年）の会長を務めた元外相の中山太郎の下で、立憲民主党代表となった枝野幸男らとともに超党派の「中山学校」を自任した人脈。安倍と疎遠なため中枢から外されていった。

「憲法族」と「新実務派」は改憲論議の「作法」を巡ってもぶつかった。根本は緊急事態条項を巡り、政府の防災部局の責任者らを改憲本部の会合に招致し、現行法体系に不備があるのかどうか聴取すべきだと主張した。だが、保岡は「改憲論議は政治家がすべきものだ」と強硬に反対。同本部に官僚を陪席させない伝統を守り抜くべきだ、と訴えた。

根本「改憲の条文案は誰が書くのか。国会で審議する際の答弁資料は誰が作るのか」

保岡「条文案を起草することこそ、われわれ国会議員の重要な仕事ではないか」

自民党政調会の各部会には各府省から大勢の官僚が陪席し、資料も配って説明に及ぶのが常だ。総裁直属機関の改憲本部だけはそれをせず、衆参両院の法制局のみが陪席を許される慣行だった。やむなく根本は自らの官僚人脈を手繰って非公式な聴取を重ね、そこに衆院法制局長の橘幸信を同席させた。改憲本部の会合では、橘が議員の質問攻勢の矢面に立ち、官僚から吸収した知見を基に「間接話法」で答弁して議論を進めるしかなかった。

平成期の政治改革や司法制度改革に深く関わり、中山太郎からバトンを受けて改憲論議もけん引した保岡は一九年四月に死去。改憲論議の「政治主導」固守が遺言となった。

「現行のプロセスでは内閣が憲法改正案の提出権を奪われ、条文案作りからも排除されている。衆参の法制局の協力を得たとしても、法制局は条文を書く専門家だが、関係法令を所管する行政府ではない。関係法令の内容は、所管官庁の官僚の仕事だ。官僚を排除して、衆参の法制局と国会議員だけで文言を書くことには限界がある」

根本は二〇年の著書でこう述懐し、衆参両院の憲法審査会で改憲論議を進める際も関係法令を所管する官庁の官僚や専門家を招致し、多様な衆知を集める体制を築くべきだと訴えた。改憲論議の潮目を変えるかに見えた「新実務派」の台頭だが、長続きはしなかった。

第六章

「中山ルール」の重みと限界

2018~2019

自民党総裁選で三選を果たした安倍晋三首相（2018年9月20日撮影　写真©AFP=時事）

第六章関連年表

2018年	6月27日　自民、公明、日本維新の会など4党が、有権者の利便性向上を目指す憲法改正国民投票法改正案を衆院に共同提出 7月5日　衆院憲法審査会で、自民党提案者が国民投票法改正案の趣旨説明 9月20日　自民党総裁選で、安倍晋三首相が石破茂元幹事長を破り3選 10月2日　第4次安倍改造内閣が発足。自民党憲法改正推進本部長に下村博文氏 11月9日　下村氏が憲法審に応じない野党を「国会議員として職場放棄」と批判 11月22日　秋篠宮さまがお代替わりに伴う大嘗祭を「身の丈に合った儀式に」と発言 11月29日　衆院憲法審査会の森英介会長が職権開会で幹事の補欠選任手続き
2019年	4月18日　自民党の萩生田光一幹事長代行が「ワイルドな憲法審査を」と発言 5月1日　皇太子さまが新天皇にご即位、令和へ改元 5月9日　衆院憲法審査会が国民投票時のＣＭ規制を巡り、日本民間放送連盟から参考人として意見聴取。約600日ぶりの実質審議 7月21日　参院選で自民、公明の与党は過半数を維持したが、「改憲勢力」3分の2は失う 9月11日　第4次安倍第2回改造内閣が発足。衆院憲法審査会長に佐藤勉氏、自民党憲法改正推進本部長に細田博之氏 9月19～29日　衆院憲法審査会の調査議員団がドイツ、ウクライナ、リトアニア、エストニアを訪問 10月22日　天皇陛下が即位を内外に宣明される「即位礼正殿の儀」 11月14～15日　大嘗祭の中心的儀式「大嘗宮の儀」 11月22日　経済同友会が参院への「独立財政機関」の創設を提言

1　憲法審査会の「開かずの扉」

†公明から国民投票法改正案

自民党が自衛隊の明記、緊急事態対応、参院の合区解消等、教育充実の四項目で憲法改正の「条文イメージ（たたき台素案）」をまとめた直後の二〇一八年三月二八日。連立与党の衆院憲法審査会幹事たちが初めて協議した。自民党筆頭幹事の中谷元らが改憲四項目を憲法審で早く提示したい、と前のめりになるのを、公明党副代表の北側一雄が「今国会で成果を出すのは難しい。まずは国民投票法改正の議論をするのはどうか」と押し返した。

一六年に与野党を超えて実質的な全会一致で成立した改正公職選挙法。国政選挙や地方選挙で、選挙管理委員会から指定される自宅近くの投票所に加え、駅やショッピングセンターに幅広く利用できる共通投票所を設置する。遠洋航海中の「洋上投票」の対象を船員だけでなく実習生にも広げる。投票所に一緒に入場できる子供の範囲を「幼児」から「一八歳未満」に拡大する、などいずれも「有権者フレンドリー」な改革を実現した。公明党は改憲の国民投票でもこれを適用すべきだとして、改憲の具体論に先立って対応を求めた。

公明党・創価学会は、首相の安倍晋三が九条を改正して自衛隊を明記するなどの改憲に不退転でまい進するなら、安全保障法制後の自衛権行使の限界などを巡る憲法解釈は変えない前提で、最後の最後は「つき合わざるを得なくなる」と覚悟を迫られていた。ただ、連立政権の枠組みで推進する課題ではない、と与党事前協議は拒んだ。安倍が三選を目指す一八年九月の自民党総裁選の結果も見極める必要がある、と時間を稼ごうとしていた。

といって総裁選に先立つ一八年の通常国会で、衆院憲法審査会をサボタージュはできない。そこで、改憲論議を急ぐ自民党を「その前にやるべきことがある」とけん制したのが国民投票法改正の提案だ。有権者が投票しやすいよう利便性を高める内容であり、公選法改正に賛成した野党にも反対する理由はない、と見込んだ。超党派で憲法審を円滑に動かし、幅広い合意を形成していく第一歩とも踏んだ。一石二鳥を狙った変化球だった。

自公両党は五月一七日の憲法審幹事会で国民投票法改正案を正式に提示し、各党に意見集約を要請した。これに対し、立憲など主要野党は追加的な要求を打ち返した。

現行法は改憲案に賛成や反対の投票をするよう、またはしないよう勧誘するテレビやラジオのCM放送を国民投票の一四日前から禁止するが、その前の期間には制約がない。改憲について見解を述べる意見広告型のCMは期間を問わず、明確に禁じる条文がない。

同法の制定時には日本民間放送連盟（民放連）の自主規制に委ねることにした。だが、資金力の多寡などでCM量が賛否どちらかに偏らないよう、専門家の間でも総量規制論や国民運動費用の上限規制論が根強かった。立憲など主要野党はこの自主規制の議論がその後に具体化していないことを危惧。五月二四日の幹事懇で新たな法規制の検討を求めた。

与野党は歩み寄り、三一日の幹事懇で合意文書を起草した。立憲などが求めたテレビCM規制、改憲以外のテーマを問う一般的国民投票、一定以上の投票率を国民投票成立の条件とする最低投票率の導入の三項目について「各党各会派からの提案を受け次第、直ちに、真摯に検討するとともに、憲法審査会においても議論に供し、結論を得る」との内容だ。

共産、社民両党は反対を崩さなかったが、自民、公明、立憲、国民、衆院会派「無所属の会」、日本維新の会、自由、希望の八党派で国民投票法改正案の共同提出に向けて調整が進むかに見えた。待ったをかけたのは立憲国会対策委員長の辻元清美だった。

†「手を切り落とされても」

「たとえ、手を切り落とされてもハンコは押しません」

立憲民主党国会対策委員長の辻元清美は、国民投票法改正案の共同提出の手続きに必要な書類を目の前にしてこう言い放った。衆院憲法審査会の自民党筆頭幹事である中谷元から、立憲筆頭幹事の山花郁夫に届けられたものだ。議員立法の提案に名を連ねるには所属会派の承認を得るのが国会の先例で、国対委員長が責任者として印鑑を押すならわしだった。憲法審での与野党の歩み寄りの機運を、迷わず覆したのだ（辻元『国対委員長』）。

辻元は一九九六年に社民党から衆院初当選。民主党政権で国土交通副大臣、首相補佐官を経験した後、同党に入党した。二〇〇〇年の衆院憲法調査会から国会の憲法論議の場に参画してきた「憲法族」だ。自民党の船田元、立憲代表の枝野幸男らと並んで公式の発言回数では上位五人に入ると自負。一七年の衆院選の際に立憲の結党に加わり、同年一〇月から国対委員長に就いた。「毎週、土日の週末あたりになると、翌週の憲法審査会が押し切られないか気がかりで憂鬱になりました」と後に振り返るほど、憲法審を重視していた。「憲法は国民を守るものであり、総理大臣や国会議員など権力者を縛るもの」だと立憲主義を理解する辻元。九六条改正案や自衛隊明記案などを次々に繰り出す首相の安倍晋三を改憲をなし遂げたという「名前を残したいだけ」では、と疑い、「立憲主義を破壊する可能性がある、と危機感を強くしていた」という。自民党が自衛隊明記など改憲四項目の条文イメージ案をまとめ、各党にも憲法審に改憲案を示すよう促す姿勢をこう一蹴した。

「憲法改正のプロセスは各党の改憲案を出し合ってその中から選んで改憲しましょう、というやり方は取りません。それは憲法調査会以来長く会長を務められた自民党の中山太郎会長が決めた憲法論議の原則です。「どこの党の案か」で色がついてしまいます」

辻元は森友学園事件を巡る財務省の決裁文書改ざんを巡り、副総理・財務相の麻生太郎の責任を厳しく問うなど、与野党対決の最前線に立っていた。六月六日、記者団に「麻生氏ら政治家が誰も責任を取らない状況で憲法の話を進めるわけにはいかない」と述べた。

憲法審査会は規程により会長に議事整理の職権があるが、幹事会で与野党が話し合い、コンセンサスで運営するのが通例だ。前身の衆院憲法調査会から、会長の中山太郎の下で、他の委員会以上に合意形成を重視してきた。第一章で紹介したように、与党は「度量」を見せ、少数党派にも大きな党派と対等の発言の時間を保証する。これに対して野党も「良識」を発揮し、政局に絡めた審議拒否などは自制して憲法論議を粛々と進める。この「中山ルール」と呼ばれたバーターは、憲法審に衣替えした後も引き継がれてきた。

国会で対決色が強まり、他の委員会などが荒れ模様となっても、憲法審はいわゆる国会対策とは一線を画し、野党も粛々と審議に応じるのが伝統のはずだった。だが、危機感に駆られた辻元は「コクタイ（国対）」と絡めて徹底抗戦することも辞さなくなっていた。

六月中旬以降、立憲の山花郁夫は衆院憲法審の幹事懇に出席しなくなった。憲法審の現場では与党から一度は合意したはずだ、と責められる。立憲執行部に戻ると枝野・辻元ラインが強硬路線で妥協を許さない。板挟みで体調を崩して一時は入院を余儀なくされた。

六月二七日昼すぎ、幹事懇に集まった自民党の中谷元、公明党の北側一雄らは腹をくくった。山花がこの日も姿を現さなかったからだ。自公は日本維新の会、希望の党と国民投票法改正案を共同提出した。衆院憲法審査会長の森英介は二八日の開会を職権で決定した。

なぜここで動いたのか。七月二二日までと決まった通常国会の延長会期から、国民投票法改正案を成立させる日程を逆算したためだ。憲法審の定例開催日は衆参ともに週一日ずつしかない。野党は同改正案を審議するなら、内閣提出法案並みに趣旨説明と質疑を別の日に分けるよう求めていた。「衆二日、参二日」の審議日程を確実に担保し、延長会期末までに成立させるには、二八日には審議入りさせなければ間に合わない、と与党は考えた。

†「職権開会」巡り緊迫

「明二八日次のとおり開会する。　▲憲法審査会　午後一時三〇分　第一八委員室」

その日に開かれた本会議や委員会の審議経過、翌日の日程などを知らせるため、夕刻以降に全議員に届く衆院公報。六月二七日付の公報は、このように木曜日を週一回の定例日とする憲法審査会の二八日開会を掲載した。幹事懇談会で与野党の日程協議が整わないまま、会長の森英介が規程に基づく職権で開会を決めた。異例の展開に国会は緊迫した。

自民党筆頭幹事の中谷元と、国民投票法改正案の性急な審議入りに反対する立憲民主党代表の枝野幸男は二七日、マスメディアを通じて、このように非難合戦を繰り広げた。

中谷「立憲など野党も国民投票法改正案の内容は合意できるのに、政局的な理由で阻止しようとしている。今までのよき慣例を破壊するような行為だ。憲法審の積み上げを壊すことで、非常に理不尽だ」

枝野「衆院全体が不正常な状態なのに、憲法審だけが正常に動くことはあり得ない。勝手に進めるのは、長年の信頼関係を破壊する行為だ。強引に審議を進めるなら、森会長の責任を問わざるを得ない」

とうとう「良き慣例」「信頼関係」を相手こそが壊していると罵《のの》り合う事態に陥った。森が二八日に異例の「職権開会」で審議入りに踏み切っていたら、立憲など主要野党はこれも憲法審で初めての「審議拒否」をせざるを得なかったかもしれない。だが、実は森が職権開会を強硬に決めて見せたのは演出だった。野党の審議引き延ばし戦術だ、と怒る根本匠、柴山昌彦ら首相の安倍晋三に近い自民党幹事を「ガス抜き」するためだった。

森は国会対策委員長の森山裕と協議し、開会見送りを確認。翌二八日午前、森山が辻元と会談し、憲法審の「流会」で折り合った。「半日いないと動きが分からなくなる」と言われるほど、与野党が目まぐるしく駆け引きを繰り広げる国会だが、当日ドタキャンは異例。憲法審のホームページは午後一時三〇分を過ぎても「開会予定」を表示していた。

互いに得失が微妙な場面だった。与党が開会を強行し、立憲など主要野党が欠席していたら、憲法審の議事を「数の力」で押し切ったと批判を浴びた可能性が高い。半面、野党欠席でも憲法審の審議を進めたという「前例」も生まれていた。ひとたび前例を創れば、それが既成事実化しかねず、野党の審議拒否戦術は通用しづらくなったかもしれない。

　二八日の開会見送りは、与党が国民投票法改正案の今国会成立を断念したことも意味した。次の定例日の七月五日。衆院憲法審は一転、与野党合意で開会し、自民党憲法改正推進本部長の細田博之が同案の趣旨説明をした。実質審議と採決は次の国会以降に持ち越す前提で、与野党が歩み寄った。「職権開会」と「審議拒否」の応酬はひとまず遠のいた。

　立憲の枝野や辻元は長年、憲法論議に参画してなお「中山学校」の「優等生」を自任したが、保岡興治や船田元ら自民党のカウンターパートは党内主導権を失い、与野党を結ぶ古くからのパイプは途絶した。与野党の構図は、憲法審を急ぎたい自民党の現場と、阻止したい辻元の間に森山が割って入る三つ巴になっていた。森山は憲法審を止めたい辻元の主張には耳を傾け、それを「貸し」にして安倍内閣の重要法案の円滑な審議・成立に協力を求めるバーターを試みていたのだ。憲法審は国対政治の駆け引き材料と化していた。

「与党の度量、野党の良識」という憲法審の「中山ルール」は崩壊の瀬戸際に立っていた。改憲発議の可能性がなかった時代に、護憲の党派も土俵に乗せて憲法論議を始めるための「紳士協定」だった。改憲原案の審査・議決権限を備えた衆参の憲法審査会が始動し、安倍再登板で現実味が出てきた。辻元が「土俵に乗って議論したら最後、これだけ議論したのだから採決しましょう、と言ってくるに違いない」と警戒し、前段の国民投票法改正案の成立さえ止めたのも、改憲を巡る国会の緊張感が段違いにリアルになったからだ。

こうなると、改憲原案を具体的にどう取り扱うのかを想定していない「中山ルール」だけでは、憲法審を国対政治と切り離して全会一致重視で運営するのは難しくなってきた。結局、この国会で憲法審は一度も実質審議をしないまま「開かずの扉」と化した。国民投票法改正案が超党派合意の呼び水となるどころか、改憲発議は逃げ水のように遠のいた。

†総裁三選で「ギアチェンジ」

「先の総裁選で次の国会に憲法改正案を提出できるよう、自民党を挙げて取り組むべきであると申し上げ、勝利を得た。具体的な条文をしっかり示さなければ、公明党との議論も国民の理解も深まらない。第一党の自民党がリーダーシップをとって、次の国会での改憲案提出を目指していくべきだ」

首相の安倍晋三は一〇月二日、内閣改造・党役員人事後の記者会見で、秋の臨時国会への改憲原案の「提出」に繰り返し言及した。九月二〇日の総裁選では、九条二項削除案にこだわり、安倍の自衛隊明記案を批判した元幹事長の石破茂を大差で破って三選した。

石破との論争は決着させたが、側近議員には「改憲はとにかく具体的な条文案をどんどん出していかない限り、議論が前に進まないだろう」と苛立ちを漏らした安倍。三月に自衛隊明記など改憲四項目の条文案を自民党で取りまとめた。それなのに、七月までの通常国会では、衆院憲法審査会で条文案を「提示」や「説明」する機会すら創れなかった。中谷元ら憲法審の自民党幹事が現場で野党に融和的すぎるからではないか、と疑っていた。

二〇一九年夏の参院選までに改憲の国会発議を目指すには、急がねばならなかった。ただ、自民党としての改憲原案の国会「提出」となれば、まず党議決定手続きというハードルを越す必要がある。危ぶんだ党憲法改正推進本部最高顧問の高村正彦は一〇月三日に安倍と会い、この「提出」の意味合いを「臨時国会の衆院憲法審査会で四項目の条文イメージ（たたき台素案）を「説明」するということでいいか」と確認した。ひとまず「説明」を目指すことで安倍も了承したが、その焦燥感は党人事の刷新にはっきりと表れた。

安倍は党憲法改正推進本部長に保守派議員の最側近とも言える元文部科学相の下村博文（細田派）を据えて「作業を加速して欲しい」と指示した。衆院憲法審査会の自民党筆頭幹事には、第二次安倍内閣で総務相を務め、やはり保守的な政治信条で自らに近い新藤義孝（竹下派）を内定。下村にも幹事の兼任を命じた。党内論議も国会審議も安倍直轄で動かしやすい態勢を整えたのである。新・改憲本部はさっそく「ギアチェンジ」（下村）を掲げ、一八日の幹部会で四項目の「説明」を急ぐ方針を決めたが、そう簡単ではなかった。

安倍は四項目に精通する前本部長の細田博之を衆院政治倫理審査会長に、事務総長の根本匠を厚生労働相に転出させてしまった。公明党副代表の北側一雄とパイプが太い高村も衆院議員は既に引退。第五章で詳述したように「必要最小限度」の表現が消えた自衛隊明記案の裏の裏まで熟知し、国会の最前線となる衆院憲法審査会で過不足なく「説明」し、連立与党の公明党との腹を割った折衝を担える衆院幹部が一人もいなくなったのである。

前国会で衆院憲法審筆頭幹事の中谷元ら自民党勢は現場で強硬策もちらつかせ、ギリギリの駆け引きを続けた。立憲幹事の山花郁夫を窓口に「貸し」を積み上げ、次の臨時国会への地ならしに努めてきたのだ。だが、安倍がここで中谷を新藤に代えたため、人間関係上の貸し借りが雲散霧消してしまった。現場軽視の「猫の目人事」の副作用は大となる。

「職場放棄」発言で紛糾

一〇月一四日。元首相の小泉純一郎はBS朝日の番組でこう警鐘を鳴らした。

「憲法改正なんか来年にできるわけない。野党第一党と協力して「まあこの辺でいいだろう」という話にしなきゃいけない。自民党だけでは絶対できない。できないことをやろうとしている」

臨時国会に入ると、立憲民主党は衆院憲法審査会の日程協議を渋る。いら立った自民党憲法改正推進本部長の下村博文は一一月九日、CS番組の収録で野党を「憲法改正についてどう思っているのか率直に議論しよう、ということさえしなかったら、国会議員として職場放棄じゃないか」と露骨に非難してみせた。これに立憲など主要野党が猛反発。下村は責任を取って憲法審の幹事を辞退し、風当たりの強さに委員も辞任に追い込まれた。

その後も衆院憲法審は開けず、新藤義孝ら新幹事の補欠選任手続きすらできない。会期末まで一〇日余となった一一月二九日。会長の森英介は立憲などの反発と欠席をよそに、禁じ手だった会長職権での開会に踏み切る。実質審議はせず、新幹事の補欠選任だけを終えた。この手続きにすら応じないのは、それこそ議会人の職場放棄だと考えたからだ。

会期末の一二月一〇日。憲法審は一転、円満に開会し、閉会中審査手続きをした。与党が国民投票の際のテレビCM規制を巡り、日本民間放送連盟から幹事懇談会で意見聴取することに同意した。立憲など主要野党も職権開会の定着を嫌ってひとまず正常化に応じた。「円満かつ建設的な議論をするという積み重ねが完全に破壊された。少数会派にしっかり耳を傾ける本来のやり方を取り戻すことが憲法論議の大前提だ」

翌一九年一月六日、立憲代表の枝野幸男はNHKテレビの番組でこう言い放った。だが、少数党派への「与党の度量」は、政局や国会対策と切り離す「野党の良識」とセットのはずだった。「平成のうちに」改憲発議が遠のいたのは確かだが、「中山ルール」の伝統も崩れた。これで衆院憲法審は一七年一一月を最後に一年以上、実質討議なし。一八年の一年間で審議らしい審議と言えば、通常国会で国民投票法改正案の趣旨説明をした三分間だけとなってしまった。令和に向かう改憲論議から、確かな羅針盤は失われていた。

2 「改憲勢力」一ミリも進めず

†参院選で「三分の二」割れ

二〇一九年一月召集の通常国会でも、衆院憲法審査会はなかなか動かなかった。憲法審が稼働し始めた一二年や、首相の安倍晋三が再登板した直後の一三年には、国会の「花形」とされる衆院予算委員会での次年度予算審議と並行し、二月から早々と討議を始めた。憲法審には首相や閣僚、政府関係者は呼ばず、議員間で討議するので、開こうと思えば、いつでも開けるはずだ。

だが、一四年以降は三月後半に予算が成立するまで開かないのが基本になっていた。一八年に至っては初めて開会したのが五月一七日と大型連休後。一九年も与野党の日程協議が停滞していた四月一八日。安倍側近で自民党幹事長代行の萩生田光一がインターネット番組でこう発言し、会長の職権による憲法審の「強行開会」の可能性をちらつかせた。

「(天皇陛下の)譲位が終わって新しい(令和の)時代になったら、ワイルドな憲法審査を自民党は進めていかないといけない」

職権開会は規程上は可能だが、立憲などは猛反発。萩生田は翌一九日に発言を訂正、陳謝した。夏の参院選を控え、与党に憲法審を多数で押し切る覚悟はなかった。

四月二五日、衆院憲法審はやっと与野党合意に達してこの国会で初めて開会。国民投票の際のテレビCM規制に関し、日本民間放送連盟から参考人として意見を聴取することを決議した。実現したのは五月九日だ。一七年一一月を最後に実質審議をせずに「約六〇〇連休」(日本維新の会幹事長の馬場伸幸)とまで言われた開店休業状態に一区切りをつけた。

民放連はこの参考人聴取で改めてCM量の自主規制に難色を示した。そのうえで投票一四日前からは意見広告のCMも放送しないよう「会員各社に推奨する」との方針を示した。一九年にインターネット広告費が地上波テレビの広告費を抜くだろう、との予測も示し、現行の国民投票法にネット広告を規制する規定がないことへの懸念も併せて示した。

これには与党議員からも「テレビ、ラジオとネットのCMのバランスは時代環境の中で考えていかねばならない」(公明党の遠山清彦)とネット広告規制も重視する声が出た。

ここで憲法審を止める新たなカードをこう切ったのは、立憲民主党代表の枝野幸男だ。「〇六年の民放連代表の参考人答弁は、我々としては、テレビCMの量的なバランスをとる自主規制がなされるものだという前提で受け止めた。それは間違いだとなると、前提が違うので現行法は欠陥法にならざるを得ない。現行法のまま国民投票は施行できない」

現行の国民投票法制定に深く関わった立場から、国民投票運動をできる限り自由にするために量的規制の法制化は控えたが、それは民放連による自主規制と一体だった、と主張した枝野。前提が違うなら、「もう一度当時に戻って議論をし直さなければならない」として、自らと当時の自民党の交渉責任者だった船田元の参考人招致を求めたのである。

参院選を目前に強行策に出られない自民党は「枝野氏の一存で採決の判断が下りない」（憲法審筆頭幹事の新藤義孝）、「枝野氏が『自分を参考人招致しなければだめだ』ということで憲法審が開かれない」（憲法改正推進本部長の下村博文）と枝野を集中攻撃し始めた。

安倍は参院選で改憲を争点化し、勝ち切ることで打開するしかないと判断した。国会が閉会した翌六月二七日の記者会見で、参院選を「憲法の議論すらしない政党を選ぶのか、議論を進めていく政党や候補者を選ぶのかを決めていただく選挙だ」と位置づけ、自衛隊明記など具体的な項目ではなく改憲論議自体の是非を問うかのような姿勢を打ち出した。

一六年七月の参院選の結果、自公維三党などの「改憲勢力」で衆参両院の三分の二を制してからほぼ三年。安倍はまず緊急課題に浮上した天皇退位立法にメドをつけたうえで、九条への自衛隊明記を提案し、自民党で改憲四項目の条文イメージ素案の取りまとめにこぎつけた。だが、一九年七月の参院選まで、国会の改憲論議は結局、何も進まなかった。

「私が国対委員長の二年間、安倍総理の改憲への野望は一ミリも進みませんでした。（中略）安倍総理の手による憲法改正は、事実上不可能な状態に追い込めた」

立憲国会対策委員長の辻元清美はこう「戦果」を誇って見せた（辻元『国対委員長』）。憲法論議に詳しい国会関係者は、安倍に衆参の三分の二以上の「改憲勢力」があったがゆえに主要野党が対決色を強め、憲法審を停滞させたのかも知れない、とこう振り返った。

「改憲勢力が両院で三分の二を持ってしまったため、反対する党派が数の力で押し切られるのを警戒して議論の土俵に上がりづらくなった。逆説的だが、今夏の参院選で三分の二が消える方が落ち着いて幅広い合意形成を進めやすいかもしれない」

七月二一日投開票の参院選。自民党は改選議席を九減らす五七議席にとどまり、非改選と併せて単独過半数を割り込む一一三。公明党の二八議席を加えて一四一と連立与党で総議席二四五の過半数を維持したが、日本維新の会の一六議席など改憲に前向きな他党派を合計しても一六〇。想定内とはいえ、「三分の二」に届く一六四議席は割り込んだ。

†憲法審査会長に「国対族」

参院選で自民党の議席を減らした首相の安倍晋三は、憲法改正論議の仕切り直しを迫られた。内閣改造・自民党役員人事を実施した翌九月一二日の首相官邸。安倍は自らの出身派閥で党内最大勢力の細田派を会長として預かる細田博之を呼び、党憲法改正推進本部長への一年ぶりの復帰を要請した。その後、党国会対策委員長の経験が約三年と豊富な佐藤勉（麻生派）に電話をかけて「衆院憲法審査会長をお願いしたい」と頼み込んだ。

憲法審の現場で与野党折衝を担ってきた筆頭幹事の新藤義孝は続投させたものの、前年秋に一新したばかりの改憲論議の布陣を、またもや大幅に入れ替えた。改憲本部の事務総長には細田とともに改憲四項目の条文イメージ案の集約を主導した根本匠（岸田派）をやはり復帰させた。事務局長には前法相の山下貴司（石破派）を抜てきした。安倍自ら掲げた「二〇二〇年の新憲法施行」の目標期限が迫る中で、前のめりの焦燥感が表れていた。

国会関係者によると、衆院憲法審査会長に佐藤を据えるよう、安倍に推薦したのは衆院議長の大島理森だった。大島はこの時点で自民党国対委員長の最長在任記録を保持していた「国対族」のドンだ。佐藤も同じ「国対族」の系譜を継ぐ有力な人材だった。大島は「憲法族」ではないが、第四章で見た天皇陛下の退位立法の過程で衆参両院の全党派代表を招集。「先例となる皇室典範特例法」を制定する基本的方向性で与野党のコンセンサスを創り上げたと自負した。改憲論議でも議長として役割を果たす意欲を胸に秘めていた。

大島は憲法審の現場の幹事会レベルで与野党が駆け引きを繰り返しているだけでは、改憲論議は進まないと危ぶんだ。安倍に「幹事長や国対委員長といった高いレベルの政党間協議に話を持ち上げ、枠組みを創って上からはめたうえで憲法審の現場に落とす手法でなければ、動かせない。いきなり九条改正を狙うのも無理がある」との考えを伝えていた。佐藤も同様の戦略を共有していた。「与党の度量、野党の良識」という「中山ルール」だけでは憲法審が円滑に動かなくなったところで、「国対族」が前面に出てきたのである。

憲法審査会は一一月七日に開会にこぎつけた。九月一九〜二九日の日程で、当時の会長だった森英介を団長に自民党の新藤義孝、立憲の山花郁夫ら主要政党の幹事がドイツ、ウクライナ、リトアニア、エストニアを調査団として歴訪した。森や新藤は山花との信頼関係の強化を狙った。その報告が議題だから、立憲なども開会を拒む理由がなかった。

山花は、連邦議会の総議員の四分の一以上の要求で「調査委員会」の設置を義務づけるドイツ基本法について報告した。日本国憲法六二条の国会の国政調査権が多数派の支持がない限り発動できないのに対して「少数者調査権」と呼ばれる。山花は「多数派が委員長を握り、多数決原理で運営するなら、実効性は期待できない、と疑問を持っていた。だが、政府は議員の情報取得権に誠実に応えなければならないルールで、与党が委員長でも不誠実なことはできない、最終的に憲法裁判所で判断すると伺った」と手ごたえを披露した。

一一月一四日の憲法審では、調査団報告を巡る自由討議を続開。調査団に参加しなかった日本維新の会幹事長の馬場伸幸は「二年半、自由討議もしなかった。仕事もしないでの海外視察を山花氏らはどう考えるのか。立憲として改憲項目を提出する決意があるのか」と立憲を追及した。山花は「政党として、どこの党の案という形で改憲案を出すべきではない、というのがこれまでの積み上げだ。国民投票の時に、どの党の案がベースだ、と色がついてしまう。テーマ出しはするが、案の形で出すつもりはない」との立場を力説した。

✝発言封殺に石破憤激

衆院憲法審査会は一一月二八日、三たび自由討議を実施した。国民民主党代表の玉木雄一郎が「自民党も現行の改憲四項目の条文イメージ案で本当にいいのか。特に九条のところは、二項を残したまま矛盾が解決できるのか。石破茂先生も稲田朋美先生も思いは本当は違うのではないか。与野党を超えて真摯な議論を、個個人の政治的信条をぶつけ合う場としてぜひやらせていただきたい」と石破らに九条への自衛隊明記で論争を仕掛けた。

委員の石破は名指しされたわけだから、反論権があった。自分のネームプレートをずっと机上に立てて発言の機会を求めていた。だが、会長の佐藤勉は指名しない。傍らで自民党筆頭幹事の新藤義孝が止めていた。ここで石破が九条二項削除論など持論を展開しようものなら、立憲民主党など主要野党が態度を硬化させかねない、と危ぶんだからだ。

「予定の時間がございますので、本日の自由討議はこれにて終了させていただきます」

佐藤がこう散会を告げると、石破は机をたたいて発言封殺への憤激をあらわにした。

超党派の調査団報告をきっかけに、臨時国会で三回の自由討議を実施した衆院憲法審。国民投票法改正案の審議・採決はまたもや先送りした。それでも新藤は、山花と憲法審の与野党筆頭幹事間でとことん信頼関係を築いて前進を図る戦略を変えていなかった。

片や佐藤は幹事長レベルなどにいったん持ち上げ、与野党間で大きな枠組みをこしらえたうえで前進を目指す「コクタイ的手法」で構想。党憲法改正推進本部長から選挙対策委員長に転じた下村博文を通じ、首相の安倍晋三に戦略メモを届けていた。それによると、二〇年の通常国会で改憲原案を策定し、秋の臨時国会までまたがってじっくり審議し、発議を目指すシナリオを描いていた。二一年前半に国民投票にこぎつければ、同年九月の安倍の党則上の総裁任期満了（三期九年）までに改正憲法の施行も可能かもしれなかった。

一方で、安倍が「ポスト安倍」に意中の政調会長・岸田文雄の登板を確実にするため、二〇年夏の東京五輪・パラリンピックを花道に早期退陣する一手も取りざたされていた。

任期途中の退任による緊急の自民党総裁選は党則上、両院議員総会で議員票を中心に実施できる。一般党員票に強みを持つ石破が当選する可能性を封じ込めるのが狙いとされた。「今国会では、衆院憲法審査会で自由討議が二年ぶりに行われた。まさに参院選による国民の声を受けたものだ。でも、もっとしっかりと前に進めよという声ではなかったか。きたる通常国会の憲法審査会の場で、与野党の枠を超えた活発な議論を通じ、令和の時代にふさわしい憲法改正原案の策定を加速させてまいりたい」

安倍は国会が閉幕した一二月九日の記者会見で、佐藤シナリオに乗ったとも見える形で次期通常国会での改憲原案の「策定」に意欲を示した。「私自身で、私の手で（改憲を）なし遂げていきたい」と再びボルテージを上げた。同時に「信を問うべき時が来たと考えれば、衆院解散・総選挙の断行にちゅうちょはない」と解散権も露骨にちらつかせた。

†参院に「独立財政機関」構想

「政府が将来世代に対して責任ある財政運営を行うためには、現在世代と将来世代の利害対立を解消し、有権者からの支持を得て痛みを伴う改革を実行しなければならない。有権者の十分な理解を得るためにも、客観的かつ長期的なデータが必要不可欠であり、その担い手として独立財政機関を設置すべきである」

経済同友会は一一月二二日、内閣・行政府とは切り離し、独自に経済・財政・社会保障の将来展望を示す「独立財政機関」を参院に新設すべきだ、との提言を公表した。

具体的には「法律で参院に経済財政推計・検証委員会（仮称）として設置することが望ましい」と訴えた。委員長と八人の委員は任期五年とし、民間有識者から参院の過半数の承認を得て議長が任命する。最も重要な任務は、毎年三月に次年度予算の影響を織り込んだ向こう一〇年程度の中期の経済・財政予測と五〇年程度の長期推計を公表することだ。

憲法第七章の定めで、国の財政を処理する権限は国会の議決に基づいて行使しなければならない。新たな課税や課税の変更には法律が、国費の支出や国の債務負担には国会の議決が要る。内閣は毎年度の予算を作成して国会に提出し、審議・議決を受けねばならない。これらを併せて「財政民主主義」とも呼ぶ。予算では衆院の議決が参院に優越する。

二〇〇一年の中央省庁再編後の自民党政権では、内閣府が中長期の経済財政試算を公表。経済財政諮問会議で国と地方のプライマリーバランス（基礎的財政収支＝ＰＢ）黒字化などを目標に中期財政計画を立て、その下で財務省が各年度予算を編成してきた。あえてそれとは別の予測や推計を出す国会の「独立財政機関」新設を求めるのはなぜだろうか。

同友会提言では、時の内閣の政策路線を支える立場の内閣府の中長期試算に「実績値と比較して結果的に高い成長率を前提としているケースがほとんど」だと不満をあらわにした。アベノミクス成長戦略を念頭に、現実離れした高成長率と過大な税収増を当て込むため、歳出抑制の必要性・緊急性や財政健全化目標の客観的な評価ができない、と批判した。

だから、独立財政機関は「より中立的な立場から経済・財政・社会保障の将来を展望し、国民に情報を提供する」のが第一の役割だと位置づけた。内閣府の中長期試算はその射程も向こう一〇年未満でしかない。同友会提言はここも「有権者が将来の財政の姿を適切にイメージすることを困難にしている」と問題視。独立機関に五〇年の長期推計も求めることにより、「選挙権を有さない将来世代の声を代弁する」のが第二の役割だと考えていた。

経済協力開発機構（OECD）のデータベースによると、一九年九月時点での三六の加盟国のうち二八に既に独立財政機関があった。総選挙の際に各政党の政策綱領の財政基盤まで検証するオランダ経済政策分析局。時の大統領に構わず独自の財政見通しを出す米議会予算局。これらは歴史も長い。リーマン・ショック後の欧州債務危機を経て設立が相次ぎ、英国も一〇年に独立の予算責任局を新設した。日本で参院に置く理由は何だろうか。

†「強い首相」に「強い国会」

遡って七月一二日、長野県軽井沢町の万平ホテル。経済同友会夏季セミナーが白熱した。

PHP総研主席研究員の亀井善太郎「独立財政機関は民主主義のインフラと位置づける

べきだ。社会が複眼思考になることが重要だ」

同友会代表幹事の櫻田謙悟「デモクラシーに短期志向になりやすい欠陥があるとの指摘に感銘を受けた。将来世代の利益を代弁するためどんな仕組みが必要か」

財政や社会保障の持続可能性を測る中長期推計を内閣と国会で複線化することは、財政再建を超えて「民主主義のインフラ」整備だ、と亀井は踏み込んだ。これは「平成デモクラシー」で変容した統治権力のバランスを、憲法まで立ち戻って組み直す問題提起だった。政権選択選挙となる衆院選で信任を得た首相主導の政策決定の加速に、国会はどう向き合うのか。憲法上は内閣や予算に距離を置く参院の独自性とは何か、といった論点である。

憲法上、首相と内閣は究極的に衆院の多数派を存立基盤とする。衆院は首相指名や予算の議決で参院に優越。平成の政治改革で、衆院選は小選挙区中心の政権選択選挙となった。「選挙の顔」ともなる首相は高い支持率を保つため、政策決定を主導せねばならない。

この首相主導体制が小泉純一郎から再登板後の安倍晋三へと引き継がれた。首相直轄の経済財政諮問会議を司令塔とする予算編成もその一環だが、同友会の提言は「有権者に痛みを求める改革が敬遠される傾向が顕著になった」と警告する。安倍は小刻みな衆院選で勝ち続けた半面、政策決定は中長期の持続可能性より、短期の実利志向が明らかだった。

一方で参院は法案成立に強い力を持つため、ひとたび衆参両院で多数派が異なるねじれ国会に陥れば、首相主導から一転して「決められない政治」に振れるリスクも残る。同友会提言は二院制の機能分担をはっきりさせ、任期が長い参院は内閣の存亡や予算に一線を画す代わりに、独立財政機関を持って「長期的な視座から法案等を審議することによって、将来世代の利益の代弁という独自性を発揮する」統治構造改革を唱えたのである。衆院を基盤とする内閣が統治の「推進力」となるなら、参院は「統制力」の一翼を担う想定だ。

場面は二一年五月一一日に飛ぶ。櫻田は記者会見で「内閣府の中長期試算のベースラインケースを前提に五〇年度まで推計すると、財政は持続可能ではない」と力を込めた。三〇年度までしか試算を出さない内閣府に業を煮やし、同友会が自ら「独立財政機関」の役割を果たそう、と長期推計を公表した。内閣府の「ベースラインケース」は「成長実現ケース」よりは想定する名目成長率がやや低いが、過去の予測は実績値に比べて甘い。これを基に長期推計すると「五〇年度のプライマリーバランスは黒字化せず、公債等残高の対国内総生産（GDP）比は発散する」。つまり、財政は持続可能とは言えなかった。

六月一〇日、参院議員会館の講堂。「独立財政推計機関を考える超党派議員の会」が発足した。与党から自民党の林芳正、松本剛明、公明党の西田実仁、野党も立憲民主党の逢坂誠二、国民民主党の古川元久、日本維新の会の浅田均、共産党の大門実紀史ら衆参両院議員三九人が発起人に名を連ねた。仕掛け人の事務局長は自民党で元財務副大臣の古川禎久。一〇年来くすぶってきた議論に、ようやく国会も重い腰を上げる気配を見せた。

自民党の林芳正（元文部科学相）「政府とは独立で国会が自ら推計を出す。複数のオプションを示せば、議論が立体的になる。まさに国会の機能強化だ」

立憲民主党代表特命補佐の逢坂誠二「私が議員になった大きな理由は財政の不透明さだ。国会の予算に関する権能が小さくて弱いことには驚く」

国民民主党国会対策委員長の古川元久「平成の政治改革、橋本行革は内閣機能強化に重点を置いた。令和では不十分だった国会機能の強化が必要だ」

「強い首相」に向き合う「強い国会」への試み。この議員の会には独立財政機関を参院に設置するか、東京電力福島原子力発電所事故調査委員会（国会事故調）のように衆参両院の下に置くかで二案があった。議員立法に取り組むのは二一年秋の衆院選後と見られたが、林は「なるべく早い時期の国会提出にトライしていく」と記者団に意欲を表明した。

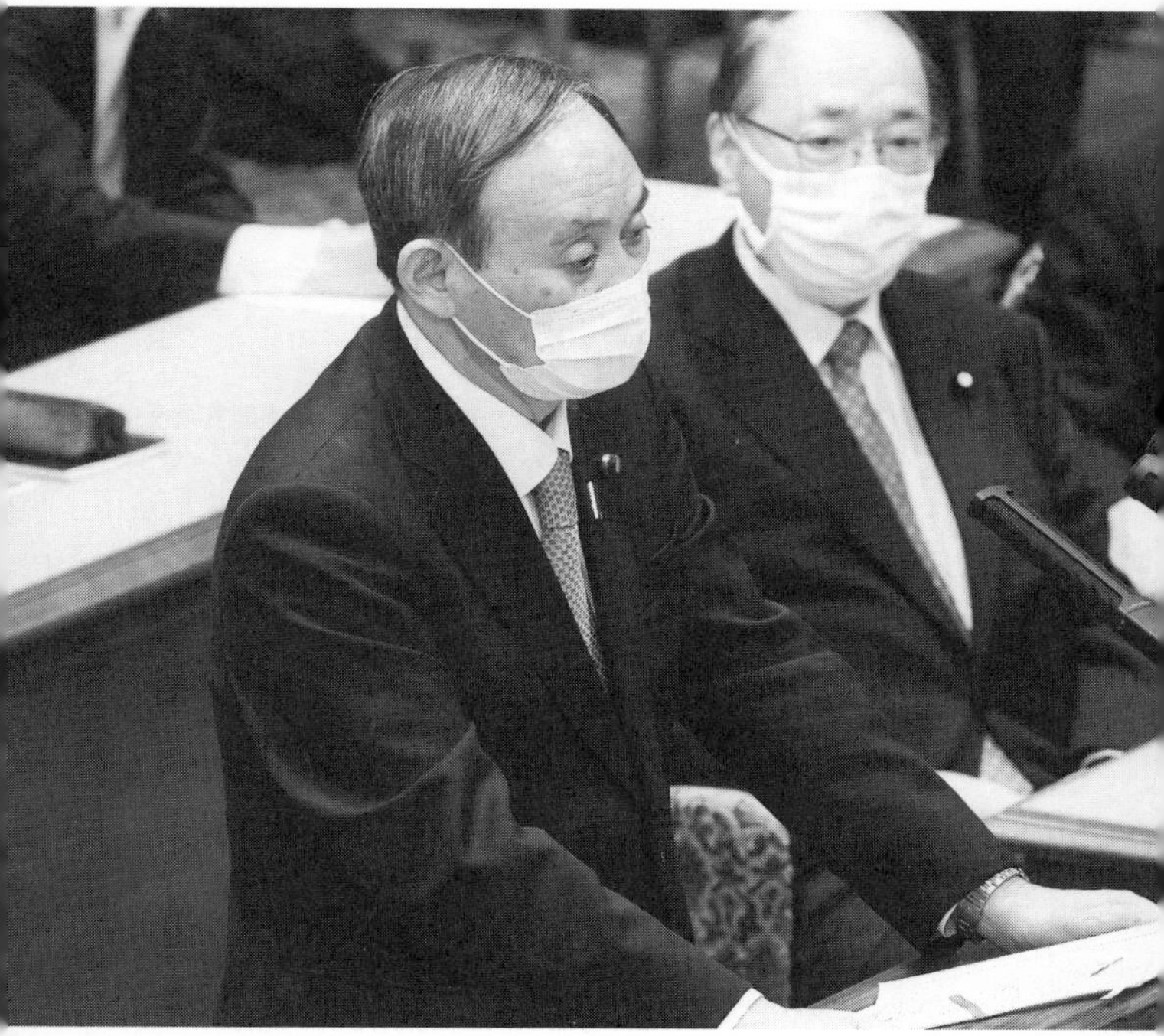

第七章

コロナとデジタル「新しい中世」

2020~2021

立憲民主党の枝野幸男代表との党首討論に臨む菅義偉首相
(2021年6月9日撮影 写真©時事)

第七章関連年表

2020年	1月9日　世界保健機関（WHO）が中国武漢市での肺炎の集団発症が新型コロナウイルスによるものと声明 2月27日　安倍晋三首相が小・中・高の一斉休校を要請 3月13日　コロナを対象に加える新型インフルエンザ等対策特別措置改正案が参院で可決され、スピード成立 3月24日　安倍首相が東京五輪・パラリンピックの1年延期を国際オリンピック委員会（IOC）のバッハ会長に要請 4月7日　東京都、大阪府など7都府県に緊急事態宣言を発令。16日に全国に拡大 5月3日　安倍首相が改憲派団体に緊急事態条項の検討を訴えるビデオメッセージ 5月25日　緊急事態宣言をすべて解除 8月28日　安倍首相が持病の潰瘍性大腸炎の再発を理由に退陣を表明 9月14日　自民党総裁選で、菅義偉官房長官が岸田文雄、石破茂両氏を破り当選 9月16日　菅内閣が発足。衆院憲法審査会長に細田博之氏、自民党憲法改正推進本部長に衛藤征士郎氏
2021年	1月7日　菅首相が首都圏の1都3県に緊急事態宣言を再発令。その後、最大で11都府県に拡大 2月3日　新型インフル特措法を改正し、罰則などを導入 3月21日　緊急事態宣言をすべて解除 4月23日　菅首相が東京都、大阪府、京都府、兵庫県に緊急事態宣言を3たび発令。その後、最大10都道府県に拡大 6月11日　憲法改正国民投票法改正案が国会で成立 6月20日　緊急事態宣言を沖縄県を除いて解除 7月12日　東京都に四たび緊急事態宣言。その後、最大で21都道府県に拡大 7月23日～8月8日　東京オリンピック 8月24日～9月5日　東京パラリンピック 9月1日　デジタル庁が発足 9月3日　菅首相が自民党総裁選に不出馬を表明 9月29日　総裁選で岸田文雄氏が河野太郎氏らを破り当選 9月30日　緊急事態宣言の全面解除 10月4日　岸田新首相が就任し、14日の衆院解散を宣言 10月31日　衆院選で自民党261議席、公明党32議席で与党が絶対安定多数。11月10日に第2次岸田内閣が発足

1　感染症対策と統治システム

†緊急事態条項の論争再燃

「衆院選、参院選と国政選挙に六連勝した安倍政権が憲法改正をやらなかったら、いつやるのか。（中略）もっとも、残り二年を切った総裁任期で、憲法改正案を発議し、国民投票に持ち込むのは政治日程上、非常に厳しい。安倍総理が本気で憲法改正をやるなら、もう一期、つまり総裁四選も辞さない覚悟が求められるでしょうね」

月刊『文藝春秋』の二〇二〇年新年特別号。そのインタビューで、首相の安倍晋三と憲法改正の先行きをこう展望して見せたのは、盟友で副総理・財務相の麻生太郎だった。安倍の自民党総裁任期は党則で期限とする三期九年が二一年九月で満了となる。国会の改憲論議は一向に進まない。その実現には再び党則を変えて四選を目指すしかないというのだ。

安倍は一月六日の年頭記者会見で「通常国会の憲法審査会の場で与野党の枠を超え、活発な議論を通じ、令和の時代にふさわしい改憲原案の策定を加速させたい」と明言した。麻生は「オレの路線にようやく安倍も乗ってきた」と改憲と四選の一体戦略に手ごたえを漏らした。ただ、安倍は総裁三期の完投に向け、政権の求心力を維持するために改憲推進や衆院解散をしばしばカードに使うに過ぎない、との観測も自民党には根強かった。

そこを直撃したのが、中国湖北省の武漢市から始まった新型コロナウイルス感染症だ。安倍は一月二六日、武漢とその周辺地域の在留日本人を帰国させるため、チャーター機の派遣を決断した。続いて横浜港に接岸したクルーズ船「ダイヤモンド・プリンセス」内での集団感染への対処、国内の感染拡大への対応と、政権運営はコロナ危機一色と化す。

これを呼び水にして、緊急事態条項を巡る改憲論議が再燃した。一月二八日の衆院予算委員会で、日本維新の会幹事長の馬場伸幸が安倍にさっそくこんな論争を仕掛けた。

馬場「自民党の改憲四項目の条文案に緊急事態条項があるが、どの事態にどう発動するのか全然分からない。新型コロナはよいお手本だ。国民の理解を深める努力が必要だ」

安倍「あえて申し上げれば、南海トラフ地震や首都直下地震など巨大な地震・津波に迅速に対応するため、憲法に緊急事態条項をどう位置づけるかは大いに議論されるべきだ」

自民党が一八年三月にまとめた条文イメージ案は「大地震その他の異常かつ大規模な災害」に限り、国政選挙が実施できない場合に議員の任期延長を容認。大災害で「国会による法律の制定を待ついとまがない」危機には「法律で定めるところにより」内閣が国民の生命、身体及び財産を保護するため法律と同じ効力を持つ政令を制定できる、としていた。

例えば、災害対策基本法は生活必需物資の配給や価格統制を政令で認める。自民党は緊急事態条項を置き、これらの「個別法に基づく緊急政令」を合憲化することを想定した、と説明した。ただ、「法律で定めるところ」の定め方次第では、内閣が広範な権限を持つ余地がある、とも受け止められた。緊急政令の第二の要件として国会の事後承認も明記したが、その期限や否決時の定めがなく、内閣の統制には穴がある、とも見られていた。感染症対策はこの対象外だが、党内からもコロナ対策と改憲を結びつける発言が相次ぐ。

†「新型インフル特措法」とは何か

元衆院議長の伊吹文明「公益を守るため個人の権限をどう制限するか。緊急事態の一例。改憲の大きな一つの実験台と考えた方が良いかもしれない」(一月三〇日の二階派総会)

自民党選挙対策委員長の下村博文「人権も大事だが、公共の福祉も大事だ。直接関係ないかもしれないが、(改憲) 議論のきっかけにすべきではないか」(二月一日の講演)

こんな自民党や日本維新の会の策動を、立憲民主党代表の枝野幸男は「感染症の拡大防止に必要な措置は、あらゆることが現行法制でできる。人命に関わる問題を改憲に悪用する姿勢が許されない」とけん制した。連立与党の公明党副代表の北側一雄も二月六日の記者会見で改憲には否定的な見解を示し、むしろ危機管理法制の充実をこう訴えた。

「現行法制のここを改善しろ、は当然、法改正でやるべきだ。憲法に緊急事態条項を入れても抽象的な規定しか書けない。類型ごとに危機管理法制を整備する方が大事だ」

自民党の改憲条文素案の緊急事態条項に感染症対策を加えても、内閣が緊急政令で何をどこまでできるかは「法律で定めるところにより」の定め方次第だ。国民の自由や権利の制限に踏み込むにも立法とセットでないと、改憲ばかりを声高に叫んでも、生きてこない。公明党などが提唱した通り、現行法に不備があるなら、国会が取り組むべきはまず緻密な法律の周到な整備だ。改憲案の緊急事態条項は万能の「魔法の杖」ではありえない。

感染症の急拡大に向き合う緊急事態法制ならあった。二〇〇九年の世界的流行を教訓にした「新型インフルエンザ等対策特別措置法」だ。感染の発生時、首相は自らを本部長として政府対策本部を設置し、専門家による諮問委員会の意見を聞いて「基本的対処方針」を定める。都道府県知事や医療などを担う公共機関に対しては総合調整権限を持つ。

さらに感染が全国に急速にまん延して国民生活や経済に大きな影響を及ぼす恐れがあると判断した場合、首相は期間（二年以内）と区域を区切って緊急事態を宣言し、国会に報告する。延長も可能だ。対象となった都道府県の知事は住民に外出自粛の要請や学校、福祉施設、劇場などの施設の使用停止・制限の要請・指示ができる。国民の自由や権利の制限は「必要最小限のものでなければならない」と明記し、罰則などの強制力はなかった。

ただ、この特措法の対象は新型インフルエンザか、既に知られた感染性の疾病とは病状や治療の結果が明らかに異なる「新感染症」に限られた。今回の感染拡大の原因は既知のコロナウイルスの新種だとして、厚生労働相の加藤勝信は「そこがはっきりしている以上、新感染症の概念には当たらない」と国会で答弁し、特措法の適用はひとまず見送った。

†脇に置かれた「法の支配」

「例外は通常の事例よりも興味深い。常態は何一つ証明せず、例外が全てを証明する」緊急事態や独裁を研究し、ナチス・ドイツにも関わって「危険な憲法学者」と呼ばれたカール・シュミットは著書『政治神学』にこう書き残す。例外状況にこそ権力の本質が表れる。選挙で勝った民意を背に、権力を集中させる安倍晋三流の首相主導の統治システム。新型コロナウイルスの感染抑止を目指す危機対応で構造的な弱みを隠せなくなってきた。

弱みの第一は、権力集中とセットで明確な責任の所在を裏づける「法の支配」や立憲主義を脇に置きがちな体質だ。第二はトップダウンの政策決定を支える専門家の使い方にのぞくご都合主義だ。振り返れば、これらは安倍政権だけにとどまらず、平成の統治構造改革で形を整えてきた「平成デモクラシー」の「改革の不足」をも照らし出していた。

局面が国内の感染拡大の抑止に移り、新型コロナウイルス感染症対策専門家会議（座長

＝国立感染症研究所所長の脇田隆字）は二月二四日に「一、二週間が瀬戸際」だと警告する見解を公表した。すると安倍は、専門家会議に諮問するとか、その知見を聴取するなどの手続きを踏むことなく、突然、トップダウンで法的根拠のない「要請」を連発し始めた。

「多数の方が集まるような全国的なスポーツ、文化イベント等は今後二週間は中止、延期または規模縮小等の対応を要請する」（二月二六日の新型コロナ感染症政府対策本部）

「全ての小学校、中学校、高校、特別支援学校で三月二日から春休みまで臨時休業を要請する」（同二七日の政府対策本部）

感染症を防ぐ臨時休校は学校保健安全法上、自治体の教育委員会や私立の学校法人などの権限だ。首相の「要請」に法的根拠はないが、「事実上の「命令」と受けとめられた」（大林啓吾編『コロナの憲法学』）。官房長官の菅義偉も文部科学相の萩生田光一も安倍の決断を知ったのは当日。三月二日の参院予算委員会で、安倍は「時間を掛けるいとまがない中で、私の責任で判断させていただいた」と認めた。「法の支配」は置き去りにされた。

手詰まりの危機感に駆られた安倍は二月二七日、感染拡大と生活・経済への影響の抑止に「必要となる法案の早急な準備」も指示した。新型インフルエンザ等対策特別措置法の存在が最初に国会で取り上げられてから一カ月。適用拡大が後手に回ったのは明白だった。

三月四日、安倍は立憲民主党代表の枝野幸男ら野党党首と個別に会談。「最悪の事態も想定して、緊急事態宣言などもう一段の法的枠組みの整備が必要だと判断し、その協力をお願いする」とコロナを二年以内に限定して特措法の対象に加える法改正への協力を求めた。首相再登板から七年を超す安倍が野党に党首会談を呼びかけたのは、一六年四月の熊本地震の復旧対策への協力を訴えた場面くらいしかない。過去にない危機感の表れ。枝野も、特措法は「憲法で認められている範囲で緊急事態に対応するもの」だと応じて見せた。

野党共同会派内では「内閣の行政裁量強化と国会の統制強化を車の両輪と位置づけて取り組むべきだ」（立憲政調会長代理の山尾志桜里）と国会承認手続きの明記など政府案への踏み込んだ修正要求も出された。危機の「瀬戸際」でも「法の支配」を脇に置くべきではなく、開会中の国会は立法機能を果たさねばならない。一方で緊急事態法制の整備は本来、平時に落ち着いた環境で取り組むのが筋で、性急な見切り発車も好ましくない。コロナ対応は長期戦の様相を呈し、統治システムの改革論議とも無縁ではなくなってきた。

†責任問われる「独裁官」

新型コロナウイルスの感染が急拡大した主要国ではどうしていたのか。米大統領ドナルド・トランプは三月一三日、国家非常事態を宣言した。最大五〇〇億ドル（約五兆四〇〇〇億円）の連邦政府資金の活用を認め、検査や治療の態勢強化に走り出した。巨額の予算も含め独断専行ではない。国家緊急事態法・社会保障法と、一九八八年制定の「ロバート・スタフォード災害救助・緊急事態支援法」に基づく正式な大統領権限の行使だった。

フランス大統領エマニュエル・マクロンは三月一六日、「我々は戦争状態にある」と罰則つきの外出制限を宣言。関西学院大教授の井上武史によると、集会規制などそれまでの対応も含め、公衆衛生上の脅威を防ぐため「リスクに比例するあらゆる措置」の実施を認めた法律が根拠だ。具体案は全て政令や省令で定めて発動してきた。新たな「公衆衛生緊急事態法」も二三日に施行した。井上は「これぞ法治国家ではないか」と指摘した。

新型コロナを追加する特別措置法改正の国会審議は、感染拡大に直面して急がねばならない、との理由から、実質二日で終わった。附帯決議で緊急事態宣言の国会への事前の報告や宣言後の「適時の報告」を要請したが、法的拘束力はない。井上は「最低限、事後の国会承認は必須だ。内閣と国会が共に責任を負う仕組みが重要だ」と力説。最長二年まで認める宣言期間も「もっと短く区切り、延長にも国会承認を義務づける」よう求めた。

緊急事態を巡る論議が現実の後追いで泥縄となり、特に事後の国会承認さえ義務づけなかった点を、西洋政治思想史を専門とする東大教授の宇野重規もこう危ぶんでいた。

「古代共和政ローマに、戦争や内乱などの緊急事態で任命され、超法規的な措置を行う権限を持つ「独裁官」という官職があった。「独裁」の語源ともなったものだが、制度化されていた。どんな要件と手続きで、誰が危機を判断するのか。事前に制度を周到に準備したうえ、事後の厳しい審査と責任追及の仕組みもセットにしたのが政治的知恵だった」

宇野は緊急時には平時と異なるトップダウンや私権制限も必要だとの議論を認めたうえで、合法的でない独裁と一線を画すには「事後チェックによる歯止め」がカギだと説いた。トップダウンも「その分野の専門家が必要な考慮を加えた結論か、恣意的な決断か」が問われる。事後の責任追及に「意思決定の経過が分かる公文書をきちんと残すことも不可欠」だと政府対策本部や専門家会議の議事録などの適正な公文書管理にも目を向けた。

「事後の責任追及は緊急時だけの問題ではない。そもそも平成の政治改革は権力中枢を強化するのとセットで、次の衆院選での政権選択を通じて責任を問うモデルだったはずだ。今は政権交代の可能性がどこかへ吹っ飛んでしまい、責任の明確化の論点も忘れられがちだが、選挙に勝てば全て良し、ではないのだ」

三月二〇日のコロナ政府対策本部で安倍は「専門家の方々から分析・提言をいただいた」「専門家の見解を踏まえ」などと三分余りの発言で五回も「専門家」や「専門家会議」に言及し、その知見を重んじる姿勢をにじませた。二月下旬、同本部でイベント自粛や一斉休校を独断で連発した際は「専門家会議」に一言も触れず、事前に諮問すらしなかったのとは打って変わって、公衆衛生や医療の専門家たちによりかかり始めたのである。

国民との関係でも「一、二週間が瀬戸際」とのアラームから、腰を据えて「長期戦を覚悟」へ、と専門家会議のメッセージの方が前面に出始めた。「小刻み解散」や株価重視が象徴する短期志向の政権運営と似て、時間軸を伴うコロナ出口戦略は安倍の口から発信されない。指導者と専門家の役割分担は混線した。責任の所在が曖昧になりかねなかった。

「ルールや手続きを軽視しがち」で「専門家の意見の採用の仕方が下手」なのは、特定の個人を超えて日本の統治システムの構造問題でもあるだろう――宇野はこうも問いかけた。「たとえば、トップやその周囲の人材がもっと多様性を増せば、柔軟な判断も期待でき、ルールや手続きもいや応なく明確にせざるを得なくなる」と視野を広げてみせた。

経済危機を誘発し、冷戦終結後のグローバリゼーションも根底から問い直した新型コロナ。各国の統治システムも試され、政治リーダーは危機対応の競争にさらされていた。

†くすぶるロックダウン法制

四月七日、新型コロナウイルスの感染拡大を抑えるため、首相の安倍晋三は改正新型インフルエンザ等対策特別措置法に基づき、東京都、大阪府など七都府県に緊急事態宣言を発令した。夏の東京五輪・パラリンピックは三月下旬に一年延期の決断へと追い込まれた。外出自粛や休業で「接触の八割削減」を「要請」したが、なお危機の「瀬戸際」が続いた。

安倍はこの日のNHKテレビの番組で、新たな法制整備も辞さない姿勢をこう示した。「現行法に基づく対策を徹底していけば、（感染抑制に）十分に可能性がある。それでもまだ不十分となれば、新たな法制を考えることも当然、視野に入れなければならない」

ロックダウン（都市封鎖）を断行したフランスや英国などでは外出を厳しく制限。食料品や医薬品の買い出し、通院、散歩は認めるが、他の商店や飲食店は閉鎖したままだった。警察を動員して取り締まり、違反には罰則もある。議会は感染拡大の渦中でも新規立法を進め、人権制限の法的根拠をより明確にするなど「法の支配」に配慮して素早く動いた。

「日本国憲法が保障する居住や移転、営業などの自由も、憲法一三条や二二条にあるように「公共の福祉」のためなら、一定の範囲内で立法によって制限はできる。ロックダウン法制も国民の生命や健康を守る必要性、合理性を説明できれば、立法は可能だ」

元内閣法制局長官の阪田雅裕はこう整理して見せた。休業などに伴う「補償」は政策判断の問題だとの見解を示した。

一方、迅速な立法に不慣れな日本で、危機の渦中にロックダウン法制を急ぐのは好ましくないと警鐘を鳴らしたのは慶応大教授の大屋雄裕（法哲学）だ。むしろ今回のコロナ感染拡大が落ち着いた後、改憲論議も排除せずに、腰を据えた緊急事態法制の整備を求めた。「全体として平時の法・社会システムのまま、むしろ民意に対して脆弱な政権担当者に権限が集中し、法外の手段としての「お願い」によってさまざまな対応が行われるという状況を作り出すことになった」

大屋は月刊『Ｖｏｉｃｅ』五月号で、安倍のコロナ対応をこう評した。日本は「危機を平時から切り離し、例外として例外の地位に押し込めるための法制度が十分に整備されていない」という。それは現行憲法が「戦時」も「非常時」も否定したからなのだが、戦争はともかく、感染症や大災害は避けがたく襲う。指導者が合理的根拠の乏しい「要請」や「お願い」で独断専行しないよう緊急事態も「法の支配」の下に置くべきだ、と訴えた。

外出の自由はかけがえのない個人の権利だが、厳しく制約しなければ感染爆発を抑えがたい。個人の自由や権利の追求と社会全体の幸福の最大化の衝突だ。大屋は人々が支持しているという意味で民主的な「代表性」と、より客観的に正しいと評価されうる「専門性」は常に調和するとは限らず、それらが衝突するのが「危機に他ならない」と喝破した。「代表性」は「序」で触れた「二つの正しさ」のうちの正統性（legitimacy）を指し、「専門性」は社会として合理的で適切な選択がなされる正当性（rightness）にあたる。

政治哲学者トマス・ホッブズの『リヴァイアサン』によれば、自然状態の自由で平等な個人は、自己の生存のため互いに力を行使し合って「万人の万人に対する闘争」に陥る。死の恐怖から逃れようと理性が働き、自発的に社会契約に同意し、国家という名のリヴァイアサンを樹立する。そこでは皆が自然権を放棄し、国家の命令に絶対服従するという。『リヴァイアサン』初版本の扉絵には巨人リヴァイアサンと住民のいない空虚な都市が描かれ、街に立つのは武装衛兵とクチバシ型の仮面で顔を覆ってペストの防疫作業に当たる二人の医師だ（ジョルジョ・アガンベン『スタシス』）。疫病のまん延も死への恐怖と無法状態を招くから、公衆衛生は国家統治の不可欠な任務とされた。ホッブズが生きた一七世紀にもペストの流行が起きたが、中国からヨーロッパにかけて史上最悪の大流行に見舞われたのは中世の一四世紀。コロナの恐怖が襲う二一世紀は「新しい中世」なのかもしれない。

大屋が見据えたのは、制約なき強権でコロナ制圧に動いた中国型の「むき出しのリヴァイアサン」ではない。権限が集中するかわり「責任を問われるリヴァイアサン」だ。感染症対応のカギは、専門家をしっかり遇する米疾病対策センター（CDC）型の司令塔組織の確立や民意を「さしあたり」遮断して専門家に適切に権限を移譲することだと説いた。

緊急事態の議論は行政を動かす内閣への権限集中に傾きがち。自民党の改憲四項目の「緊急事態条項」もそうだ。ただ、大屋は感染症や災害の「非常時」にあっても、国会はオンライン会議や電子投票などのデジタル改革を進めれば「可能な限り政府に対する民主的統制を確保し続けることができる」とまず国会法や衆参両院規則の見直しを促した。

†「オンライン国会」動き鈍く

自民党の憲法改正に向けた緊急事態条項案は、民主政の機能維持も視野には入れていた。異常な大規模災害で、衆院選や参院選の適正な実施が難しい場合に「国会は、法律で定めるところにより、各議院の出席議員の三分の二以上の多数で、その任期の特例を定めることができる」と議員任期の特例的延長を認める条文を置いた。衆院の任期満了を二一年一〇月二一日に控えていた。厄介な新型コロナウイルス感染症の拡大で「長期戦の覚悟」(首相の安倍晋三)を迫られ、まかり間違えば任期延長さえ現実味を帯びかねなかった。

もっと差し迫ったリスクを抱えていたのは国会だ。安倍は国民に密閉、密集、密接の「三密」回避を求めたが、お膝元の国会こそが三密リスクに苦慮していた。憲法五六条一項は、衆参両院とも「総議員の三分の一以上の出席」がないと、本会議を開いて議決をできない、と定足数を明記する。委員会は国会法で「委員の半数以上」と定める。議員にコロナ感染が広がれば、感染者や濃厚接触者が大量に欠席せざるをえないかもしれない。

衆院憲法審査会の自民党筆頭幹事である新藤義孝は四月三日、国会内で立憲民主党幹事の山花郁夫と会い、コロナ感染拡大を受けて憲法審を開き、「緊急事態における国会機能の確保」をテーマに議論すべきだと訴えた。だが、野党側は「緊急事態宣言の下では、冷静かな議論ができるとは限らない」「不要ではないが、不急だ」などとして退けた。

自民党の森山裕、立憲の安住淳の両国対委員長は四月九日の会談で、衆院の本会議や委員会への出席者の抑制などで合意した。議事が成立する定足数（本会議は総議員の三分の一、委員会は半数）を割り込まない範囲で離席を認め、具体化は各党派内の調整に委ねた。議場に入らない議員は、議員会館などで放映される中継映像で審議を視聴し、採決に合わせて入場するルールとした。開催する委員会の数も一日に四つまでに絞り込んだ。森山は記者団に「採決は全員が出席して実施する原則を大事にしたい」との考えを強調した。

万一、大量欠席が起きても定足数を満たす手立てはあるのか。定足数を欠いても国会の機能を確保し続ける方策はあるか。ここで焦点になったのは憲法五六条一項の「出席」の解釈だった。あくまで議員が議場にリアルに足を運ばなければならないことを意味するのか。コロナ危機で英国などでも試行が始まっていた「オンライン国会」も認められるのか。

憲法五八条は「会議その他の手続」や内部規律に関し、衆参両院は独自の規則を定めることができる、とする。これらや議員の懲罰権などを「議院自律権」と呼ぶ。各院は裁判所の司法審査を含め、他の国家機関から干渉を受けずに自主的に決定できると解される。

京都大教授の曽我部真裕はツイッター投稿で、憲法に議院自律権の明文規定があるからには「何をもって「出席」というかは各議院の判断にゆだねられる」との解釈を示した。

技術的な面などで現在のリアル議会と同様の審議や採決ができる環境を整えることを前提として、オンライン国会の実現は「少なくとも憲法上は可能」との見解を表明した。

曽我部はたとえば、出産、病気、障害など個別事情のある少数議員の一時的・例外的なオンライン参加について「早期実現が可能だし、必要かもしれない」と指摘した。さらにコロナ対応を念頭に本会議や委員会の全体を「特別の事情下でオンライン化する」ことも許容できる、とした。ただ、「国権の最高機関」の厳粛な権威を象徴する国会議事堂まで廃止するような完全な「バーチャル国会」には「相当慎重な検討が必要だ」と説いた。

実は一八年に、小泉進次郎、鈴木貴子ら超党派の有志議員が、女性議員の妊娠・出産時だけでもオンラインで遠隔投票を認められないか、と国会改革の旗を振ったことがあった。衆院法制局は憲法五六条などの解釈を巡って有力な研究者七人にヒアリングを試みた。するとオンライン議会には曽我部を含む四名が前向き、早稲田大教授の長谷部恭男ら三人が慎重な見解を示した。この時は党派を超えて「小泉に手柄を立てさせるな」との政治的思惑も渦巻き、憲法学者の見解も割れていることを理由に、改革案は棚上げされていた。

†二〇年改憲絶望で安倍「残念」

「そもそも現行憲法では、緊急時に対応する規定は参院の緊急集会しか存在していない。

未曽有の危機を経験した今、緊急事態で国民の命や安全を守るため、国家や国民がどんな役割を果たし、国難を乗り越えていくべきか。それを憲法にどう位置づけるかは、極めて重く、大切な課題だと改めて認識した」

憲法記念日の五月三日。首相の安倍晋三は改憲派の民間団体のオンライン会合にこんなビデオメッセージを送った。一七年の同じ集まりには、九条に自衛隊を明記する新提案を寄せたが、今回は真っ先に緊急事態条項の必要性を唱えた。自衛隊明記案も忘れず力説して「まずは国会の憲法審査会の場でじっくりと議論を進めていくべきだ」と前進を訴えた。

安倍はこのメッセージで、コロナ対応に触れて「未知の敵との戦いで、前例のない事態に繰り返し直面している」と新型インフルエンザ等対策特別措置法に基づく緊急事態宣言での試行錯誤の苦衷を訴えた。四月一六日に宣言を全都道府県に拡大し、五月四日には同月三一日までの宣言延長を強いられた。その流れで憲法に包括的な緊急事態条項がない、と議論を促したわけだが、必ずしも論理がつながっていなかった。現憲法の何がコロナ対応の障害なのかの説明がなく、感染症対策は自民党改憲条文案の対象外だったからだ。

この改憲派団体は安倍の熱烈な支持層。一七年に「二〇二〇年の新憲法施行」もぶち上げた安倍だが、今回は「残念ながらいまだ実現に至っていない」と認めた。改憲の決意に「全く揺らぎはない」と強調したが、危機に乗じて改憲の急進展を狙うというより、コア支持層へのリップサービスにすぎない、との受け止め方が主流だった。コロナ対応に翻弄された二〇年の通常国会で、衆院憲法審査会が実質討議をしたのは五月二八日の一度だけ。日本維新の会幹事長の馬場伸幸は「半年ぶりに堅い扉がこじあけられた」と皮肉った。

八月二七日、安倍側近で自民党選挙対策委員長の下村博文が会長を務める「新たな国家ビジョンを考える議員連盟」が、ウィズ・コロナ時代をにらんだ中間提言を取りまとめた。目を引いたのは改憲の緊急事態条項の想定に大災害だけでなく「感染症の大規模なまん延」も追加し、内閣に緊急政令や財政支出の専決処分を認める修正案を提唱したこと。安倍が早期の衆院解散・総選挙を考える場合の目玉公約になる、と下村が忖度したのだ。

だが、コロナ緊急事態と通常国会を何とか乗り切った後、持病の潰瘍性大腸炎の再発が分かった安倍は既に退陣を決意していた。記者会見で退陣を表明したのは翌二八日である。「残念ながらまだ国民的な（改憲への）世論が十分に盛り上がらなかったのは事実であり、それなしには進めることができないのだろう、と改めて痛感をしている」

見果てぬ夢に終わった首相在任中の改憲。安倍は国会で改憲案をぶつけあい、国民的議論を喚起したいとして「一議員としてこれから頑張っていきたい」となお意欲を示した。

首相再登板後の安倍には、内閣支持率や株価の短期的動向に敏感に手を打ち、政権維持のリスクを排除する冷徹さが際立った。野党が前回の敗北から立ち直りきれないタイミングで小刻みな次の衆院解散・総選挙を辞さないなど、目先の勝利至上主義で政権維持に徹し続けた。だからこそ、史上最長政権が現出したという逆説。だが、この手法では改憲は動かせなかった。毎年、衆院選、参院選、自民党総裁選のどれかが巡ってくる常在戦場の政局カレンダーに、与野党の合意形成型の改憲プロセスを組み込むのは至難の業だ。

安倍がトップとして何度も改憲を号令したからこそ、自民党は九条など四項目で条文イメージ案の集約に至った。半面、主要野党は安倍が最高権力者ゆえに、改憲論議の土俵に上がるのを拒んだ。アクセルとブレーキの双方を一身に体現した両義的な宰相が去った。

2 「ゆるふわ立憲主義」の国

†菅が学術会議で任命拒否

首相の安倍晋三の退陣表明を受け、九月一五日の自民党総裁選で圧勝した菅義偉。この日の記者会見で、憲法改正について「自民党が決定した四項目（の条文案）を中心に挑戦していきたい」と安倍路線の継承を表明した。理念やビジョンより実務を好む菅にとり、新型コロナウイルス対策など目の前の懸案事項に比べ、改憲の優先順位が低いのは明らかだったが、首相就任直後に憲法論争を波立たせた。日本学術会議の一〇月からの新任期に際し、東大教授の宇野重規ら六人の新たな会員の任命を理由も明かさず拒否した一件だ。「これは学問の自由とは全く関係ない、ということだ。どう考えてもそうではないか」

菅は一〇月五日の日本経済新聞社などのインタビューで、こう言い切った。「学術会議が推薦してきた会員候補者をそのまま任命する前例を踏襲して良いか考えてきた」と繰り返し、首相の人事権を実質化する任命拒否を内閣の看板とする「前例打破」に結びつけた。

日本学術会議は約八七万人の学者を代表する目的で、一九四九年に特別法で設立された。首相が所轄する内閣府の特別の機関で、予算は年間約一〇億円。独立して職務に当たる権能が法律に明記されている。分野横断的な学者のネットワークとして政府や社会に向けて政策提言し、研究予算の配分に影響力を持つ。軍事研究には慎重な姿勢を貫いてきた。

活動を担うのは二一〇人の会員と約二〇〇〇人の連携会員。特別職の国家公務員となる会員の任期は六年で、再任はない。三年ごとに半数を任命する。法律によると、まず学術会議が「優れた研究又は業績がある科学者のうちから会員の候補者を選考」したうえ、首相に推薦する。この「推薦に基づいて」首相が会員を任命する定めとなっている。

安倍前内閣では、衆院選で自民党が政権を手にした「民意」をタテに、霞が関の官僚組織に対する「政治主導」を人事権の行使で具現化した。各府省幹部人事の官邸一元化を進めたうえ、内閣法制局長官も内部昇格の慣行を安倍のトップダウンで覆した。内閣が最高裁判事を任命する際も、官邸が複数の候補者の推薦を最高裁に要求するようになった。

元学術会議会長で東大名誉教授の大西隆によると、二〇一六年の三人の補充人事で、推薦名簿の優先順位の変更を官邸に迫られ、補充をあきらめたという。一七年の半数の任命では一〇五人に数人を追加した名簿を事前に官邸に示し、想定通りの任命で落着した。だが、次の会長の山極寿一の時代も官邸との摩擦は続き、六人の任命拒否に至った。官邸の窓口は菅内閣でも続投した官房副長官（事務）で、警察庁出身の杉田和博。首相の任命の裁量の余地を広げる動きは、人事権を実質化して官僚統制を強める流れと軌を一にした。

「日本学術会議法は、同会議の政府からの独立性を尊重すべき旨を明確にしている。会議による会員候補者の推薦は首相の任命権の行使をとりわけ強く拘束すると理解できる」

憲法学者、政治学者らでつくる「立憲デモクラシーの会」は一〇月五日、こんな声明を公表して六人の推薦通りの任命を求めた。早稲田大教授の長谷部恭男は記者会見で「推薦後に犯罪に手を染めていたなど極めて例外的な場合、きちんと理由を説明できれば、任命しないこともありうる。ただ、その例外を持ってきても今回の説明にならない」と述べた。

官房長官の加藤勝信は憲法二三条の学問の自由を「特に大学における学問研究及び成果の発表、教授が自由に行われることを保障した」と説明。学術会議の会員任命に首相が裁量を持つことが「学術会議の会員等が個人として有している学問の自由への侵害にはならない」との見方を示した。これに対し、立憲デモクラシーの会に名を連ねる東大教授の石川健治は「誤解がある。二三条は一人ひとりが勉強する自由を言うのではない」と訴えた。

学問研究の自由は一九条の思想・良心の自由、研究発表の自由は二一条の表現の自由で守られる、と見るのが憲法学の通説。石川はわざわざ二三条で「学問の自由は、これを保障する」と書く核心は「専門分野の自律性を守ること」で、それを伝統的に担ってきた「大学の自治」を制度的に保障する趣旨だと説いた。学問のコミュニティーは大学の枠を超えて営まれ、海外にも広がる。「そこで、様々な学会を支える学術会議が機能している」という。

「学術会議は憲法二三条と無関係ではなく、直接つながっている。今回は大学の自治そのものの侵害ではないが、それに準じる事態だ。学問の自由のいわば防波堤が、専門分野の自律性への人事介入によって突破されようとしている。対岸の火事ではない」

石川はこう警鐘を鳴らした。安倍に続いて菅も、立憲学派と正面衝突したのである。

†立憲と国民の野党内対立

新首相の菅義偉は自民党総裁選で真っ先に菅支持を打ち出した幹事長の二階俊博、国会対策委員長の森山裕を政権運営の大黒柱として続投させた。党内最大勢力で自らの出身派閥でもある細田派を菅支持でまとめた前首相の安倍晋三にも党人事で配慮を示す。衆院憲法審査会長に同派会長の細田博之を据え、党憲法改正推進本部長に同派最高顧問で元衆院副議長の衛藤征士郎を充てた。改憲論議に「細田派シフト」を敷いて見せたのだ。一〇月二六日召集の臨時国会で、国民投票法改正案は提出されてから八期目の国会となった。

憲法審を巡る与野党折衝にも微妙な変化が出てきた。次期衆院選を見据えた野党再編が、旧民主党系勢力や社民党の一部の新・立憲民主党への合流に発展した。立憲は衆参で一五〇人を超す最大野党に衣替え。ただ、玉木雄一郎、前原誠司、山尾志桜里ら共産党との提携に懐疑的な議員は二〇人に満たない小勢力ながら新・国民民主党へと分かれた。自民、公明、日本維新の会に加えてこの国民が、憲法審の週一回の確実な定例開催を求め、国民投票法改正案の採決も容認した。あくまで反対する立憲、共産と一線を画したのである。

与党が国民との提携に動けば、憲法審で野党陣営の主導権を失いかねない、と立憲は警戒した。強硬路線一辺倒ではすまなくなった。憲法審は一一月一九日の自由討議に続き、二六日に国民投票法改正案の実質審議に入った。ただ、立憲と共産は早期採決にあくまで反対。自民と立憲は綱引きの末、一二月一日の幹事長会談でこんな線で折り合った。

自民党幹事長の二階俊博「国民投票法改正案は八国会で継続案件になっており、次の通常国会で何らかの結論を得ることで合意したい。一日も早く結論を得たいと願っている」

立憲幹事長の福山哲郎「次の通常国会では静かな環境の中で粛々と議論を行い、何らかの結論を得るということは承知したい」

この臨時国会での採決は見送ったうえで、二一年の通常国会で「何らかの結論」を得る。自民党国会対策委員長の森山裕は「採決するということだ」との認識を示したが、福山は「いろいろな考え方がある」と述べた。憲法審の幹事会レベルでは国民投票法改正案の取り扱いすら合意形成するのは難しく、国対委員長、幹事長と政党間協議に持ち上げ、高度な政治判断を仰がなければ動かせない。憲法審は「政局化」の様相を見せ始めた。

†国民が「情報自己決定権」

国民民主党は一二月七日に「憲法改正に向けた論点整理」を公表した。憲法の基本原理や理想を掲げた前文の次に、二一世紀の国家目標をうたう「序章（第二の前文）」の新設を提唱した。自衛権・自衛隊の統制、衆院解散の制限、憲法裁判所の設置など統治機構の規律密度を高める幅広い選択肢も示した。さらに目を奪ったのは、政党として初めて踏み込んだデジタル時代の人権保障のアップデートだ。論争的な条文イメージ素案が並んでいた。

「すべて国民は、サイバー空間を含め、個人として尊重されること」

論点整理はこのように、日本国憲法の中核的価値とされる一三条前段の「すべて国民は、個人として尊重される」という「個人の尊厳」をサイバー空間まではっきり拡張すべきだ、と訴えた。人工知能（ＡＩ）の発達で、個人はビッグデータでプロファイリングされ、好みに合う情報や広告がスマホに集中的に届く時代だ。とても便利な半面、「自律した個人」の選択や決定といった価値がいつの間にか掘り崩されかねない、との危機感に立つ。

この個人の尊厳を支える憲法一九条の「思想及び良心の自由は、これを侵してはならない」の規定も、論点整理では「思想及び良心並びにその形成の自由は」と保障の幅を広げた。個人の自律的な選択・決定を守るには、結果だけでなく、意思形成のプロセス自体がゆがめられないよう、憲法に手厚く書き込むべきだと判断した、と説明された。

さらにサイバー空間での個人の尊厳の保障を具体化する「データ基本権」（情報自己決定権）として「何人も、自己に関する情報の取り扱いを自ら決定する権利」を憲法に明記する案を示した。プロファイリングなど情報の自動的な処理だけで「自己に関する重要な決定が行われない権利」も提案した。独立の規制機関である個人情報保護委員会を飛躍的に強化する「データ保護機関」の創設も憲法にはっきりと位置づける方針を示した。

学説では憲法一三条でプライバシー権が保障され、その解釈から情報自己決定権も導き出される、との見解も有力だ。ただ、最高裁は個人情報を「みだりに第三者に開示または公表されない自由」は認めるが、「情報自己決定権」を正面から認めるには至っていない。政府も同じだ。国民民主党憲法調査会長の山尾志桜里は「解釈や判例の集積が立法の物差しとなる展望は開けにくく、基本ルールは憲法に明記すべきだ」との見解を示した。

さらに論点整理は言論の流れや経済活動を左右し、国家に対抗しうる力を持つグーグル、フェイスブックなど巨大プラットフォーマーに「多様な言論空間」や「公正で自由な競争秩序」を確保する責任を、憲法条文に記述した。立憲主義とは法によって政治権力を構成しつつ、制限もすることだとすれば、民間企業に憲法上の責務を課す着想は極めて異質だ。ただ、論点整理はプラットフォーマーを中世ヨーロッパで国家と並び立っていた教会権力に比肩する「新たな統治者」と位置づけ、二重権力の「新しい中世」への対応を説いた。

プラットフォーマーに責任を果たさせるうえで、国家にもその「必要な環境を整備しなければならない」と求めた。新型コロナウイルス対策で、ヤフーやＬＩＮＥが厚生労働省とクラスター対策向けの情報の提供を巡る協定を結び、内容や要旨を公表した事例なども念頭に、二重権力のプラットフォーマーと国が協働する事例が増えると想定。このような協定などの民主的な統制を担保するため、国会の一定の関与を義務づける案を示した。

さらにデジタル時代の国政選挙や憲法改正の国民投票での国民の自由な意思形成・表明と公正の確保に向け、立法を促すために憲法に新たな指導的条項を置くこともうたった。

国会法によると、改憲原案を正式に国会に提出するには衆院なら一〇〇人以上、参院なら五〇人以上の議員の賛成が必要だ。この当時、国民民主党は衆参両院で一六人しかいなかったが、論点整理を憲法審査会の自由討議で「提示」する余地はあった。他党に見られないデジタル時代の人権保障への大胆な提言。年明けに召集の通常国会では、菅義偉内閣が推進する「デジタル庁」創設などのデジタル改革法整備と絡んで論争になると見られた。

†物足りぬ「デジタル憲法」

首相の菅義偉肝いりのデジタル改革。行政の司令塔となる「デジタル庁」創設、国・地方の情報システム共通化、マイナンバーや同カードの活用拡充、個人情報保護法制の一元化など幅広い六法案となった。ただ、二〇二一年の通常国会の反応は鈍く、特別委員会を設置して集中審議する動きもなかった。それは「デジタル社会の憲法」（デジタル改革相の平井卓也）を標榜した「デジタル社会形成基本法案」の物足りなさとつながっていた。

同法案はデジタル改革の目的として、国際競争力の強化や国民の利便性向上につなげることで「ゆとりと豊かさを実感できる国民生活」をうたった。災害や感染症に的確に対処できる「安全で安心して暮らせる社会」などの理念も掲げた。ただ、個人の権利として、国民民主党が改憲で提唱した「情報自己決定権」の明記などに踏み込むことはなかった。

全府省に関わるうえ、国・地方の情報システムに地殻変動を起こしかねない六法案は二一年の通常国会の目玉法案ともいえた。だが、与野党は五本を衆参両院とも内閣委員会に付託し、地方情報システムの標準化法案だけは総務委員会に回した。一五年の安全保障法制、一二年の消費税増税と社会保障の一体改革などの大型法案では、特別委員会を設置して全閣僚の出席や連日審議も可能にした。今回は与野党にそんな構えは見えなかった。

その主因は、野党にもデジタル改革自体への賛否がまだら模様で、国会対策上の対決法案と位置づけなかったことだ。だから、与党も粛々と常任委員会で審議し、静かに成立を目指す姿勢に傾いた。憲法学者で情報法制にも詳しい東大教授の宍戸常寿は基本法案が「デジタル憲法」、つまり、憲法と一体の重みを持つ憲法附属法のように喧伝されながら、デジタル社会の国家の責務を羅列するにとどまっていて「法案の実質の物足りなさが、国会の審議手続きのレベルにも反映しているのではないか」としてこう警鐘を鳴らした。

「デジタル経済社会への移行と守るべき基本的価値、人々の権利といったより上位の理念をこの機に議論し、憲法改正かどうかは別としても「デジタル権利章典」を考えてよいはずだ。首相が号令したデジタル庁新設を急ぐあまり、議論が追いついていない」

†変容する「個人と国家」

憲法一三条は近代の理想を体現して「すべて国民は、個人として尊重される」と定める。デジタル化の進展で「個人」は良くも悪くも揺さぶられている。膨大な情報がデータ化され、サイバー空間を行き交う。これを的確に使いこなせば、個々のニーズに見合ったサービスが素早く提供されるなど、個人の自由や幸せ、安心安全の追求の後押しになる。

半面、データの流れは「GAFA」などと呼ばれるプラットフォーム企業が事実上、管理するようになってきた。個人は収集されたデータから「デジタル人格」として分析・評価されてしまう。好みに合う情報や広告がスマホに集中的に届く。自分の意思で選択し、決めたつもりのことでも、気づかぬうちに操作されているかもしれない。自由とは何か。

従来も「個人の自律」は自由競争に任されてきたわけではない。様々な法規制や社会保障制度などで国家が下支えしてきた。デジタル社会を本気で語るなら、そこで守るべき価値となる「デジタル権利章典」を再構築したうえで、国家の役割をどう作り替えていくかの議論も必要だ、と東大教授の宍戸常寿は説いた。そのうえで「時々の政権の得失を超えるテーマとして、国会が国民的な議論の場作りを主導しても良いはずだ」と指摘した。

「デジタル憲法」の核心として議論すべき価値とは何か。宍戸は四つの論点を例示した。第一にデータ流通の自由の確保と、プライバシーなど個人の権利の保護だ。しばしばぶつかり合うこの二つをどう調整するのか。「ここが今後の政治の最も重要な対立軸として、激しく論争されるべきだ」と与野党双方に訴えた。硬直的な二項対立を乗り越え、どちらにどう軸足を置き、どの線で折り合いをつけるのか「詰めた議論」を求めた。

第二に「デジタル社会への適応が遅れそうな人たちに、できる限り格差を生じさせないことがカギだ」とデジタル格差の是正を重視する。分かりやすい具体策として「内閣府の共生社会政策部局をデジタル庁に移してはどうか」と提唱した。この部局はインターネットを含む青少年の有害環境対策、子どもの貧困対策、高齢社会対策、障害者施策などを扱う。これらこそ「誰一人取り残さない」デジタル社会に必須の視点ではないか、と説く。

第三に格差是正と絡み、情報システムの共通化や個人情報保護ルールの一元化など踏み込んだ対応を迫られる自治体への目配りを強調した。「従来型の国主導で法律や計画をつくっても、できる自治体とできない自治体が出てくる。そこは国がしっかり支える必要があるし、そもそも国と地方の意見を調整する仕組みが乏しいことが問題だ」と指摘した。二一年に法制化された「国と地方の協議の場」はデジタル改革でおよそ存在感がなかった。

第四に宍戸は、「デジタル庁」をテコに行政部門が改革を加速しても、同じく統治機構を構成する立法府や裁判所のデジタル化は「ほとんど手つかずではないか」と積極的な取り組みを求める。民事訴訟のオンライン化は二二年の法改正に向けて重い腰を上げた段階だった。国会はオンライン審議を試みる機運すら乏しく、会議室の「密」を抱えたままだ。

「言論空間の大胆な再構築に向けたビジョンを欠いたそれは、「憲法」というには物足りない。省庁横断的な視点をもって、カオス化した言論空間にコスモス（秩序）を与えること。これもまた、デジタル庁の最重要任務の一つというべきだろう」

やはり憲法学と情報法制を専門とする慶応大教授の山本龍彦は二月八日の日本経済新聞「経済教室」欄でデジタル改革関連法案にこう注文した。欧州連合（EU）は利用者の人権と民主主義を守るため、プラットフォーマーに新たな責任を課す「デジタルサービス法案」を二〇年一二月に公表し、それが「デジタル憲法」と呼ばれている、と紹介した。

前米大統領ドナルド・トランプのSNSアカウントの停止騒動などを見ても、サービスを提供するプラットフォーマーが言論空間の「新たな統治者」のように立ち現れてきた。この「新しい中世」の流れをどう考えるのか。国家は民主主義の土台となる言論市場の健全性の確保にどう関与すべきなのか。これらも変容する「個人と国家」を考える新たな視角だ。デジタル庁の創設だけでデジタル改革に区切りがつくとは到底、言えなかった。

†コロナ特措法に罰則導入

日本経済新聞とテレビ東京の世論調査で、就任直後の二〇二〇年九月には七四％と高水準だった首相の菅義偉の内閣支持率。次第に下落し、一二月には前月より一六ポイントも急落して四二％。不支持率が四八％と支持を上回り、政権運営に危険信号が点滅した。

主因は新型コロナウイルス感染症の第三波の急拡大だった。菅は経済回復の柱としたGo To トラベル事業の継続にこだわり、感染防止で後手に回った。年末年始を挟んで事態は悪化し、一月七日に東京都、神奈川県、埼玉県、千葉県へ緊急事態宣言を再発令。飲食店への営業時間の短縮要請などに追い込まれた。その後、大阪府、京都府、愛知県、福岡県なども追加され、首都圏の一都三県は最も遅く三月二一日まで解除できなかった。

菅が無策批判をかわす一手として動いたのが、緊急事態宣言などの根拠となる新型インフルエンザ等対策特別措置法の再改正だ。まず緊急事態宣言に準じる「まん延防止等重点措置」を新設した。平時と緊急事態の間の第三の区分である。緊急事態宣言に至る前段階や、宣言解除後の感染状況に応じ、機動的な対応の選択肢を広げるのが狙いと言えた。

緊急事態措置としては、知事は住民の外出自粛や、学校、社会福祉施設、映画館・百貨店・展示場・飲食店など多人数が利用する施設の使用制限・停止（休業）、イベントの開催制限・停止を要請できる。今回の改正法で施設の管理者が要請を受け入れない場合は、命令や立ち入り検査も可能になり、行政罰として三〇万円以下の過料も新設した。

「まん防」の実施期間は六カ月以内（延長も可能）とされ、都道府県知事は市区町村単位で対象地域を指定したうえ、事業者に営業時間の変更やマスクを着けない客の入場禁止などを要請できる。住民にもその事業所に時間外にみだりに出入りしないなどの協力を要請できる。事業者が要請に応じないと命令や立ち入り検査もでき、違反者には行政罰として二〇万円以下の過料を科すことにした。なお、住民への罰則はない。

緊急事態宣言でも「まん防」でも、行政の裁量がさらに広がり、強制力を伴う時短要請などが可能になった。ただ、罰則を科す手続きに警察は関与せず、改正法に犯罪捜査のためではない、と明記した。時短などで影響を受けた事業者支援に、国や自治体が「必要な財政上の措置」などを「効果的に講ずる」と定めたが、なお「補償」の表現は避けた。

†国・地方の調整混乱

「緊急事態への対応の枠組みは本来、平時に構想すべきものだ。今回は時限立法にする手もあった。落ち着いた段階で全体を見直して欲しい」

こう強調したのは憲法学者で京都大教授の曽我部真裕だ。緊急事態宣言に加えて「まん防」段階でも命令と罰則を導入した改正特措法について「緊急事態を宣言した効果として強制措置が発動できる、というフェーズの切り分け方が諸外国でも一般的ではないか。だから、国会の関与も法定されている。重点措置では歯止めがあいまいだ」と指摘し、平時と緊急事態のフェーズ（局面）の切り替えを曖昧にする危うさに警鐘を鳴らした。

緊急事態宣言の発令は政府対策本部長である首相の権限。事業者に時短・休業を要請・命令し、立ち入り検査を経て罰則を科すのは都道府県の知事の権限だが、首相による総合調整や指示を受ける。菅と東京都知事の小池百合子は宣言の発令や延長を巡って主導権争いを繰り返した。さらにコロナ対策の現場を預かる保健所の管轄は、地域によって都道府県から政令指定都市、中核市、特別区などに分かれ、指揮命令系統は錯綜しがちだ。「知事や保健所が担当する分野において、首相は自らが思い描くままの形で感染症対策を立案、実施することは容易ではなかった。そして、保健所設置市や特別区を抱える都道府県では、知事も安倍政権と同様の悩みを抱えていた」

政治学者で政策研究大学院大教授の竹中治堅は、コロナ対応で国・地方の権限関係が入り組み、混乱する構図をこう描写した。政治改革、橋本行革、司法制度改革と並び、「平成デモクラシー」の一環として進んだ地方分権改革の結果として「国と地方公共団体の調整は以前より困難になった」側面も大きいと指摘した（竹中『コロナ危機の政治』）。

緊急事態では国が保健所まで直接に指揮命令できるよう一元化してはどうか。いや、特措法の枠組みから考えれば、知事に権限を集中すべきだ——様々な改革案も浮き沈みしたが、今回の法改正も急ごしらえで、国と地方の調整メカニズムは未整備のままだった。

この特措法改正では、医療専門家の会議のあり方も整理した。コロナ第一波の当初から感染対策の積極的発信などで「前のめり」とも言われた新型コロナ感染症対策専門家会議はもともと法的根拠が薄弱だった。政治との役割分担が混線したとの声も強まり、二〇年七月に廃止。特措法に基づく基本的対処方針等諮問委員会のコロナ対策分科会として、経済学者らも加えて再起動したが、法改正を機に新たに内閣の「新型インフルエンザ等対策推進会議」の下に「基本的対処方針分科会」と「コロナ対策分科会」が設けられた。

推進会議や分科会の委員は非常勤だが、首相が任命する。民主的正統性（legitimacy）を背に政治責任を負う内閣による政策決定と危機管理、という大枠の中で、医療専門家も知見を求められた。どこまで合理性・専門性（rightness）が貫かれ、自律性が確保されるべきか。政治家と専門家も綱引きを繰り返し、「二つの正しさ」を巡る試行錯誤が続いた。

†行政「白紙委任」に違憲説

四月二三日から東京都などに三回目の緊急事態宣言が発令された。新型コロナ特別措置法による飲食店などへの罰則付きの一律休業要請は目的を逸脱し、憲法が保障する営業の自由を侵害するので違憲だ、と論陣を張ったのは、憲法学者で慶応大教授の横大道聡だ。「コロナまん延防止という特措法の目的に対し、飲食店に夜八時までの営業時間短縮や、酒類を提供するなら休業を一律に要請し、従わないと命令・罰則という手段は適合していない。三密回避など適切な対策をとる店舗まで感染拡大につながるのだろうか」

　憲法二二条は「何人も、公共の福祉に反しない限り、居住、移転及び職業選択の自由を有する」とうたう。「職業選択の自由」には選んだ職業を遂行する自由、つまり、「営業の自由も含まれる」と解釈するのが憲法学の通説だ。その半面で、同条では「公共の福祉」による自由の制約も明記する。感染症のまん延防止という社会全体のために規制もやむなしとは言えないのか。横大道は「公共の福祉を持ち出せば人権の制約が正当化されるのでではない。規制の目的や手段の必要性・合理性が認められなければならない」と力説した。

　国連の自由権規約委員会は、日本国憲法の「公共の福祉」概念に「あいまいで制限がなく、規約の下で許容されている制限を超える制限を許容しうる」と懸念を示している。「ウイルスをまん延させる具体的な危険がある感染者を強制隔離するといった人権制約なら憲法上も許容しうる。ただ、抽象的な危険だけで一律に広く規制の網をかける特措法の手法は、現行法体系では認めがたい。本来は憲法まで立ち戻り、公衆衛生上の緊急事態に際しての特別な人権制約に根拠を与えたうえで、行政に歯止めもかける議論が必要だ」

　横大道は「法の支配」を貫徹し、違憲の疑いを打ち消すには、憲法に平時との切り替えスイッチとして公衆衛生上の緊急事態条項を設け、人権制約の根拠とその歯止めを一体で盛り込むのが筋だと説く。ただ、緊急事態中に拙速で改憲を議論するのは好ましくなく、

「二〇年夏頃のコロナ禍が小康状態の時期に、国会が取り組むべきだった」と悔やんだ。

首相の菅義偉も五月三日、改憲派の民間団体に送ったビデオメッセージで「コロナ対応を受け、緊急事態への備えに関心が高まっている」と指摘。同時に「大地震等の緊急時に国家や国民がどんな役割を果たしていくべきか、それを憲法にどう位置づけるかは極めて重く大切な課題だ」と述べ、緊急事態条項を巡る改憲論議の前進に期待感を示した。

横大道はコロナ特措法には事前・事後の国会承認がない、とむしろ緊急事態への国会の関与強化を説いた。「高度に政治的な国家行為は司法審査の対象外とする「統治行為」論を緊急事態措置に認めないデザインもありうる」と司法による統制にも目を向けた。

人権制約や内閣強化に踏み込むなら、行政への「白紙委任」にならないよう国会や司法による歯止めも併せて憲法に明記すべきだ、という構造的な変革の主張だ。各国の憲法を見比べると「緊急事態でも絶対に侵してはならない人権を書き込む憲法も少なくない」という。同じ「緊急事態条項」でも、自民党と憲法学者の力点のズレは否めなかった。

東京都の緊急事態宣言は六月二〇日に解除されたのも束の間、七月一二日に四度目の発令となる。飲食店による酒類提供を抑えたい経済財政相の西村康稔は、金融庁を通じて金融機関から融資先の飲食店に働きかけ、国税庁を通じて酒類販売事業者には休業要請等に応じない飲食店との取引停止を依頼するなどの措置を打ち出した。だが、特措法を逸脱した「違法な行政指導」との批判が殺到し、いずれも数日で撤回せざるをえなかった。

†「硬質な立憲主義」は可能か

首相の菅義偉は七月一二日からの緊急事態宣言を、強行開催した東京五輪・パラリンピックの期間中も解除できず、九月末まで継続した。感染力の強い新型コロナの変異株「デルタ株」の猛威は誤算で、ワクチン接種を加速しても東京都などで療養病床はひっ迫した。

新型インフルエンザ等対策特別措置法の再改正で、行政罰の形で強制力を導入した。だが、欧米型のロックダウン（都市封鎖）には至らない。日本医師会や全国知事会から人流抑制へロックダウン立法の要請が断続的に出てきた。社会の同調圧力も併せて、まず人々の自主的な行動変容に期待する「日本モデル」の大枠は変わるのか、変わらないのか。

七月一三日、一般財団法人の情報法制研究所（ＪＩＬＩＳ）が主催したオンラインのシンポジウム。弁護士の金塚彩乃がフランスの最新事情を解説した。二〇二〇年三月から二一年四月にかけ、政府や自治体による人権侵害の訴えに、行政最高裁判所である仏国務院（コンセイユデタ）が、緊急審理手続きで六四七件の判決を出したと紹介した。

うち五一件は政府・自治体の緊急事態下の措置の一時停止や変更を命令した。二〇〇件以上で、国は判決前に自発的に対応を見直したという。市が小学校の入り口に児童の体温を測るカメラを設置した事例で、個人情報保護を理由に撤去を命じた判決もあった。

京都大教授の曽我部真裕は月刊『自治実務セミナー』七月号で、フランスではこうした迅速な裁判上の救済に加え、議会や国内人権機関が人権侵害を継続的に監視し、報告書を公表してきたと指摘した。「欧米では、ハードな規制がなされる一方で、それに対する監視や救済が用意されており、いわば硬質な立憲主義がとられている」と論評した。

日本の国会はロックダウン立法に腰が重い。専ら行政が現行法の枠内で裁量を広げ、規制を強めようとあの手この手を繰り出すが、根拠はあいまいだ。行政訴訟の使い勝手が悪い事情も手伝い、人権侵害リスクに司法が救済に動く余地も限られる。このような現状を曽我部は「緩やかな規制に対して緩やかに統制する、ゆるふわ立憲主義」だと看破した。

曽我部はこれをコロナ対策に限らず、日本の統治機構の構造問題ではないか、と見立てる。「ゆるふわ」は「克服の対象となるべき」だとして「硬質な立憲主義」への移行を展望するものの、憲法秩序の根幹に関わる課題なので容易ではないとの認識に立っていた。

ロックダウン立法で行政権限を強めるアクセルを踏み込むなら、その前に「権力行使に対して、実効的な統制を行える」ブレーキの整備も求められるという。国会の行政監視機能などの強化。司法部門での行政訴訟や違憲審査の活性化。国内人権機関など独立機関の充実。これらの「憲法の定める統治の枠組みに魂を吹き込む」制度改革や運用の改善を訴えた。そもそも規律密度の低い日本国憲法で「硬質な立憲主義」は可能なのだろうか。

†国民投票法改正案が成立

「立憲民主党の枝野幸男代表は「安倍晋三が首相の間は（改憲の）議論はしない」と言った。私はもう首相じゃないのだから、議論しろよ、という思いだ」

場面は少し戻って四月二二日夜、東京・有楽町での憲法を考えるシンポジウム。前首相の安倍晋三が、最大野党と枝野をこう挑発して見せた。衆院憲法審査会の運営にも触れ「できた時から全会一致の原則があると言われているが、それはなかなか起こりえない。最後は多数決で決めるのが民主主義の原則だ」と国民投票法改正案の早期採決を訴えた。

安倍は持病の潰瘍性大腸炎の回復を明かした。自民党憲法改正推進本部の最高顧問にも就いた。本部長の衛藤征士郎は「菅義偉総裁（首相）から「挙党態勢でお願いする」と言われた」と菅の示唆による人事だと打ち明けた。改憲に熱心とは見られていない菅だが、党内保守派に抑えが利く安倍との提携維持は、政権基盤を安定させる必須条件だった。

逆に一部野党は、二二日の衆院憲法審査会で「国民投票時のCM規制などはそっちのけで、自民党は改憲四項目の議論に走るのではないか」（立憲幹事の奥野総一郎）と「安倍現場復帰」への警戒感をあらわにした。「あまりしゃべると、余計なことを言うな、と怒られる」と憎まれ役を自任する安倍は、改憲論議にとって依然として諸刃の剣だった。

衆院憲法審査会は四月一五日から国民投票法改正案の審議を続開した。既に九回の国会にわたって継続審査中で、採決しないとこの秋の衆院解散・総選挙で廃案となるので、自民党、公明党、日本維新の会に加え、野党の国民民主党までが早期採決を提案。難色を示すのが立憲と共産党だけになった。孤立を警戒した立憲は自民と水面下で接点を探った。

折り合った共同修正案では「国は、この法律の施行後三年を目途に、次に掲げる事項について検討を加え、必要な法制上の措置その他の措置を講ずるものとする」とうたった。具体的には「国民投票の公平及び公正を確保するための」事項として、テレビCM・インターネット広告の規制を見据えて「投票運動等のための広告放送及びインターネット等を利用する方法による有料広告の制限」「国民投票運動等の資金に係る規制」「国民投票に関するインターネット等の適正な利用の確保を図るための方策」の三点を明記した。

憲法審の現場でパイプを維持してきた自民党の新藤義孝、立憲民主党の山花郁夫の与野党筆頭幹事間の協議で修正案を詰め、最後は一気に幹事長レベルに上げて合意した。

修正案はCM規制で新たな立法までは確約しておらず、今後の改憲の議論や発議を法的に制約するとも読めないなど玉虫色だ。五月一一日の衆院本会議で可決されたが、維新は反対に回った。法的にはともかく、政治的に「三年と数字が設定されたことで（立憲などに）憲法本体の議論を止める道具に使われると危惧した」（幹事長の馬場伸幸）からだ。

五月二六日の参院憲法審査会。修正案の共同提案者は、改憲の議論も発議も「法律的には全く言及がされていないので、二つとも可能である」（自民党の中谷元）、「法制上の話としてはいま、答弁があった通りだ」（立憲の山花郁夫）と何とか足並みをそろえた。

ただ、山花は、CM規制と改憲本体の「並行論議」は「ありうる」としたうえで、規制に向けた措置を取らずに発議がなされた場合は「ルールの公正性が担保されていないから、国民投票の結果の信頼性が極めて揺らぐだろう。それは政治的には難しい」と政治論でクギを刺した。修正案は六月一一日に成立し、自民党は改憲論議に向けた環境が整った、と受けとめた。だが、維新が懸念したように「三年」を巡る駆け引きの火種はくすぶる。

何とか与野党で折り合い、共同修正にこぎつけた衆院憲法審査会だが、修正案が参院に回った後、国会の残り会期中は定例日にも一度も自由討議などの実質審議はしなかった。

場面は四月二二日の衆院憲法審。馬場は小党派にも大党派と対等の発言時間を確保しつつ、憲法論議は政局から切り離すとした「中山ルール」に触れ、立憲をこうけん制した。

「中山ルールの神髄は、憲法は政局から離れて冷静に、かつ少数意見を尊重して議論することだ。「政局から離れて」は与党だけでなく、野党にも向けられた言葉だ」

終　章
憲法改正論議の三原則

テレビ中継で質問に答える岸田文雄首相（2021年10月31日撮影　写真©時事）

憲法改正論議の三原則

① 憲法論議を「政治家の専権」にせず、国会等に「専門家会議」を置いて衆知を結集する

② 国会は改憲原案の審議の前に、「衆参両院合同審査会」で大枠の事前調査を推進する

③ 改憲は九条や人権より、世論の分断を招きにくい「統治構造改革2.0」を優先する

†岸田首相「国民の理解を」

二〇二一年一〇月三一日の衆院選。自民党は二六一議席と単独で絶対安定多数に届き、公明党も三二議席と連立与党で三〇〇議席に迫った。「成長と分配の好循環」を訴えた新首相の岸田文雄は自民党の公示前勢力を一五減らしたものの、政権維持に成功した。

最大野党の立憲民主党は共産党などと選挙協力を進めたが、一四減の九六議席へ後退。野党共闘に一線を画し、教育無償化など憲法改正に積極的な日本維新の会は四一議席へと躍進した。自公維三党で総定数四六五の三分の二となる三一〇を大きく超えた。

ただ、参院では自民党は単独過半数割れで、公明党との連立が不可欠。維新を併せても三分の二に届かず、改憲に理解を示す国民民主党を加えた四党で初めて三分の二を超す。国民も野党共闘を離脱し、改憲を含めて国会対策で維新と協調を探る路線に転じた。勢いに乗る維新代表の松井一郎は一一月二日の記者会見で、改憲論議の加速をこう提唱した。「二二年の参院選までに憲法改正原案を固め、参院選と同時に国民投票を実施すべきだ。投票率も上がるし、大きな選挙のテーマにもなる。各党はしっかり案を出すべきだ」

前首相の菅義偉に対抗すべく九月の自民党総裁選に名乗りを上げた岸田。菅の不出馬により、河野太郎、高市早苗、野田聖子を併せた四候補での戦いとなり、岸田が決選投票で河野を破って権力を手中にした。最大派閥の細田派に影響力を持ち、保守派の高市を推した元首相の安倍晋三が決選投票では岸田支持に回ったのも、勝利の原動力となった。

だから、岸田は九月一七日の総裁選の共同記者会見でも改憲に触れて「任期中に実現を目指していきたい。少なくともメドをつけたい」と積極姿勢を強調。党内保守派への目配りに腐心した。ただ、衆院選の街頭演説では改憲を説く場面はほとんどなかった。選挙後の一一月一日の記者会見で、力点を置いたのは国会に加えて「国民の理解」だった。

「国会で与野党の枠を超えた具体論を深めて賛同者を増やすことも重要だが、国民の理解と協力も欠かせない。まだまだ国民の理解を改憲に前向きに広げていく余地がある。それが国会議員の行動にも影響を与える。両方を並行して進めることで結果につなげたい」

国会での幅広い党派間の合意形成の努力と並行し、国民投票での過半数の支持獲得に向け、国民との対話を重視する姿勢を表明した。衆院憲法審査会長に経験者の森英介を、改組した自民党憲法改正実現本部のトップに安倍に近い保守派の古屋圭司を据えた。

改憲論議が低調だった衆院選で際立ったのは、連立を組む公明党の公約だった。

†公明が「デジタル憲法」公約

公明党の衆院選公約は従来からの加憲論の具体化として「デジタル社会の進展と人権の

保障と民主主義」をうたった。第七章で紹介した国民民主党の一〇年一二月の改憲を巡る論点整理と軌を一にする内容だ。与党の一角が初めて「デジタル憲法」に踏み込んだ。

第一に、デジタル社会でも「一人ひとりが自律的な個人として尊重される人権保障のあり方を具体的に検討」する、と憲法一三条の個人の尊重の実効性の確保を目指す考えを力説。デジタル社会での個人情報の保護について「憲法上の位置づけを検討する」と憲法に基本権として明記する考えを初めて打ち出した。そのうえで「自分の情報に関する自己決定の確保など、個人情報の取扱いについて定める基本法の制定を目指す」と表明した。

第二に「デジタルデバイド（情報格差）が大きな課題となる」と指摘。「情報格差により、さまざまな利益を享受できる機会を失うことがあってはならない。その解消に向けての国や事業者の責務等が検討されるべきだ」と情報格差の解消も重視する考えを示した。

第三に「選挙や国民投票の際、国民の自由な意思形成過程が保障され、有権者が多様な情報にアクセスできるよう、国や事業者の役割等を検討すべき」だとの見解を示した。

デジタル社会での個人の尊重と民主主義の確保を憲法レベルまで掘り下げる点。国家だけでなく、データの流れを差配して国家に対抗しうる力を持った巨大プラットフォーマーにも憲法上の責務を課そうとする点。国民民主党の論点整理との共通項は少なくない。

大災害などの「緊急事態における国会機能の維持」にも言及した。新型コロナウイルスの感染拡大で国会の「三密」が際だったことも踏まえ「オンラインによる国会審議、採決に参加できる制度の創設を検討する」とした。一定の要件の下で、オンライン参加を認めることは、憲法五六条一項（議事の定足数）、五七条一項（会議の公開）の趣旨に反するとはいえず「各議院の自律権（同五八条二項）の範囲内と考えられる」との解釈を示した。緊急事態での国会議員の任期延長も「さらに論議を積み重ねていく」とした。

衆院選後、首相の岸田文雄が立ち上げたデジタル臨時行政調査会。一一月一六日の初会合で、東大教授の宍戸常寿は人権保障の発展形として「デジタル権利宣言」を提案した。自由なデータ流通から便益を受けられる。自己に関する情報の取り扱いは自ら決定できる。個人データを勝手に作成されない。これらの「データ基本権」や「デジタル手続きによる適正な処遇を受ける権利」を例示した。名誉やプライバシーを含む「デジタル社会における人格権」にも言及した。国会や首相官邸で「デジタル憲法」論の胎動が始まった。

†内閣の「改憲発案権」再考

この一〇年の憲法政治を振り返ってきた。国民投票法の整備と衆参両院の憲法審査会の発足。憲政史上、最も長く在任した元首相の安倍晋三の間欠泉的な憲法改正への号令。改憲の国会発議が現実味を帯びた半面、実質的な議論は進んでいない。その前の時代に衆院憲法調査会などで形成された二つの「中山ルール」を超えられなかった一〇年でもあった。「中山ルール」とは、与党は度量を示し、中小党派にも大党派と対等の発言時間を保障する代わりに、野党は良識を発揮し、憲法論議を政局に絡めて審議拒否などをしない、という紳士協定だ。さらに改憲発議では「国会の専権事項」を貫徹して内閣・行政府は関与させない。内閣から国会への憲法改正原案の提出も想定しない。こんな内閣・行政府への「排除の論理」も「第二の中山ルール」と言えそうだが、それらは合理的なのだろうか。

自民党憲法改正推進本部で事務総長を務め、安倍の盟友としても知られる根本匠。二〇一七、一八年にかけ、九条への自衛隊明記など改憲四項目の条文イメージ案の集約を議員主導で進めた。その経験からこう告白する（根本『憲法をプラクティカルに変える』）。

「きちんとした憲法条文を創ろうとすれば、関係法令を熟知している官僚や専門家の知見を活用しなければならない。（中略）議員だけでまとめるのは、衆参の法制局の協力があったとしても、やはりこれはなかなか困難な作業である、と改めて痛感した」

根本は旧建設官僚出身で、復興相、厚生労働相も歴任した。内閣提出法案の企画・立案の経験も豊富だ。その見地から「憲法改正を子細に検討する場合、関連する法令の運用を確認し、憲法との関係を詰めていく緻密な作業が必要になる。そのためには、所管官庁の官僚の知見や憲法学者など幅広い有識者の専門知の活用が不可欠だ」と指摘する。改憲論議が「究極の議員立法」と化した現状には「議員だけの法案づくりは、議員個人の能力に委ねられるわけで、結果的に粗雑な法律が出来上がることもある」と警鐘を鳴らす。

「フランスでは一九五八年の第五共和政憲法の制定から直近の二〇〇八年の改正まで、二四回の改正を経ている。これらの改憲は全て大統領（政府）の提案によって実現した。議員提出の改憲案は多いが、それらによって改憲が行われたことは一度もない」

二〇年一〇月二三日、国民民主党の憲法調査会。関西学院大教授の井上武史は、フランスの改憲プロセスで大統領・政府が統治機構の改革を目指す改憲を提案するのはごく当たり前だと紹介した。現行憲法下で最大規模の〇八年改正は当時の大統領ニコラ・サルコジの選挙公約が起点だった。元首相が委員長の専門家会議「バラデュール委員会」に元政治家、法実務家、法学者らを集めて諮問。その提言から緊急事態条項や議会の政府統制強化、野党の質問権拡大などを目指した。改憲と法律や議院規則の改正にも一体で取り組んだ。

日本でも歴代内閣は、内閣にも改憲原案の提出権（発案権）はある、との憲法解釈を一貫してとる。内閣に「憲法調査会」を置いた故事もある。改憲四項目の集約時は自らの個人的な官僚や憲法学者のネットワークに舞台裏で頼った、と漏らす根本。内閣に発案権があると解釈するなら「政府部内に憲法の専門部署を設ける必要がある」とも指摘する。

二〇〇五年、小泉純一郎内閣下の自民党が新憲法草案の要綱をまとめて条文化した際も、実質的な責任者だった政調会長の与謝野馨は信頼する法務省の裁判官や検事らを集めた極秘のチームにまず全ての条文案を起草させた。それを衆参両院の法制局にも吟味させた。

†「政治主導」に専門家の支え

ただ、二〇〇〇年以降の衆院憲法調査会は中山太郎の指揮下で幹事会に内閣・行政府のオブザーバー陪席を認めず、後身の憲法審査会も「内閣・行政府排除」を固守してきた。さらに改憲の「究極の議員立法」化への決定的な岐路となったのが、〇七年の国民投票法制定時に内閣の発案権を盛り込まなかったことだ。これ以降、内閣からの改憲原案提出は想定しない前提で、改憲論議は文字通りの「国会の専権事項」と考えられ、進んできた。

自民党の憲法改正推進本部の会合にさえ、官僚は陪席させない「排除の論理」が定着している。首相主導を押し進めた安倍晋三も、内閣からの改憲発案に挑む姿勢は見せなかった。二〇年を超えて「国会議員の専権」扱いしてきた経路依存性の拘束力は強い。

東大教授の宍戸常寿は前述の根本匠の著書の中で対談に応じている。改憲論議に憲法の専門家や行政の知見をインプットする枠組みとして、二つの可能性を挙げている。

第一は内閣の下に独立性・専門性の高い憲法に関する調査審議機関を置く案だ。この場合、宍戸自身が委員を務める衆院議員選挙区画定審議会のように、衆参両院の同意を得て首相が委員を任命する。そのうえで「事実上内閣の指揮監督を受けずに、しかも国会に対して案を出すと言った組織とし、そこに人員を投入する」との制度設計を提案する。

平成期に小選挙区中心となった衆院選で、与党が改憲の国会発議に必要な三分の二以上の多数を得るケースも珍しくなくなってきた。多数派に担がれた首相が内閣を編成し、民意を背に強力なリーダーシップを発揮しやすい。この「平成デモクラシー」を前提にして、宍戸は憲法の調査審議機関が「(時の)政権の政策を進めるための憲法改正の道具と見られる恐れ」を払拭できるかどうかがカギだ、と内閣の実質的な関与の抑制を重視する。

第二は国会内に「憲法の専門家や法律家、メディア関係者など有識者や官僚をプールした」組織を新設する案だ。憲法の運用や改正の提案を巡ってこういう議論をしてほしい、こんな案を創ってほしいという諮問が「護憲、改憲のいずれの側からあっても対応できるようにする」という。議員による改憲論議を支援する体制を手厚くすると同時に「議員の代わりに議論もさせてみようとか、いろんなことが考えられます」と説いている。

これは「日本版バラデュール委員会」を国会内に置き、議員主導の改憲を支えるイメージになる。内閣に発案権を認める選択肢を採用せず、国会の専権事項のままとするなら、幅広い衆知を集めるための「専門家会議」を国会の諮問機関として常設すべきだ。

一一年の東日本大震災の後、国会に「東京電力福島原子力発電所事故調査委員会」(委

員長＝元日本学術会議会長の黒川清）が特別立法で設置され、衆参両院議長が任命した有識者委員が事故原因の究明や再発防止策などを提言した。一四〜一六年には衆院議長の下に「衆議院選挙制度に関する調査会」（座長＝元東大総長の佐々木毅）が議院運営委員会の議決で置かれ、一票の格差の抜本是正と定数削減を答申して立法につなげた事例もある。

改憲発議を担うのは国会だが、「国のかたち」の改革を「政治家専権」とせず、有識者・専門家を幅広く結集し、分厚い知的基盤で支えて練り上げるべきだ。民主的正統性（legitimacy）と専門性・合理性（rightness）のバランスは改憲プロセスにも不可欠だ。

†政党間競争とは切り離し

「憲法は政治権力を根拠づけ、その手を縛る根本ルールだ。与野党の立場を超えて守らねばならない共通の土俵だ。この土俵を巡る幅広い合意があって初めて、選挙で政権選択を競い合う政党政治のゲームも成り立つはずだ」

本格的な憲法改正論議を見据え、政党間の「競争と協調」の二つの局面をはっきり切り分けなければいけない、とこう説くのは、政治学者で政策研究大学院大教授の飯尾潤だ。

小選挙区中心の政権選択選挙と首相主導体制を両輪とする「平成デモクラシー」の理論的支柱の一人でもある飯尾。改憲の国会発議は「通常の法改正とは全く次元を異にするとの認識がまず必要だ」と多数派の与党・内閣と少数派の野党が対峙するイメージを打ち消す。国民投票で過半数の支持を得るには、超党派の幅広い合意形成が必須と見るからだ。

飯尾は「安倍晋三元首相は政権を維持し続けるために、改憲を犠牲にしてきたとも言えるのではないか」と安倍流改憲の失敗を看破する。分岐点は、憲法解釈を変更して集団的自衛権の限定行使を認めた一五年の安全保障法制整備だった。安倍は当時の最大野党・民主党とどう接点を見い出すかを探るより、むしろ意識的に突き放して、抵抗野党化させるほうに押しやった。その戦略は、自民党が政党間競争の衆院選で勝ち続けるには得策だったとしても、与野党協調が必要な憲法論議の「共通の土俵」を崩してしまった、と嘆く。「権力を制約する憲法を変えたいなら、まず権力を持つ側の首相が低姿勢に出ることが肝要だし、効果的だ。「私の手でなし遂げる」などは一番、言ってはいけないセリフだ」

飯尾は「共通の土俵」の再建に向けてこう唱える。安倍は断られても何度でも野党党首を訪ねて歩き、自民党が掲げる九条などの改憲四項目にこだわらない議論の仕切り直しを懇請すべきだった、という。第二次〜四次の安倍内閣で際立ったのは、宰相が与野党党首会談を開こうと野党側に呼びかける場面すらほとんどなかった「分断政治」だった。

そのうえで、飯尾は「中山ルール」を受け継いで与野党の「共通の土俵」たらんと腐心する衆院憲法審査会にも「自由討議は土俵づくりまでで、それだけで改憲原案はつくれない」と警告する。「各党派の立場にこだわらず、議員が改憲試案を出し合い、複数の案を討論する」「憲法審査会長が議事整理権を使って論点を整理したり、絞り込んだりする」「各党派を集めた非公開の小委員会で妥協を積み重ねながら改憲原案を練り上げる」などと党派の垣根を低くし、会長の職権を生かす討論型の審議プロセスの創造的工夫を促す。

質疑応答ばかりの内閣提出法案の審議とは一線を画した国会が求められている。

†「憲法改正会議」になれるか

憲法学者で、北海道大名誉教授の高見勝利。小選挙区選挙と首相主導から成る「平成デモクラシー」には批判的だが、改憲発議を政党間競争や通常の立法とは「異次元」に切り離す点では飯尾と共通の土俵に立つ。まず改憲の是非を見定める七つの判断準則を示す。

具体的に①憲法は何より権力の制限規範なので、権力の拡大を目的としない②権力の拡大につながる改憲には、理由のより厳格な検証が不可欠だ③目的を達成するため、改憲しか手段がない場合に限る④現行条文の適切な解釈で目的を達成できないか、検証が必須だ⑤改憲には長期的視点と、「夢」ではなく法的な実現見込みが必要だ⑥統治機構は関連するので、手を着けるなら全体の均衡に目配りすべきだ⑦改正によって憲法の基本原理や同一性が損なわれてはならない——と説く。そのうえで国会の役割の核心をこう指摘する。

「改憲発議を担う国会は、憲法四一条の立法機関としての国会とは機能上、別物だ。改憲の主役たる国民が、原案を策定する代議機関「憲法改正会議(Constitutional Convention)」を国会に兼務させせたにすぎず、広く国民的な合意を取りつけながらの運営が求められる」「Constitutional Convention」とは、アメリカ合衆国憲法を誕生させた一七八七年のフィラデルフィア憲法制定会議などにも使われる表現だ。高見はこの七つの準則に基づき、改憲原案を巡る衆参の憲法審査会での審議が、「憲法制定会議」にも匹敵する「憲法改正会議」の内実を伴うよう「国民を巻き込んだ憲法対話」を訴える。国会発議後の国民投票運動を待たず、原案の国会審議の段階から、全国津々浦々で地方公聴会や円卓会議を手厚く開いて「国民が改憲の担い手だと覚醒させる」議論を喚起する仕掛けなどを提唱する。

その一環として、国会がまず大まかな改憲のイメージや論点を整理していく「事前の調査段階」では「両院合同審査会か、類似の組織を活用するのが望ましい」と説く。実は発議プロセスで、衆参両院をまたぎ、全党派が集まって議論できる公式の舞台装置がある。それが国会法一〇二条の八に定められた衆参二つの憲法審査会の「両院合同審査会」だ。この両院合同審査会は、衆参それぞれの憲法審査会に対し、改憲原案を巡る勧告権も持つ。

国民投票法の制定過程を振り返ると、両院合同審査会は実質的な「改憲原案起草委員会」にも擬せられていた。当時の自民党の提案者だった保岡興治は「両院の共通の認識、大枠のイメージを各院の審査会に実効的に反映できるよう勧告の仕組みを設けた。改憲原案の大綱、骨子のような基本的構成を示唆するところまで合同で話し合うのが適当ではないか」と答弁した。最大野党・民主党の憲法調査会長だった枝野幸男もこう発言している。「衆参どちらが先にやってもうまくいかない。衆参合同で原案起草委員会をつくり、そこでできた原案を両院で時間をかけて審議するのでないと現実的プロセスにならない」

加えて枝野は「どこかの党の案をベースにとか、党と党が案を出し合って議論しては合意形成できなくなる。全部棚上げし、ゼロベースで協議して委員長提案みたいな形か、そこで原案をつくる形でなければならない」と党派間の主導権争いも強く戒めていた。「両院合同審査会」的に超党派の幅広い事前合意を国会が手探りし、立法を軟着陸させた事例ならある。第四章で見た天皇退位を巡る皇室典範特例法の制定プロセスだ。内閣が中間的な論点整理をまとめた段階で、衆参両院正副議長の下に全党派代表を集めた「天皇の退位等についての立法府の対応に関する全体会議」に報告。衆院議長の大島理森が全体会議を主導して「先例となる特例法」の制定を目指す見解を集約し、内閣もこれを尊重したうえで法案を提出した。全体会議の議事は非公開だったが、後日に議事録を公開した。

ただ、憲法審査会の両院合同審査会は具体的な規程すら整備されず、一度も開かれていない。あくまで国会が「憲法改正会議」として改憲発議プロセスをけん引したいのなら、

「中山ルール」だけでは限界がある。両院合同審査会の事前調査機能の最大化など、超党派での幅広い合意形成に向けた審議ルール形成への建設的努力が与野党に求められる。

†「平成デモクラシー」の検証から

ここで17ページの図に戻ろう。京都大教授の曽我部真裕は国会や内閣などの統治構造改革を考える際、全体を見渡して「エンジンとブレーキ、推進力と統制力のメリハリと最適配置が必要だ」と説く。政権交代が可能な衆院選と首相主導の統治を両輪として統治システムの「推進力」を強めた「平成デモクラシー」の「改革の不足」がいま、そこにある。

それは「強い首相」を戦後昭和の自民党長期政権のように派閥力学や与党事前審査制に乗った「弱い首相」に戻すことではない。「強い首相」に見合う統治構造上の「統制力」を国会や司法、独立機関の改革で確保することだ。政治部門に限れば、「統制力」を高める国会改革は、政党間の政権競争の土俵をフェアでフラットにすることにもつながる。

衆院の多数派と内閣の融合による「推進力」に対し、国会内で「統制力」を担いうるのはまず衆院の少数派だ。前首相の菅義偉は二〇二一年一〇月、野党が七月一六日に憲法五三条に基づき、衆院の四分の一以上をもって内閣に履行を要求した臨時国会の召集決定の義務を二ヵ月以上放置したあげく、岸田文雄にバトンを渡して退陣した。一五年、一七年の安倍内閣に続く「非立憲」と見なされても仕方がない。憲法上の数少ない議会少数派の権能として実効性を持たせるため、「二〇日以内」など召集期限を憲法に明記すべきだ。

もう一つ、いまは多数派の支持がないと発動できない国会の国政調査権（行政監視機能）も少数派の権能として憲法にはっきり位置づけ直すべきだ。ドイツでは基本法（憲法）により、連邦議会（下院）の四分の一以上の議員の要求で「調査委員会」が設置され、刑事訴訟法を準用して証拠調べができる。別の慣行として予算委員長は野党第一党に割り当ててもいる。法案や予算を巡る審議拒否や日程闘争をやめる代わりに、これらの少数派の「武器」を制度化することが、「強い首相」に対峙する「強い国会」への道だ。

一方、参院は内閣の存立と一線を画す性格をより明確にする改革が求められそうだ。二〇二一年六月二五日に二〇年国勢調査の速報値が公表された。憲法一四条の「法の下の平等」との関係で、衆参両院の一票の格差是正がまたも緊急課題として浮上した。衆院は定数是正の作業プロセスが法律でひとまずルール化されているが、参院にはそれすらもない。五月に参院の組織・運営に関する改革協議会を設置したものの、進展はない。

自民党の改憲四項目には参院の合区解消が含まれる。都道府県単位の選挙区を維持すると同時に、定数配分の人口比例の原則を衆参両院ともに緩める内容だ。他の全政党が反対する。都道府県単位の選挙区を守るのが最優先なら、現在の「全国民の代表」から「地域の代表」へ衣替えするなどして権能を縮小するしかない。これは改憲論議に直結する。

第六章で見た通り、「独立財政機関」創設などで参院を長期的視野に立つ「将来世代の利益の代表」とする提言もある。参院改革は二院制見直しの導火線だ。参院が否決した法案でも、衆院が三分の二以上の多数で再可決すれば成立する、と定める憲法五九条の再議決要件の緩和などが浮上する。「衆参ねじれ国会」で野党多数となった参院が内閣の足元を揺さぶるような政争が影を潜めるなら、それと引き換えに、時の首相が衆院の自由な解散権を「専権事項」として政局打開の切り札に使う慣行を再考する余地も出てくるだろう。

実は衆院も安閑としていられない。衆院議員選挙区画定審議会は法律の定めで、定数の最大格差を二倍未満に収める新たな区割り案を二二年六月二五日までに首相に勧告する。国勢調査の速報値によれば、都道府県に配分する小選挙区の数は「一〇増一〇減」となる見通しだ。東京都が五、神奈川県が二、埼玉、千葉、愛知の三県が一ずつ増える。宮城、福島、新潟、滋賀、和歌山、岡山、広島、山口、愛媛、長崎の一〇県で一ずつ減る。

定数が減る県は無論、増える都県も含めて一〇〇を優に超す小選挙区の線引きが変更されるため、その対象となる地域選出の議員からは総反発が起きるのは必至だ。ただ、この区割り法案を国会で成立させないと、首相の岸田文雄の解散権は事実上、制約されかねない。衆院の選挙制度を小選挙区中心に抜本改革した平成初頭の政治改革は、かつての中選挙区制での定数是正が行き詰まったことが、裏の推進力となった歴史も想起させる。

†議院内閣制とは何か

改憲を党是だと自負する自民党。その関心はこの一〇年、九条や緊急事態条項などに集中しがちで、「平成デモクラシー」を踏まえた統治構造改革の議論は低調だった。

憲法上の統治の原理とされる議院内閣制。国会（衆院多数派）が内閣を創り出すさまは「権力融合」に見える。衆院選の政権選択選挙と首相主導を両輪とする「平成デモクラシー」はこれを可視化した。半面、衆院の内閣不信任決議と内閣による解散などで、国会と内閣は「抑制と均衡」を旨とする「権力分立」だとの議論も憲法学では伝統的に根強い。

国会と内閣の関係は「融合」なのか「分立」なのか。多様な局面が精緻に腑分けされ、議論が整理されてきたとは言い難い（駒村圭吾・待鳥聡史編『統治のデザイン』）。そして改憲発議は「国会の専権事項」とされ、内閣との「協働」はさしあたり想定されていない。内閣の改憲発案権や首相による自衛隊明記の提案の是非を巡る押し問答も、議院内閣制とはいったい何なのか、を巡るイメージの混乱がその根底にあるのではないだろうか。

例えば、国会の議事運営に内閣が関与する制度的手段は憲法上ない。この断絶をつなぐのが、内閣提出の法案や予算を巡る与党事前審査制の慣行だ。自民党が官僚組織と国会外で事前に綿密に政策をすり合わせ、国会を円滑に運ぶ。首相主導に押されて近年は形骸化しつつあるとはいえ、憲法に書かれざる統治構造の「密教」として昭和から厳然と続く。

これは国会と内閣に権力分立の色を濃く残す憲法の下で、自民党政権が国会運営を安定させるために「最適な行動を選んだ結果」だったのだ、と東大教授の宍戸常寿は看破する。長期政権でも改憲をせず、こんな積み重ねで適応してきた結果として、逆説的ながら「自民党こそが日本国憲法とその憲法秩序の最大の受益者ではないのだろうか」とも指摘する。そうだとすれば、自民党が統治構造改革で「規律密度を高める憲法改正を自ら提案することは不都合であった」のもうなずける（宍戸・論文「政党制から考える日本国憲法」）。

ただ、政権交代可能な政治と首相主導の統治をビルトインした「平成デモクラシー」と、自民党長期政権を前提とした昭和の「密教」は音を立ててきしみ、「改革の不足」が随所に露呈する。令和の改憲論議は国論を分断しかねない九条などより、国民にそれほど拒否感の強くない統治構造改革2.0から取り組むのが合理的ではないか。憲法典の改正を自己目的化する必要はない。憲法附属法を含めた「実質的意味の憲法」を俯瞰し、専門知を集めて改革構想を練る。それが「平成デモクラシー」を踏まえた憲法政治の流儀だろう。

あとがき

これはまずいな、と思った。二〇一二年一二月に再登板した安倍晋三首相が憲法九六条の改正を打ち出した頃だ。改憲手続き規定の要件緩和を先行する奇手。実現を目指す権力者の本気を感じた。初めての改憲が動き出すのなら、その歴史的な政治プロセスの記録をぜひ残さなければならない。だが、当時の筆者には憲法学の素養も蓄積もなかった。

一九九一年の湾岸戦争時に、国連の集団安全保障措置への協力の是非を巡る衆院予算委員会の論戦を取材した。それ以来、日米安全保障協力の強化と集団的自衛権の関係など、繰り返し争点化した憲法九条の解釈問題に限ってなら、かろうじて土地勘はあった。

平成の政治改革や橋本行革などをフォローしてきたので、国会や内閣などに関する憲法の条文もしばしば参照した。ただ、これらの改革も当時は改憲など想定外で、一部の憲法解釈が焦点になった程度だ。大学で必修科目として学んだはずの憲法の体系的な理解はもはや忘却の彼方。憲法調査会から始まった国会の憲法論議の取材経験もゼロだった。

何せ安倍再登板まで改憲を真剣に政治日程に乗せようとした政権は皆無で、リアリティもなかった。憲法論を深掘りせずとも、政治記者として不都合は感じてこなかったのだ。

改憲論議の本格化をにらみ、あわてて取材と勉強を始めた。はたと困った。与野党議員に話を聴きにいくのは日常業務の一環だが、党派色がつきまとう。別途、基礎から学び直そうにも、憲法学者に知り合いもいなかった。学生に戻った気分で、標準的とされる憲法の概説書を何冊か手に取ってみたが、それだけでは実践的に役に立ちそうもなかった。

勝手が違ったのは、「日本最大のシンクタンク」霞が関の官僚機構に長年かけて培ってきたはずのネットワークが、改憲を巡る取材ではまるで頼りにならなかったことだ。

内閣・行政府は憲法を最高法規とする法体系の下で行政を進め、内閣法制局が憲法解釈を司る。ただ、改憲論議は「国会の専権事項」とされ、「官僚排除」が実態だ。政策の実務に追われる官僚は改憲におよそ関心を示さないし、自分たちの仕事とは考えていない。

手探りで取材と勉強を続けるうちに首をかしげたのが、政治学と憲法学のすき間だ。改憲はまず国会で原案を審議・議決して発議し、最終関門の国民投票へと続く。国民投票を巡る研究はそれなりに積み重ねられている。半面、それに先立つ国会の発議プロセスをどう運ぶべきか。この問いに管見の限り、政治学も憲法学もほとんど何も答えてくれない。

改憲の発議プロセスは合意形成などあるべき流儀も大事だが、政局カレンダーや国会対策とも呼ぶべき現実の政治技術の細部まで理解しないと、論じられない。だから、研究の対象になりづらかったのだろうか。それなら、政治記者の出番ではないか、と考えた。

同時に違和感を持ったのは、ジャーナリズムも含めた護憲派と改憲派のすき間だ。憲法改正といえば、「護憲か改憲か」の対立の構図で「改憲の是非」を論じるのが定番だ。主要紙も二手に分かれがちで、紙面に登場する両派の有識者もこの構図からまず出ない。

筆者が籍を置く新聞社はイデオロギーではなくリアリズムに立脚すると思う。「護憲か改憲か」の憲法論議の建てつけからは自由だ。むしろ、そのような分断的な憲法論議のあり方そのものを問い直す必要があると感じ、「第三の論陣」を探ろう、と思い立った。

自民党が九条への自衛隊明記など改憲四項目の条文素案を集約した一八年。党本部最大級の会議室九〇一号室へ何度も出向いた。激論の模様を探るべく、廊下で議員の「出待ち」をしつつ、「壁に耳あり」とばかり身体を駆使する取材を十何年ぶり？　かにした。

その後も国会で改憲論議はなかなか進まない。「安倍一強」にも黄昏が見えてきた二年ほど前。安倍流改憲の試みとは何だったのかを総括し、同時に憲法改正プロセスのあり方を再考する本書を構想し始めた。京都の実家に帰省すると、庭の土蔵を整理しろ、と両親がいう。東京で就職した後、引っ越す際に大学時代の本をまとめて送ったままだった。

段ボール箱を開けると、底の方から「有斐閣法律学全集」の清宮四郎『憲法Ⅰ　統治の機構〔第三版〕』と宮沢俊義『憲法Ⅱ　基本的人権〔新版〕』が出てきた。芦部信喜東大教授の法学部「憲法第一部」講義の指定の教科書だった。芦部教授が定年退官される直前の、一九八三年度の講義を拝聴した記憶がある。自筆のノートも一緒に見つかった。

箱入りの重厚な二冊は新品同様にきれいで、当時はまともに勉強しなかった事実を物語る。何となく後ろめたく、もったいなくて処分できなかったのだろう。四〇年近く後にその清宮『憲法Ⅰ』を座右に置き、象徴天皇と生前退位について書くなど夢想だにしなかった。本書はそんな憲法の初学者同然から一〇年の試行錯誤の積み重ねの結果でもある。

取材源の秘匿もあり、お名前を挙げることは控えるが、憲法の論じ方、問い方をご教示いただいた多くの専門家の皆様に深く感謝申し上げる。特に本書の草稿を査読していただき、重要な助言を下さった方々。その匿名への情熱に対してお礼の言葉もみつからない。

本書には『平成デモクラシー史』の続編の意味合いもある。今回も筑摩書房の永田士郎氏に万全の編集作業で支えていただいた。政治書が散乱して収拾がつかない自宅の仕事場。憲法書がさらに積み上がっても、静かに見守ってくれた妻きよみに感謝したい。

二〇二一年一一月三日　日本国憲法公布から七五年の日に

清水　真人

憲法改正手続きの流れ

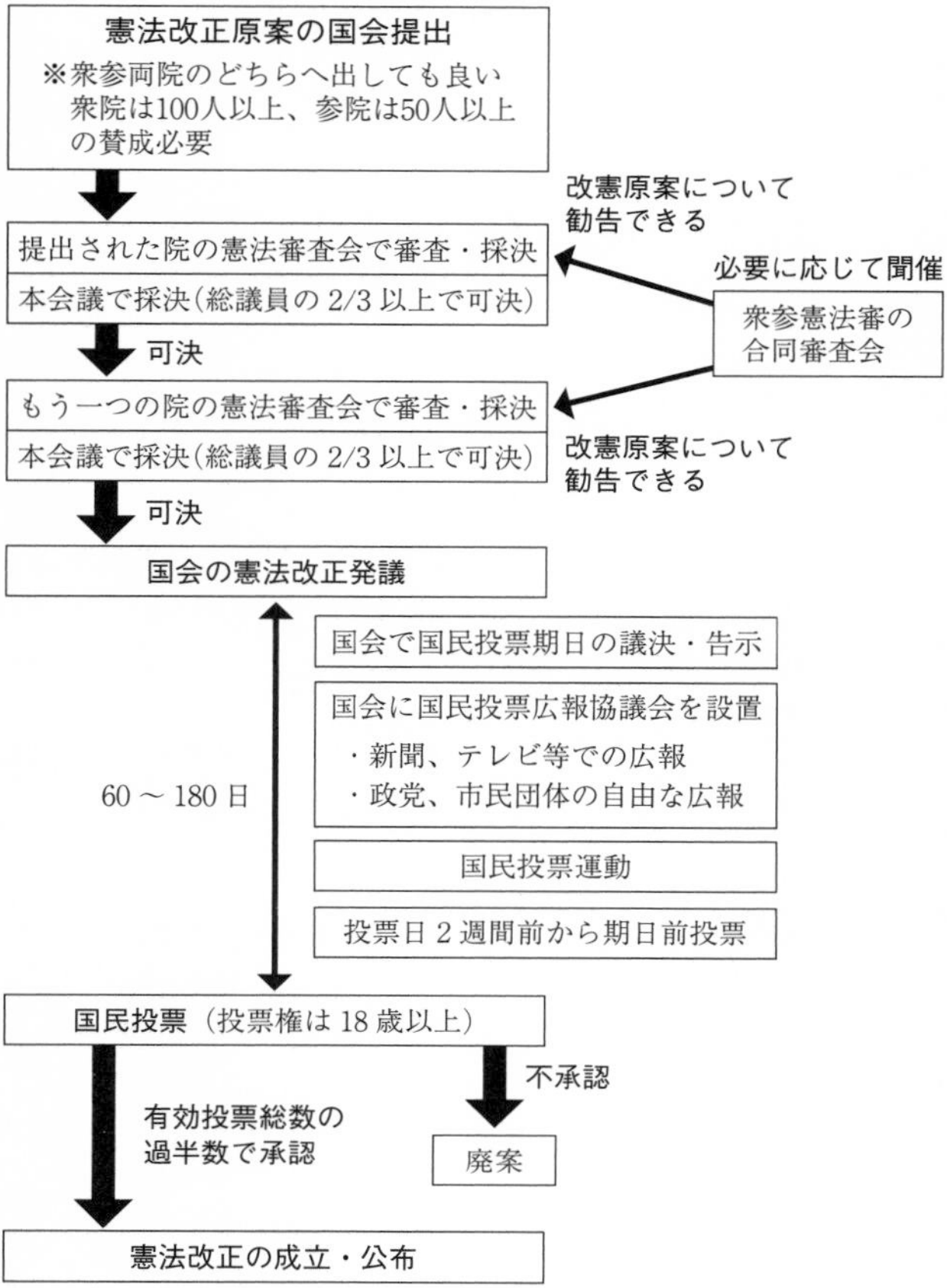
憲法改正原案の国会提出
※衆参両院のどちらへ出しても良い
衆院は100人以上、参院は50人以上
の賛成必要
改憲原案について
勧告できる
提出された院の憲法審査会で審査・採決
本会議で採決（総議員の 2/3 以上で可決）
必要に応じて開催
衆参憲法審の
合同審査会
可決
もう一つの院の憲法審査会で審査・採決
本会議で採決（総議員の 2/3 以上で可決）
改憲原案について
勧告できる
可決
国会の憲法改正発議
国会で国民投票期日の議決・告示
国会に国民投票広報協議会を設置
・新聞、テレビ等での広報
・政党、市民団体の自由な広報
60 ～ 180 日
国民投票運動
投票日 2 週間前から期日前投票
国民投票（投票権は 18 歳以上）
不承認
有効投票総数の
過半数で承認
廃案
憲法改正の成立・公布

索引

【は】

【ま】

【や】

【ら】

自民党「改憲4項目」の条文イメージ（たたき台素案）

【自衛隊の明記】＝新条文

9条の2　①　前条の規定は、我が国の平和と独立を守り、国及び国民の安全を保つために必要な自衛の措置をとることを妨げず、そのための実力組織として、法律の定めるところにより、内閣の首長たる内閣総理大臣を最高の指揮監督者とする自衛隊を保持する。

②　自衛隊の行動は、法律の定めるところにより、国会の承認その他の統制に服する。

（※9条全体を維持した上で、その次に追加）

【緊急事態対応】＝新条文

73条の2　①　大地震その他の異常かつ大規模な災害により、国会による法律の制定を待ついとまがないと認める特別の事情があるときは、内閣は、法律で定めるところにより、国民の生命、身体及び財産を保護するため、政令を制定することができる。

②　内閣は、前項の政令を制定したときは、法律で定めるところにより、速やかに国会の承認を求めなければならない。

（※内閣の事務を定める73条の次に追加）

64条の2　大地震その他の異常かつ大規模な災害により、衆議院議員の総選挙又は参議院議員の通常選挙の適正な実施が困難であると認めるときは、国会は、法律で定めるところにより、各議院の出席議員の3分の2以上の多数で、その任期の特例を定めることができる。

（※国会の章の末尾に特例規定として追加）

【参院「合区」解消と地方自治】＝下線部が現行条文の改正部分

47条　両議院の議員の選挙について、選挙区を設けるときは、人口を基本とし、行政区画、地域的な一体性、地勢等を総合的に勘案して、選挙区及び各選挙区において選挙すべき議員の数を定めるものとする。参議院議員の全部又は一部の選挙について、広域の地方公共団体のそれぞれの区域を選挙区とする場合には、改選ごとに各選挙区において少なくとも一人を選挙すべきものとすることができる。

　前項に定めるもののほか、選挙区、投票の方法その他両議院の議員の選

挙に関する事項は、法律でこれを定める。

92条　地方公共団体は、基礎的な地方公共団体及びこれを包括する広域の地方公共団体とすることを基本とし、その種類並びに組織及び運営に関する事項は、地方自治の本旨に基づいて、法律でこれを定める。

【教育の充実】＝下線部が現行条文の改正部分

26条③　国は、教育が国民一人一人の人格の完成を目指し、その幸福の追求に欠くことのできないものであり、かつ、国の未来を切り拓く上で極めて重要な役割を担うものであることに鑑み、各個人の経済的理由にかかわらず教育を受ける機会を確保することを含め、教育環境の整備に努めなければならない。

（※① ②は現行のまま）

89条　公金その他の公の財産は、宗教上の組織若しくは団体の使用、便益若しくは維持のため、又は公の監督が及ばない慈善、教育若しくは博愛の事業に対し、これを支出し、又はその利用に供してはならない。

引用・参考文献（著者五〇音順）

【あ行】

青井未帆『憲法と政治』（岩波新書、2016年）

青井未帆・井上武史「憲法論議の視点（3）第９条」（日本記者クラブ、研究会詳録、2018年）

アガンベン、ジョルジョ『スタシス』（高桑和巳訳、青土社、2016年）

朝日新聞政治部取材班『安倍政権の裏の顔——「攻防・集団的自衛権」ドキュメント』（講談社、2015年）

芦部信喜・高橋和之補訂『憲法　第七版』（岩波書店、2019年）

池井戸潤『下町ロケット』（小学館文庫、2013年）

石川健治『自由と特権の距離——カール・シュミット「制度体保障」論・再考　増補版』（日本評論社、2007年）

石破茂『政策至上主義』（新潮新書、2018年）

上田健介『首相権限と憲法』（成文堂、2013年）

宇野重規『民主主義とは何か』（講談社現代新書、2020年）

遠藤比呂通『国家とは何か、或いは人間について——怒りと記憶の憲法学』（勁草書房、2021年）

大石眞『日本憲法史』（講談社学術文庫、2020年）

大林啓吾編『感染症と憲法』（青林書院、2021年）

大林啓吾編『コロナの憲法学』（弘文堂、2021年）

大屋雄裕「自由と幸福の相克を乗り越えられるか——個人と集団のあいだに」（『Voice』2020年５月号）

奥平康弘『「萬世一系」の研究——「皇室典範的なるもの」への視座』（上・下巻、岩波現代文庫、2017年）

小沢一郎『日本改造計画』（講談社、1993年）

尾高朝雄『国民主権と天皇制』（講談社学術文庫、2019年）

オリヴァー、クレイグ『ブレグジット秘録』（江口泰子訳、光文社、2017年）

【か行】

兼原信克『安全保障戦略』（日本経済新聞出版、2021年）

上川陽子『かみかわ陽子　難問から、逃げない。』（静岡新聞社、2020年）

川島裕『随行記——天皇皇后両陛下にお供して』（文藝春秋、2016年）

清宮四郎『憲法Ⅰ――統治の機構〔第三版〕』(有斐閣、1979年)
――――『憲法と国家の理論』(樋口陽一編・解説、講談社学術文庫、2021年)
栗山尚一『戦後日本外交――軌跡と課題』(岩波現代全書、2016年)
高村正彦『振り子を真ん中に――私の履歴書』(日本経済新聞出版社、2017年)
高村正彦・三浦瑠麗『国家の矛盾』(新潮新書、2017年)
古関彰一『日本国憲法の誕生　増補改訂版』(岩波現代文庫、2017年)
小松一郎『実践国際法』(信山社、2011年)
駒村圭吾・待鳥聡史編『「憲法改正」の比較政治学』(弘文堂、2016年)
駒村圭吾・待鳥聡史編『統治のデザイン――日本の「憲法改正」を考えるために』(弘文堂、2020年)

【さ行】
境家史郎『憲法と世論――戦後日本人は憲法とどう向き合ってきたのか』(筑摩選書、2017年)
阪田雅裕『憲法9条と安保法制』(有斐閣、2016年)
阪田雅裕編著『政府の憲法解釈』(有斐閣、2013年)
阪田雅裕著・川口創 聞き手『「法の番人」内閣法制局の矜持――解釈改憲が許されない理由』(大月書店、2014年)
佐々木惣一『立憲非立憲』(講談社学術文庫、2016年)
佐々木毅・21世紀臨調編著『平成デモクラシー――政治改革25年の歴史』(講談社、2013年)
佐藤幸治『世界史の中の日本国憲法』(左右社、2015年)
――――『日本国憲法論　第2版』(成文堂、2020年)
――――『立憲主義について』(左右社、2015年)
塩田潮『安倍晋三の憲法戦争』(プレジデント社、2016年)
―――『憲法政戦』(日本経済新聞出版、2009年)
宍戸常寿「憲法論議の視点（1）総論」(日本記者クラブ、研究会詳録、2018年)
――――「政党制から考える日本国憲法」(『論究ジュリスト』2020年春号所収)
宍戸常寿・林知更・小島慎司・西村裕一編著『戦後憲法学の70年を語る――高橋和之・高見勝利憲法学との対話』(日本評論社、2020年)
篠田英朗『集団的自衛権の思想史』(風行社、2016年)

清水真人『平成デモクラシー史』（ちくま新書、2018年）
下村博文『GDW 興国論――幸福度世界一の国へ』（飛鳥新社、2021年）
衆議院憲法審査会『衆議院欧州各国憲法及び国民投票制度調査議員団報告書』（衆議院欧州各国憲法及び国民投票制度調査議員団、2017年）
シュミット、カール『政治神学』（原田武雄・田中浩訳、未來社、1971年）
鈴木敦・出口雄一編『「戦後憲法学」の群像』（弘文堂、2021年）
全国知事会『憲法と地方自治研究会報告書』（全国知事会総合戦略・政権評価特別委員会憲法と地方自治研究会、2016年）
全国知事会『憲法における地方自治の在り方検討 WT 報告書』（全国知事会総合戦略・政権評価特別委員会憲法における地方自治の在り方検討WT、2017年）
千正康裕『ブラック霞が関』（新潮新書、2020年）
曽我部真裕「憲法論議の視点（5）統治機構」（日本記者クラブ、研究会詳録、2018年）
――――「「ゆるふわ立憲主義」再論」（『自治実務セミナー』2021年 7 月号所収）

【た行】
互盛央『日本国民であるために』（新潮選書、2016年）
高橋和之『国民内閣制の理念と運用』（有斐閣、1994年）
――――『現代立憲主義の制度構想』（有斐閣、2006年）
――――『立憲主義と日本国憲法　第 5 版』（有斐閣、2020年）
高見勝利『憲法改正とは何だろうか』（岩波新書、2017年）
竹中治堅『コロナ危機の政治――安倍政権 vs. 知事』（中公新書、2020年）
只野雅人「憲法論議の視点（2）憲法改正の国民投票」（日本記者クラブ、研究会詳録、2018年）
橘幸信「議員立法の実際」（大森政輔・鎌田薫編『立法学講義【補遺】』所収、商事法務、2011年）
辻元清美『国対委員長』（集英社新書、2020年）

【な行】
中山太郎『実録 憲法改正国民投票への道』（中央公論新社、2008年）
――――『憲法千一夜』（中央公論新社、2005年）
西修『証言でつづる日本国憲法の成立経緯』（海竜社、2019年）
西垣淳子「議院内閣制の理念と実態――憲法学と政治学の間で」（経済産

業研究所＝RIETI ディスカッション・ペーパー、2010年）
根本匠『憲法をプラクティカルに変える——自民党「改憲４項目」からのアプローチ』（中央公論新社、2020年）
日経電子版「永田町アンプラグド　進まぬ改憲論議　忘れられた自公民合意」（2017年２月17日）

【は行】
ハイエク、フリードリヒ『法と立法と自由Ⅲ』（渡部茂訳、春秋社、2008年）
長谷部恭男『憲法　第７版』（新世社、2018年）
————『憲法講話——24の入門講義』（有斐閣、2020年）
————『憲法の理性　増補新装版』（東京大学出版会、2016年）
————『憲法学の虫眼鏡』（羽鳥書店、2019年）
早野透『政治家の本棚』（朝日新聞社、2002年）
原彬久編『岸信介証言録』（毎日新聞社、2003年）
原武史『平成の終焉——退位と天皇・皇后』（岩波新書、2019年）
PHP 総研　統治機構改革研究会提言報告書『統治機構改革1.5＆2.0』（2019年）
樋口陽一『憲法　第四版』（勁草書房、2021年）
樋口陽一・小林節『「憲法改正」の真実』（集英社新書、2016年）
廣田直美『内閣憲法調査会の軌跡——渡米調査と二つの「報告書」に焦点をあてて』（日本評論社、2017年）
福田博著・山田隆司・嘉多山宗聞き手・編『福田博オーラル・ヒストリー「一票の格差」違憲判断の真意』（ミネルヴァ書房、2016年）
藤田宙靖「覚え書き——集団的自衛権の行使容認を巡る違憲論議について」（『自治研究』2016年２月号所収）
藤田宙靖「自衛隊法七六条一項二号の法意——いわゆる「集団的自衛権行使の限定的容認」とは何か」（『自治研究』2017年６月号所収）
細谷雄一『安保論争』（ちくま新書、2016年）
ホッブズ、トマス『リヴァイアサン』（1～4、岩波文庫、1982～92年）

【ま行】
舛添要一『憲法改正のオモテとウラ』（講談社現代新書、2014年）
待鳥聡史『政治改革再考——変貌を遂げた国家の軌跡』（新潮選書、2020年）

マッケルウェイン、ケネス・盛「人権が多く、「統治機構」についての規定が少ない 日本国憲法の特異な構造が改憲を必要としてこなかった」（『中央公論』2017年5月号所収）
宮沢俊義『憲法の原理』（岩波書店、1967年）
百地章『日本国憲法　八つの欠陥』（扶桑社新書、2021年）

【や行】
ヤフー政策企画「憲法について議論しよう！――統治機構のあり方を考える」（2018年）
山尾志桜里『立憲的改憲――憲法をリベラルに考える7つの対論』（ちくま新書、2018年）
山本龍彦「個人化される環境――「超個人主義」の逆説」（松尾陽編『アーキテクチャと法』所収、弘文堂、2017年）
山本龍彦編著『AIと憲法』（日本経済新聞出版社、2018年）
山本龍彦「憲法論議の視点（4）新しい人権（プライバシー・AIなど）」（日本記者クラブ　研究会詳録、2018年）
吉國一郎（述）『吉國一郎　オーラル・ヒストリー　1・2』（東京大学先端科学技術研究センター御厨貴研究室・東北大学大学院法学研究科牧原出研究室、2011年）
読売新聞政治部編著『安全保障関連法――変わる安保体制』（信山社、2015年）

【わ行】
若江雅子『膨張GAFAとの闘い――デジタル敗戦　霞が関は何をしたのか』（中公新書ラクレ、2021年）
渡辺秀樹『芦部信喜――平和への憲法学』（岩波書店、2020年）

ちくま新書
1627

憲《けん》法《ぽう》政《せい》治《じ》
――「護憲《ごけん》か改憲《かいけん》か」を超《こ》えて

二〇二二年一月一〇日　第一刷発行

著者　清《し》水《みず》真《まさ》人《と》
発行者　喜入冬子
発行所　株式会社　筑摩書房
東京都台東区蔵前二-五-三　郵便番号一一一-八七五五
電話番号〇三-五六八七-二六〇一（代表）
装幀者　間村俊一
印刷・製本　三松堂印刷　株式会社

ISBN978-4-480-07447-8 C0231